郭峰 著

近代城市宫观与地方社会

——以杭州玉皇山福星观为中心

儒道释博士论文丛书

巴蜀书社

《儒道释博士论文丛书》编委会

《儒道释博士论文丛书》 缘起

国家"985 工程"四川大学宗教、哲学与
社会研究创新基地首席科学家
《儒道释博士论文丛书》
编委会主编　　**卿希泰**

儒道释是中华民族传统文化的三大支柱，源远流长，内容丰富，影响深远，它对中华民族的共同心理、共同感情和强大凝聚力的形成与发展，均起了极其重要的作用，是我们几千年来战胜一切困难、经过无数险阻、始终立于不败之地的精神武器，在今天仍然显示着它的强大生命力，并在新的世纪里，焕发出更加灿烂的光彩。

自从 1978 年中国共产党第十一届三中全会确立改革开放路线以来，我国对儒道释传统文化的研究工作，也有了很大的发展，在全国各地设立了许多博士点，使年轻的研究人才的培养工作走上了有计划有组织地进行的轨道，一批又一批的博士毕业生正在茁壮成长，他们是我国传统文化研究方面的一支强大的新生

力量，是有关各学科未来的学术带头人。他们的博士学位论文有一部分在出版之后，已在国内外的同行学者中受到了关注，产生了很好的影响。但因种种原因，学术著作的出版甚难，尤其是中青年学者的学术著作出版更难。因此还有相当多的博士学位论文难以及时发表。不及时解决这一难题，不仅对中青年学者的成长不利，且对弘扬中华优秀传统文化，促进学术交流也不利。我们有志于解决此一难题久矣，始终均以各种原因未能如愿。直到1999年，经与香港圆玄学院商议，喜得该院慨然允诺捐资赞助出版《儒道释博士论文丛书》，当年即出版了第一批共5本博士学位论文。此后的10余年间，在圆玄学院的鼎力支持及丛书编委会同仁的共同努力下，一批又一批优秀的博士学位论文通过这个平台展现在世人面前，到2013年，已出版了15批共130部；这些论著的作者，有很多已经成长为教授、博士生导师。2014年，圆玄学院因自身经济方面的原因，停止资助本丛书，我们深感遗憾，同时也对该院过往的付出与支持致以敬意和感谢！

令人欣慰的是，当陈耀庭教授得知本丛书陷入困境的消息后，即与上海城隍庙商议，上海城隍庙决定慷慨施以援手。2015年，慈氏文教基金有限公司董事长王联章先生也发心资助本丛书。学术薪火代代相传，施善之士前赴后继。在党中央弘扬中华民族优秀传统文化的英明决策指引下，本丛书必然会越办越好，产生它的深远影响。

本丛书面向全国（包括港澳台地区）征稿。凡是以研究儒、道、释为内容的博士学位论文，皆属本丛书的出版范围，均可向本丛书的编委会提出出版申请。

本丛书的编委会是由各有关专家组成，负责审定申请者的博士学位论文的入选工作。我们掌握的入选条件是：（1）对有关学科带前沿性的重大问题做出创造性研究的；（2）在前人研究的基础上有新的重大突破、得出新的科学结论从而推动了本学科向前发展的；（3）开拓了新的研究领域、对学科建设具有较大贡献的。凡具备其中的任何一条，均可入选。但我们对入选论文还有一个最基本的共同要求，这就是文章观点的取得和论证，都须有科学的依据，应在充分占有第一手原始资料的基础上进行，并详细注明这些资料的来源和出处，做到持之有故、言之成理，避免夸夸其谈、华而不实。我们提出这个最基本的共同要求，其目的乃是期望通过本丛书的出版工作，在年轻学者中倡导一种实事求是地、一步一个脚印地进行学术研究的严谨学风。

由于编委会学识水平有限和经验与人力的不足，难免会有这样或那样的失误，恳切希望能够得到全国各有关博士点和博士导师以及博士研究生们的大力支持和帮助，对我们的工作提出批评和建议，加强联系和合作，给我们推荐和投寄好的书稿，让我们一道为搞好《儒道释博士论文丛书》的出版工作、为繁荣祖国的学术文化事业而共同努力。

2015 年 10 月 1 日于四川大学宗教、哲学
与社会研究创新基地，道教与宗教文化研究所

编委会按：2017 年；慈氏文教基金有限公司因自身原因中止资助，其资助金额由北京东岳庙管委会慷慨承担，谨此致谢。

目 录

近代城市宫观与地方社会——以杭州玉皇山福星观为中心

序

十多年前，卿希泰先生在《道教研究百年的回顾与展望》一文中指出，有计划地、系统地开展地方道教史的研究工作，才能推动道教史的研究更上新台阶。果如卿先生的慧识，尔后地方道教史的研究不断受到重视，发展迅速。在研究对象上，除了全国各省的道教史研究外，道教宫观名山的个案研究显著增多；在研究方法上，除传统的宗教学、哲学、文献学的方法以外，宗教史与社会史相结合的方法、文化人类学、民俗学的方法得到普遍运用，田野调查工作得以加强；在研究资料方面，地方志与碑刻文献、抄本、文集、笔记小说等都受到道教学术界的重视。特别是最近几年来，地方道教史不仅成为了道教学术界关注的热点，历史学界也逐渐把研究的目光投入到了这一领域。

华中师范大学道家道教研究中心在继续加强老庄学研究的同时，也在快速推动道教的研究。中心先后于2008年4月、2012年4月、2016年3月与香港青松观联合在华中师范大学成功举办了三届"全真道与老庄学国际学术研讨会"，得到学术界和社会各界的好评，对全真道与老庄学的研究起到了积极的促进作用。此外，中心加强了对地方道教的研究。在人才培养方面，中心依托中国史一级学科博士点，招收道家道教文化方向的硕士、博士研究生，在学位论文的选题上，尤其鼓励研究生开展道教领域的专题研究。郭峰的博士论文《近代城市宫观与地方社会——以杭州玉皇山福星观为中心》正体现了上述培养思路。

郭峰于 2010 年应届本科毕业后考入华中师范大学攻读道家道教文化方向的硕士研究生，在导师梅莉教授的悉心指导、精心培养下，进步很快，打下了扎实的专业基础。2013 年以优异成绩毕业获得硕士学位后，跟随我攻读博士学位，其朴实敦厚的品性、虔诚坚韧的心志、勇于探索的精神，十分难得，也是我非常赞赏的！郭峰专业学习十分突出，并具有很强的田野调查能力，学习期间多次去浙江、上海、福建及湖北省内各地进行田野考察，找到了许多珍贵的资料。如他在湖北省长阳县调研，发现了刘湛然于咸丰道光年间所著《宝箓》的抄本，为研究晚清道教在鄂西南少数民族地区的传播和发展情况提供了宝贵的史料支撑。他的博士论文也是在通过田野考察得到大量第一手资料的基础上完成的，并于 2016 年 5 月顺利通过了答辩，获得博士学位。

郭峰的博士论文以杭州玉皇山福星观这个近代江南首屈一指的子孙丛林宫观为研究对象，从地方政府、乡绅、传戒活动、附属宫观、斋醮、慈善、进香活动等各个方面来具体论述玉皇山福星观与地方社会的互动，由此考察近代道教在失去皇家和上层社会支持的背景下处境困难而逐渐民间化和地方化的历史进程，并进一步探析近代城市宫观与地方社会的复杂关系。论文重视新资料的运用，重视实证与微观研究，并提出了自己独立的学术见解，丰富了对近代道教的再认识。一般认为，道教在近代的发展趋势是日趋衰败的，但本文指出，道教在近代的衰败主要是针对皇家和上层社会而言，相反，道教在一些地方社会出现了繁荣的趋势。究其原因，则是道教主动融入到民间与地方社会之中，而其最主要的动力就是改变原来为帝王和上层服务的理念，转而"为地方、为民众设教"。道教的这种改变实际上与太虚大师所提出的"人间佛教"有异曲同工之处，这是中国传统宗教在面对近代社会剧变的背景下一种共同的选择。从这个角度上来说，玉皇山福星观与地方社会互动的研究对当代道教的发展也具有现实的参考价值。上述观点，对深入认识道教在近代的发展历史以及道教在新时代如何把握历史机遇都是有启发意义的。

由四川大学道教与宗教文化研究所主办的"儒道释博士论文丛书"一直嘉惠学林，促进了道教学术事业的发展。本人的博士论文《宋元老学研究》有幸入选第三批，2001年由巴蜀书社出版，这也是我的第一本学术著作，为此我一直心怀感激。现在郭峰的博士论文又得以入选，作为他的导师，我备感欣慰。

郭峰论文《近代城市宫观与地方社会——以杭州玉皇山福星观为中心》的出版，是他本、硕、博十年刻苦学习的结果。其用心之坚、用力之勤，唯师生共知。如今他已具备了较好的研究基础，2017年又成功申报了国家社科基金青年项目《土家族道教史研究》，希望他再接再厉，在道教学术园地取得更大的成绩。

刘固盛

2018年5月31日于武昌桂子山

绪　论

一　选题的研究意义

杭州玉皇山福星观作为近代江南崛起的子孙丛林，对江南道教的发展有着重要的影响。其兴衰的历史向我们展示了近代道教在面对内忧外患迅猛冲击的背景下所做的一系列适应和改革，其中最为重要的一项就是强化与地方社会的互动。对这段历史的研究，可以让我们加强对道教近代变革历史的再认识，并对当代道教的发展起到一定的借鉴作用。具体来说有如下几点：

1. 丰富中国地方道教史的内容。卿希泰先生曾强调："我们的道教史研究要再上一个新的台阶，必须认真地开展地方道教史和道派史的深入研究。"① 目前以省为区域范围的道教史研究如火如荼，但还可以再缩小范围，以一个城市或者宫观为中心探讨，通过这样的研究能够更加深入了解道教在地方上的发展

①　卿希泰：《在庆祝青松观六十周年国际学术研讨会上的发言：对青松观全真道研究中心的两点希望》，《弘道》2010 年第 1 期。

情况。

2. 加强了对道教近代变革历史的再认识。刘固盛教授指出：
"佛教自元、明、清以来不断趋于沉寂，到近代却出现了复兴的
势头。至于土生土长的道教，总体来说处于衰落的局面，但仍然
在困境中寻找生存与变革的机会。"① 近代玉皇山福星观积极应
对困局，主动变革，其成功和失败的经验对我们认识近代道教发
展均有积极的意义。

3. 将微观史学与道教断代史、社会史相结合，为道教研究
领域的开拓添砖加瓦。王宗昱先生说过，近三十多年来道教研究
"摆脱了经典研究的固有模式，转而依据新材料讨论教团历史并
进一步向中国大历史转移"② 。本书也将在这方面加以尝试，并
且更加注重田野调查与文献的结合，在微观叙述历史史实的基础
上重视理论的构建，将两者的优势互补。

4. 深入认识道教与地方社会的关系，为当代的道教发展和
政府宗教管理提供参考。今天杭州西湖地区依然是宫观寺院林
立，如何对待这些宗教场所和组织，引导其更好地为当今社会服
务是一个重要而紧迫的任务。对玉皇山福星观的个案研究可以总
结其与地方社会各个方面的互动和影响，为当代的道教发展和政
府宗教管理提供借鉴。

5. 福星观作为西湖重要的人文景观，本书可以为杭州地方
文化建设提供有益借鉴。郁达夫曾经戏说过："杭州西湖的周

---

① 刘固盛、刘韶军、肖海燕：《近代中国老庄学》，福州：福建人民出版社，
2014 年，第 25 页。

② 王宗昱：《从文献学向史学的转变：塑造新的道教史形象》，《中国社会科学
报》2013 年 7 月 24 日，第 B01 版。

围，第一多若是蚊子的话，那第二多的当然可以说是寺院里的和尚尼姑等世外之人了。"① 可见寺院宫观等宗教文化实体已经成为杭州西湖区域文化的一个重要组成部分，对玉皇山福星观的历史进行系统研究可以为杭州西湖区域文化建设提供帮助。

二　国内外研究现状

宫观是道教组织的重要形式，是研究道教不可缺少的一部分，历史上留下的大量山志和宫观志书等也为研究宫观提供了充足的资料。故在道教研究开始之初，宫观就受到了学者的关注。傅勤家的《中国道教史》中"宫观及道徒"一章考证了宫观的起源和形式等②。陈垣在《南宋初河北新道教考》中以宫观碑刻为主要史料进行了开拓性研究，更用"大道教宫观一斑第五"一节考证了大道教宫观情况，并且明确提出："欲观一教之盛衰，必观其教堂之多寡，盖教堂之数恒与教徒之数为比例，惜记载有传有不传耳。"③ 自道教宫观在城市形成至今，宫观对道教的发展和城市文化就有着巨大的影响。道教宫观在近代社会剧烈变革的背景下力图革新，积极参与社会互动，试图扭转道教整体衰微的趋势，为当代的道教发展留下诸多的经验与启示。当代学术界的既有研究成果如朱越利主编的《中国道教宫观文化》等多注重宫观本身的文化内涵，较少关注其与地方社会的互动④。

① 郁达夫：《玉皇山》，《文学时代》1936 年第 3 期，第 42—109 页。
② 傅勤家：《中国道教史》，北京：团结出版社，2005 年。
③ 陈垣：《南宋初河北新道教考》，上海：上海书店出版社，1989 年，第 78 页。
④ 朱越利主编：《中国道教宫观文化》，北京：宗教文化出版社，1996 年。

而玉皇山福星观作为近代江南著名丛林宫观，目前为止也只在一些通史如卿希泰《中国道教史》①和林正秋的《杭州道教史》②里有简单介绍，专门、系统和深度的研究并不多见。本书将分宫观、地方社会和玉皇山福星观三个方面来整理国内外研究现状，具体情况如下：

1. 宫观研究方面

已经有的宫观方面的著作以介绍为主，比较偏重于旅游和宫观志③；有一定学术价值的成果主要是从宫观的建筑、经济、艺术、科仪、文化、道职人员、建立的历史、所供奉神位等角度来研究。地方社会是宫观发展不可避免的一个要素，所以这些研究均涉及宫观与地方社会的关系，但专门以社会史研究的方法从地

---

① 卿希泰主编：《中国道教史》，成都：四川人民出版社，1996年。

② 林正秋：《杭州道教史》，北京：中国社会科学出版社，2011年。

③ 这些方面比较重要的著作有：余桂元的《中国著名的寺庙宫观与教堂》（北京：中国国际广播出版社，2011年）对我国著名的寺庙、宫观与教堂作了详细的介绍，其中第二章"著名的宫观"部分对道教16个宫观做了介绍。丁常云、李宏利、成润磊的《沪上古观太清宫》（北京：华夏出版社，2014年）对上海太清宫宫观作了详细的介绍，尤其是当代情况。张映勤的《寺院·宫观·神佛》（天津：天津社会科学院出版社，1993年）中"道教的宫观"部分也多是对全国著名宫观进行介绍。广州道教协会编的《云山珠水显仙踪：广州道教宫观》（广州：花城出版社，2010年）以图文并茂的形式向我们展示了当代广州9个著名宫观：三元宫、纯阳观、黄大仙祠、仁威庙、何仙姑庙、北帝庙、白云仙馆、五仙观、城隍庙。王朦编著的《阆苑仙宫：道教宫观概览》（成都：四川人民出版社，2012年）下篇按照一定的地理顺序对我国现存影响较大的道教宫观进行了介绍。陈顺宣等编的《中国寺庙与菩萨》（南宁：广西人民出版社，1990年）中"道教宫观与祠庙"部分介绍了武当山道教宫观等全国著名道观。潘明权的《上海佛寺道观》（上海：上海辞书出版社，2003年）中"海上名观换新貌"一节介绍了上海的11所道教宫观。罗伟国的《中国道观》（上海：上海古籍出版社，2009年）从旅游的角度加以导读，介绍了有关道教的常识、道观的管理组织形式及其供奉的主要神灵、道士的日常生活等。另外还有张开明编的《崂山太清宫：一座有两千年历史的古老道观》（青岛：青岛出版社，2006年），詹石窗编的《鹭岛仙境太清宫》（北京：宗教文化出版社，2012年），陈幼英主编的《水云仙府：福安道观》（北京：华夏出版社，2013年）等。

方社会的角度研究宫观的著作是近些年才有的，成果不多。

（1）建筑角度

建筑是宫观的物质基础。著作方面：罗哲文等编著的《中国名观：集中华古代名观之大成》①分门别类地介绍了中国各地道教宫观的历史渊源、建筑特色和造型风貌，同时穿插了珍贵、精美的照片。王宜峨在《玉宇琼楼：道教宫观的规制与信仰内涵》②中对道教宫观选址、设置等体现出来的宗教文化作了进一步的论述。论文方面：王祖力、朱勇、胡晓颜的《昆明黑龙潭道教宫观园林分析》③从选址、建筑、庭院、雕塑角度分析了昆明黑龙潭道教宫观园林的景观特色及其所体现的道家美学思想。严利洁、刘畅的《武当山道教宫观植物景观》④分析了武当山道教宫观的植物景观，认为植物作为一种重要的媒介，传播了道教文化。

（2）道派、供奉主神角度

一般说来，宫观均有自己所供奉的主神和所属的道派，其作为宫观的核心，往往体现该宫观的价值和归属。著作方面：康豹的《多面相的神仙：永乐宫的吕洞宾信仰》⑤详细叙述了永乐宫的历史以及民众对吕洞宾的崇拜与信仰，集中研究了永乐宫的碑文及壁画，并对永乐镇周边地区的人们对上述文本的接受情形进

---

① 罗哲文等编著：《中国名观：集中华古代名观之大成》，天津：百花文艺出版社，2002年。

② 王宜峨：《玉宇琼楼：道教宫观的规制与信仰内涵》，北京：五洲传播出版社，2013年。

③ 王祖力、朱勇、胡晓颜：《昆明黑龙潭道教宫观园林分析》，《农业科技与信息》（现代园林）2013年第4期。

④ 严利洁、刘畅：《武当山道教宫观植物景观》，《现代园艺》2014年第6期。

⑤ 康豹：《多面相的神仙：永乐宫的吕洞宾信仰》，济南：齐鲁书社，2010年。

行了探讨。景安宁的《道教全真派宫观、造像与祖师》① 以全真教宋德方派系的宫观系统为中心，力图找出全真宫观在形制和造像设置方面的主要特点。论文方面：黎志添的《广东道教历史要述——以正一派、全真教及吕祖道坛为中心，兼论三者之间的互动关系》以历史文献及田野考察两方面的资料分析现存广东的正一派、全真教及吕祖道坛三个主要地方道派道教传统的历史发展及现况，认为近现代广东道教的历史发展一方面是以道观的形式和祭祀仪式的活动来传播道教信仰，另一方面地方社会又通过火居道上为民众提供丰富的生命和习俗礼仪，而且二者存在着良性互动，道教"仍然以坚韧的宗教生命力，在中国社会中构建着、展现着中国人丰富的宗教世界和精神生活"②。

（3）经济角度

寺庙经济是各宗教团体开展其宗教活动的物质基础。著作方面：罗莉的《寺庙经济论：兼论道观清真寺教堂经济》③ 详细地论述了寺庙经济的起源、分类、发展等。其中第四章第一节"道观经济的历史考察"论述了历史上道观经济的来源和主要形式。论文方面：杨立刚的《明清时期武当宫观经济收入初探》④ 详细地统计了文献中所见的明清武当山宫观经济收入，并将其分为皇室御赐钱物、田地租课、香税、布施功德四大类。程越的

---

① 景安宁：《道教全真派宫观、造像与祖师》，北京：中华书局，2012 年。

② 黎志添：《广东道教历史要述——以正一派、全真教及吕祖道坛为中心，兼论三者之间的互动关系》，赵卫东主编：《全真道研究》第 1 辑，济南：齐鲁书社，2011 年，第 85—141 页。

③ 罗莉：《寺庙经济论：兼论道观清真寺教堂经济》，北京：宗教文化出版社，2004 年。

④ 杨立刚：《明清时期武当宫观经济收入初探》，《武当学刊》1994 年第 4 期。

《金元时期全真道的宫观经济》①考证了金元时期的全真道宫观经济，认为主要有六种来源：汗庭的赏赐、王公的赏赐和资助、供奉、道士私产、劳动所得、宗属支援，而伴随着宫观经济的逐渐积累，全真宫观由不置产业转变为积极经营常住物业，发生转变后政府也试图通过度牒和税收来控制宫观经济规模。

（4）宗教人员角度

宫观内有大量的宗教人士，是宫观的主体。付海晏的《安世霖与1940年代北京白云观的宫观改革——以〈白云观全真道范〉为中心的探讨》②是一篇很重要的文章，其以《白云观全真道范》为中心，探讨了安世霖在面对自己和宫观困境的情况下所做的变革及其效果，其改革涉及宫观的组织、道士教育、管理、经济等多个方面。文章在民国社会巨变的背景下完整地展现了道教内部为适应社会而产生的矛盾、冲突和悲剧。王卡的《雍正皇帝与紫阳真人——兼述龙门派宗师范青云（上、下）》③以天台山桐柏宫的复兴为中心讨论了近代龙门派在发展过程中帝王、地方官员、豪强和道士之间的复杂关系，考证了龙门派范青云宗师的相关问题，理清了江南道教史上相关的疑案。陈耀庭的《清代全真道派适应低潮时期的三项历史经验——全真三大师王

---

① 程越：《金元时期全真道的宫观经济》，中央民族大学历史系编：《民族史研究》第3辑，北京：民族出版社，2001年，第134—147页。

② 付海晏：《安世霖与1940年代北京白云观的宫观改革——以〈白云观全真道范〉为中心的探讨》，《华中师范大学学报》（人文社会科学版）2013年第1期。

③ 王卡：《雍正皇帝与紫阳真人——兼述龙门派宗师范青云（上）》，《宗教学研究》2013年第1期；《雍正皇帝与紫阳真人——兼述龙门派宗师范青云（下）》，《宗教学研究》2013年第2期。

常月、刘一明、闵小艮的启示》① 探讨了清代三位高道如何应对道教发展低潮时期的历史经验：王常月加强组织、刘一明联系信众、闵小艮整理经典，这些措施使得全真龙门派在低潮时期依然得到发展，为今天的道教发展提供了宝贵的经验。

（5）科仪角度

斋醮科仪是宫观内的重要宗教活动，故其也是宫观研究一个很重要的方面，在这方面的著作多为道教内宗教人士所作。较为重要的有陈耀庭《道教礼仪》② 中的第一章"道教宫观的日常礼仪"，第四章"道教的宫观和坛场"，第五章"道教的法器和供品"中的第一节"道教宫观法器"、第二节"宫观执事的称谓"、第三节"仪坛执事的称谓"：这些章节详细分析了道教宫观中的礼仪、法器、称谓等。

（6）宫观与国家关系角度

东晋道安法师说过："不依国主则法事难立。"宗教的成长需要国家的支持，同时，宗教作为一种重要的意识形态和社会组织也需要国家的掌控，宗教与国家的关系千丝万缕。宫观作为道教的一种重要载体，也时刻体验和反映着道教与国家关系的亲疏。由于这方面的研究主要取材于正史和官方档案，研究较为便利，所以也产生了不少成果。著作方面：汪圣铎的《宋代政教关系研究》③ 是研究宋代政教关系的一部力作，全书共有二十七章，全面梳理了从宋太祖到宋理宗各个时期的宗教政策和背景，

---

① 陈耀庭：《清代全真道派适应低潮时期的三项历史经验——全真三大师王常月、刘一明、闵小艮的启示》，赵卫东主编：《全真道研究》第 2 辑，济南：齐鲁书社，2011 年，第 144—162 页。

② 陈耀庭：《道教礼仪》，北京：宗教文化出版社，2003 年。

③ 汪圣铎：《宋代政教关系研究》，北京：人民出版社，2010 年。

皇权下宗教存在的意义，国家对宗教的管理等。其中对宋代的功德寺观、官方宫观、天庆观等官方背景的宫观有详细而全面的研究，但与地方社会互动的几乎没有涉及。林西朗的《唐代道教管理制度研究》① 从管理制度的角度对唐代政府管理道教和唐代道教内部的管理作了较为全面、深入的研究。其中第二章探讨了唐代置观制度，第三章探讨了太平宫的斋醮活动，第五章探讨了宫观执事制度，第八章探讨了宫观常住制度。该书以唐代政府管理为背景较为全面地探讨了宫观与政府和社会上层的互动往来。论文方面：张广保的《明代的国家宫观与国家祭典》② 通过研究明初国家宫观在开国初期参与国家祭祀大典的制订、施行来展示道教在明代国家祭礼中发挥的重大作用，借此评估道教对明代政制的特殊影响。

（7）宫观文化角度

宫观，尤其是一些名观因为厚重的道教文化积淀而形成独具特色的宫观文化，故对其研究也较为丰富。较为重要的著作有：朱越利主编的《中国道教宫观文化》③ 分别对北京白云观等全国16 个著名宫观做了宫观文化研究，突出每个宫观自己的特色，是了解国内宫观文化情况的得力之作。但也因为其研究对象较多，限于篇幅，具体到每个宫观的探讨并不深入，虽然在一些部分也涉及了宫观与地方社会的关系，但并未做专门的探讨。胡锐的《道教宫观文化概论》④ 共分为道教宫观的产生及发展、道教

---

①　林西朗：《唐代道教管理制度研究》，成都：巴蜀书社，2006 年。
②　张广保：《明代的国家宫观与国家祭典》，赵卫东主编：《全真道研究》第 2 辑，第 1—25 页。
③　朱越利主编：《中国道教宫观文化》，北京：宗教文化出版社，1996 年。
④　胡锐：《道教宫观文化概论》，成都：巴蜀书社，2008 年。

宫观文化的内核——神仙信仰、道教宫观文化的主体——道士、道教宫观文化的载体——宫观艺术、道教宫观文化的世俗化样态——道教庙会、道教宫观文化的传统文化与现代文化六部分展开论述。前五章每个部分配一个典型个案。该书是对道教宫观文化研究的一本力作，其中第五章讲述了庙会的发展，涉及宫观与地方社会的互动；第三章详细讲述了道士在宫观的生活，但仅仅也局限在宫观之中，并未涉及其与地方社会的互动，甚为遗憾。论文方面：刘仲宇的《宫观和道教文化的发展》提出宫观是道教文化的物化表现、整合的主要场所、传承的重要载体、当代道教文化创造与更新的能源，并且认为"道教文化在当代的存在主要依赖宫观，它的发展也主要是从宫观中吸取物质的和精神的支撑"[①]。

2. 地方社会方面

以地方社会为视角研究宗教的方式近三十年才兴盛起来，主要是从社会学、民族学角度以当代宗教现象为对象进行探讨。后来研究者逐渐把研究的时间上移至中国古代，内容也更为具体，范围也逐渐缩小至一个地方或宫观。因为其处于宗教学、历史学、社会学甚至民族学等学科的交叉领域，所以从研究方法和内容上均处于探索阶段。具体而言，情况如下：

（1）古代宗教与地方社会

著作方面：钟玉英的《汉末魏晋南北朝道教与社会分层关系研究》[②]主要利用了社会学中的社会分层理论，对中国道教形

---

①　刘仲宇：《宫观和道教文化的发展》，《中国道教》2000 年第 3 期。
②　钟玉英：《汉末魏晋南北朝道教与社会分层关系研究》，成都：四川大学出版社，2008 年。

成时期的道教与社会分层之间的关系作出了探讨。全书对社会上、中、下三个层面的道教信仰均分章详细论述，但可惜的是没有能够涉及具体宫观。论文方面：胡荣明的《宋以来德兴地区的家族、寺观与讼争：读〈隆教寺讼案碑〉》[①] 以碑刻所记载的诉讼案为中心探讨了寺观与地方大家族、地方政府的复杂关系，其中核心为寺产。

（2）近代宗教与地方社会

著作方面：高万桑（Vincent Goossaert）的 *The Taoists of Peking*，1800—1949：*A Social History of Urban Clerics*（《北京的道士，1800—1949：城市神职人员的社会史》）[②] 以道士为中心，研究了近代北京道教的兴衰，也涉及北京城市里的宫观。韩书瑞（Susan Naquin）的 *Peking*：*Temples and City Life*，1400—1900（《北京的寺庙与城市生活，1400—1900》）[③] 是研究寺庙与城市关系的经典著作。该书以寺庙为视角，展现了明清时期北京的社会变迁，全面分析了寺庙在城市中不可或缺的作用。林桂玲的《家族与寺庙：以竹北林家与枋寮义民庙为例（1749—1895）》[④] 以义民庙和林家家族之间的关系为中心探讨，认为"义民庙成为北台湾地区的客家信仰中心与最重要的客家活动场域，可以说归因于林家的经营。而林家持续在地方社会中的影响力，也主要

---

① 胡荣明：《宋以来德兴地区的家族、寺观与讼争：读〈隆教寺讼案碑〉》，《南方文物》2009 年第 3 期。

② Vincent Goossaert：*The Taoists of Peking*，1800—1949：*A Social History of Urban Clerics*，Cambridge（Mass.）：Harvard University Asia Center，2007.

③ Susan Naquin：*Peking*：*Temples and City Life*，1400—1900，Berkeley：University of California Press，2000.

④ 林桂玲：《家族与寺庙：以竹北林家与枋寮义民庙为例（1749—1895）》，台北：新竹县文化局，2005 年。

透过义民庙这个客家的公共空间，两者是相得益彰"，对研究家庙与地方宗教有很好的借鉴意义。论文方面：程宇昌、温乐平的《文化认同与社会控制：以明清鄱阳湖区许真君信仰为例》① 认为广大民众对许真君的信仰在文化认同的背景下潜移默化地转变为控制地方社会的影响力，成为教化百姓、慰藉民心、稳定地方社会的重要因素。侯杰、李净昉的《天后信仰与地方社会秩序的建构——以天津皇会为中心的考察》② 以天津"皇会"庙会为中心探讨庙会与地方社会的互动。肖坤冰的《行业信仰、祭祀组织与地方社会——以晚清民国时期四川夹江县"蔡翁会"为中心的考察》③ 把蔡翁会（以造纸业祖师蔡伦的崇拜为中心的组织）置于夹江县清末以来社会的发展脉络之中，力图对行业信仰及其祭祀组织在近代中国"民族—国家"建构进程中的作用作出历史性和地域性的解释。张齐政的《南岳寺庙与地方社会秩序》④ 研究了南岳寺庙与地方社会秩序的不可分割的契合关系，认为南岳寺庙对地方社会秩序的稳定几乎起着决定性的作用。毕旭玲的《"石佛浮海"神话与上海地域形象建构》⑤ 通过揭示历史上上海地区对"石佛浮海"神话资源的争夺体现出神话资源对于地方社会建构的独特价值。原敏楠、段建宏的《浅

① 程宇昌、温乐平：《文化认同与社会控制：以明清鄱阳湖区许真君信仰为例》，《南昌大学学报》（人文社会科学版）2013 年第 5 期。

② 侯杰、李净昉：《天后信仰与地方社会秩序的建构——以天津皇会为中心的考察》，《历史教学》2005 年第 3 期。

③ 肖坤冰：《行业信仰、祭祀组织与地方社会——以晚清民国时期四川夹江县"蔡翁会"为中心的考察》，《福建师范大学学报》（哲学社会科学版）2013 年第 1 期。

④ 张齐政：《南岳寺庙与地方社会秩序》，《衡阳师范学院学报》（哲学社会科学版）2000 年第 5 期。

⑤ 毕旭玲：《"石佛浮海"神话与上海地域形象建构》，《华东师范大学学报》（哲学社会科学版）2014 年第 2 期。

析明清地方社会力量与阳城"商汤信仰"的传承》① 认为阳城地区的地方社老、士绅等群体都通过捐资修庙、传承故事、祈祷雩祭、演剧献戏等方式不同程度地推动了"商汤信仰"的传承与发展，反映了信仰与地方社会的互动。

（3）当代宗教与地方社会

著作方面：李养正的《道教与中国社会》② 从多个角度对道教进行了横向剖析，其中涉及社会生活、政治、人口、文化、伦理道德、民族心理、秘密社会、术士等，非常全面，但没有涉及宫观。李晓龙的《西樵天后信仰与地方社会》③ 以天后信仰为中心，研究天后信仰与地方社会关系，资料丰富。尤其是其选用的李村天后庙、新田村天后庙、民乐市天后庙等多个典型个案最富有特色，让人在了解其与地方社会关系的同时也通过对比找到天后信仰在不同环境的个性和共性，值得借鉴。王志宇的《寺庙与村落：台湾汉人社会的历史文化观察》④ 从寺庙与聚落、村名、风水、道德的关系角度来研究寺庙与村落的互动，其中在乡村社会大背景下详细地以慈祥宫等作为中心进行研究，值得借鉴。贺喜的《亦神亦祖：粤西南信仰构建的社会史》⑤ 以雷州地区雷祖信仰所呈现出的亦神亦祖形态为中心，考察地方信仰在长时段中的变化，其中也论述到祭祀雷神家庙的具体情况和其与地

①　原敏楠、段建宏：《浅析明清地方社会力量与阳城"商汤信仰"的传承》，《长治学院学报》2014 年第 4 期。

②　李养正：《道教与中国社会》，北京：中国华侨出版社，1989 年。

③　李晓龙：《西樵天后信仰与地方社会》，桂林：广西师范大学出版社，2012 年。

④　王志宇：《寺庙与村落：台湾汉人社会的历史文化观察》，台北：文津出版社有限公司，2008 年。

⑤　贺喜：《亦神亦祖：粤西南信仰构建的社会史》，北京：生活·读书·新知三联书店，2011 年。

方社会、宗族之间的关系。论文方面：何敦培的《湖南民间信仰及其与地方社会的关系》① 以湖南为中心探讨，认为民间信仰与地方社会相互影响、相互交融、相互借鉴、相互补充。邓苗的《民间仪式与地方社会的多元互动——以温州老殿后杨府爷神诞为例》② 从民间仪式的内容、表达对象、表达主体、表达方式和表达结果等方面入手讨论老殿后杨府爷诞辰活动中的仪式，揭示"地—人—神"这一系统中三个要素两两组合所表现出来的互动关系。

3. 玉皇山福星观方面

玉皇山福星观方面重要的研究成果有：林正秋的《杭州道教史》③ 中对玉皇山福星观的历史有专门介绍，详细地讲解了玉皇山福星观在蒋永林和李理山时期的崛起和发展，但是并没有重视其与地方社会的关系。孔令宏、韩松涛的《民国杭州道教》④ 一书中对民国时期的杭州市道教的情况进行了整体研究，其中重点研究了此时作为杭州道教中心的玉皇山福星观，并对玉皇山福星观民国时期的发展和此时观中高道李理山都有较为详细的论述。吴亚魁的《江南全真道》⑤ 是江南地方教派史研究的力作，详细地考证了全真道在江南的传播和发展。作为江南全真道重镇，杭州也是其研究重心之一，对杭州历史上有名的金鼓洞、洞霄宫等均有详细的考证。但是玉皇山福星观由于资料的缺乏只是

---

① 何敦培：《湖南民间信仰及其与地方社会的关系》，《民族论坛》2008 年第 10 期。
② 邓苗：《民间仪式与地方社会的多元互动——以温州老殿后杨府爷神诞为例》，《中原文化研究》2013 年第 3 期。
③ 林正秋：《杭州道教史》，北京：中国社会科学出版社，2011 年。
④ 孔令宏、韩松涛：《民国杭州道教》，杭州：杭州出版社，2013 年。
⑤ 吴亚魁：《江南全真道》，上海：上海古籍出版社，2012 年。

作为一个补充，仅有简单的论述，颇为可惜。马时雍主编的《杭州的寺院教堂》①介绍了杭州当代著名宫观抱朴道院等四所宫观以及历史上黄龙洞等九所宫观。其另外一本《杭州的山》②里面对玉皇山及福星观做了简单的介绍。上海三元宫坤道院监院范诚凤主编的《三元文化研究》③"上海全真道与三元宫观"一节记载了玉皇山福星观在上海设立分院和李理山参与上海道教事业发展的部分史实。孔令宏的《道教新探》④有"区域道教研究——以浙江道教史为例"一节，简单地探讨了浙江地方道教史，也涉及了玉皇山福星观的部分历史。孔令宏、韩松涛、王巧玲合著的《浙江道教史》⑤一书是关于浙江省道教研究的又一力作。全书共九十余万字，以历史为轴，从浙江道教前史一直探讨到清代道教的发展，对于了解浙江省道教史的发展和背景很有价值。但是书中对玉皇山福星观的历史仅仅只做了简单的描述，并没有从微观的角度来详细地研究玉皇山福星观这个个案实在可惜。

论文方面：王松全的《民国杭州藏书家》⑥里面收录了李理山藏书旧事。韩松涛所写的《玉皇山道教近代以来之变迁》⑦一文对玉皇山福星观的近代发展历史尤其民国时期历史做了较为翔实的考证，韩松涛的另一篇文章《江南全真领袖李理山道长年

①　马时雍：《杭州的寺院教堂》，杭州：杭州出版社，2004年。
②　马时雍：《杭州的山》，杭州：杭州出版社，2010年。
③　范诚凤主编：《三元文化研究》，上海：上海文艺出版社，2010年。
④　孔令宏：《道教新探》，北京：中华书局，2011年。
⑤　孔令宏、韩松涛、王巧玲：《浙江道教史》，北京：中国社会科学出版社，2015年。
⑥　王松全：《民国杭州藏书家》，政协杭州市委员会文史委编：《杭州文史资料第二十五辑：杭垣旧事》，杭州：浙江省农科院科技印刷厂，2000年。
⑦　韩松涛：《玉皇山道教近代以来之变迁》，《道教研究学报》2011年第4期。

谱研究》① 对民国时期玉皇山福星观宗教领袖李理山做了较为详细的考证。林正秋的《闻名江南的福星观》② 对玉皇山福星观的历史沿革等做了比较全面的介绍。郭峰、梅莉的《晚清杭州玉皇山福星观传戒历史初探》③ 详细地考证了玉皇山福星观晚清时期的传戒历史。郭峰的硕士论文《晚清杭州玉皇山福星观传戒研究——以光绪二十二年传戒为中心》④ 在详细考证传戒历史的基础上运用地方志资料注意了传戒过程中地方政府、宗教团体之间的互动关系，但还不够细致。王仲尧所写的《南宋临安及明清杭州道教宫观考》⑤ 一文对南宋临安城的较为重要的宫观、道堂进行详细的考据，认为南宋时期宫观修建的资金主要有中央拨款、社会集资和道士募化三种来源。王文章的《明清时期杭州道观经济浅探》⑥ 认为明清时期朝廷财力支持弱化导致宫观的经济来源主要依靠地方官员、士绅、普通信众和道士等，道观规模缩小，但自养程度提高。段玉明的《南宋杭州的开封宫观——宗教文化转移之实例研究》⑦ 以南宋杭州复建的开封（北宋都城）宫观为例，探讨了宗教文化转移中，文化元素（道教）与

① 韩松涛：《江南全真领袖李理山道长年谱研究》，收入尹信慧：《茅山乾元观与江南全真道国际学术研讨会论文集》，桂林：广西师范大学出版社，2013 年，第258—267 页。

② 林正秋：《闻名江南的福星观》，《杭州通讯》（下半月）2007 年第 7 期。

③ 郭峰、梅莉：《晚清杭州玉皇山福星观传戒历史初探》，《宗教学研究》2013年第 3 期。

④ 郭峰：《晚清杭州玉皇山福星观传戒研究——以光绪二十二年传戒为中心》，华中师范大学 2013 年历史学硕士学位论文。

⑤ 王仲尧：《南宋临安及明清杭州道教宫观考》，《杭州师范学院学报》（社会科学版）2005 年第 6 期。

⑥ 王文章：《明清时期杭州道观经济浅探》，《宗教学研究》2013 年第 2 期。

⑦ 段玉明：《南宋杭州的开封宫观——宗教文化转移之实例研究》，《四川大学学报》（哲学社会科学版）2006 年第 3 期。

特定的信仰群体（南迁皇室和宗族）之间密切联系的程度。陈耀庭所写的《一个俄国人眼中的李理山——介绍（俄）顾彼得的〈玉皇山的道观〉》① 一文以民国时期俄国人顾彼得所著的《玉皇山的道观》一书为研究资料，通过李理山接待顾彼得、李理山讲《道德经》、李理山谈"神"和偶像等三个事例来说明李理山有"公乃大"的包容态度和宽阔心胸，不愧为近代道教史上的一代高道，值得人们尊敬。郭峰的《近代道教与地方社会互动——以杭州玉皇山福星观为中心》② 一文以玉皇山福星观的重建、地方政府对玉皇山福星观的支持、玉皇山福星观近代以来的斋醮活动和慈善活动为角度讨论了玉皇山福星观与地方社会的互动，但还不够深入，也没有从传戒和进香活动的角度来探讨玉皇山福星观与地方社会的关系。上海三元宫坤道院监院范诚凤道长的《百年上海全真道以及当代使命》③ 中详细分析了近现代上海全真道发展的背景、历史等等，其中提及了当时在上海活动较为频繁的时任玉皇山福星观方丈兼监院的李理山的部分情况。该文从道教发展的角度出发，认为近现代道教要"坚持服务社会、服务信众"，这种观点可谓真知灼见，难能可贵，与近现代道教在"下沉"后的发展趋势不谋而合。郭峰、梅莉的《近代浙江

---

① 陈耀庭：《一个俄国人眼中的李理山——介绍（俄）顾彼得的〈玉皇山的道观〉》，《上海道教》2004 年第 2 期。

② 郭峰：《近代道教与地方社会互动——以杭州玉皇山福星观为中心》，《华中师范大学学报》（人文社会科学版）2015 年第 4 期。

③ 范诚凤：《百年上海全真道以及当代使命》，收入尹信慧：《茅山乾元观与江南全真道国际学术研讨会论文集》，第 196—203 页。

丛林宫观传戒历史初探——以玉皇山福星观为中心》① 详细地考证了浙江省境内丛林宫观的传戒历史特别是玉皇山福星观的传戒历史，但是对玉皇山福星观光绪十一年（1885）的传戒活动由于当时的资料有限而研究不足。总的说来，目前有关玉皇山福星观在近代的发展与社会的互动的研究还处于零散状态，缺乏系统细致的梳理。

三 研究目标和解决的关键问题

1. 研究目标

本书有以下研究目标：首先是对玉皇山福星观及其教团在近代的发展历史作一个系统的考证，理清其基本史实；其次，在第一步的基础上，理清玉皇山福星观教团在发展的过程中与地方社会各方力量的关系；再次，找到玉皇山福星观在近代发展过程中地方社会所发挥的作用，以及玉皇山福星观为了应对近代社会的变迁所做的各种改革等；最后，通过玉皇山福星观与地方社会的互动来了解近代道教在宗教整体衰微和近现代的冲击下所做的努力和采取的有效措施，为我们重新认识近现代宗教史的发展提供一个个案。

2. 关键问题

本书关键问题有两个：其一是史料的收集与整理，玉皇山福星观1949年以后逐渐衰微，所留下可供研究的资料不多，需要

① 郭峰、梅莉：《近代浙江丛林宫观传戒历史初探——以玉皇山福星观为中心》，收入尹信慧：《茅山乾元观与江南全真道国际学术研讨会论文集》，第219—231页。

做大量的田野调查工作和史料收集、整理工作；其二是如何完整而全面地认识玉皇山福星观教团和地方社会的关系。玉皇山福星观在近代历百年发展而成为江南一带首屈一指的子孙丛林宫观，其弟子和附属宫观众多，与地方社会的关系千丝万缕。如何在众多线索中理清关系，清楚地表明地方社会各方势力在道教发展过程中所起的作用是个关键问题。

四 研究方法

在研究方法上，本书将注重宗教学、历史学、社会学等多学科的交叉研究，尤其重视田野调查的方法。笔者首先专门前往浙江、上海等当年玉皇山福星观发展所到达的区域收集相关档案、教内文献、碑刻、实物资料、地方志和笔记等，同时采访当年玉皇山福星观部分老道士，获得口述史料；其次在实证的基础上通过历史学、社会学、宗教学等的比较研究方法，探讨城市宫观与近代国家、地方社会之间的复杂关系。具体研究方法如下：

1. 田野调查法

笔者分别于 2012 年下半年和 2014 年上半年在博士研究生导师刘固盛教授和硕士研究生导师梅莉教授的帮助下，到上海市、浙江省、江苏省等玉皇山福星观教团当年发展的重点区域进行了数个月的实地调查，通过到图书馆和档案馆查阅资料，走访当年宫观获得教内文献和实物资料，采访部分当年老道士和当地文化学者获得口述史料等，收集到大量一手材料，为后续的研究打好基础。

2. 文献研究法

除了在浙江等地实地调查所获得的材料外，笔者还通过数据库和丛书大量检索和收集与玉皇山福星观有关的历史资料，参考了《杭州运河丛书》《西湖全书》《中国地方志丛刊》《西湖文献集成》《三洞拾遗》《藏外道书》《道藏》等丛书以及有关的地方志书等。

3．个案研究法

本书以玉皇山福星观为研究中心，详细地分析玉皇山福星观的历史、道士群体、宫观建设、附属宫观、传戒等方方面面，希望能够以小见大、以微见著，了解近代道教发展的面貌。

4．数据分析法

本书在收集大量一手材料的基础上，对所收集数据从多个角度进行分析，用数据分析的方法来揭示其背后展现出来的玉皇山福星观教团发展的历史脉络。

5．社会学方法

本书是将玉皇山福星观作为一个个案放在整个江南的地方社会中去研究，除了充分展现玉皇山福星观历史面貌之外，还要使用社会学中分析社会各个组织的方法来研究玉皇山福星观这一社会中的个体，这样才能充分、完整地研究玉皇山福星观在近代历史上与地方社会的关系，厘清其崛起的原因和影响。

五　创新之处

本书的创新之处主要体现在研究使用的资料和理论拓展两个方面。

1．史料运用

本书主要采用的是地方史、山志、教内文献、碑刻、档案材料、报刊、口述史等在传统道教史学研究中较少使用的材料，同时笔者也通过田野调查收集到了大量一手的新材料，包括教内文献、报刊、碑刻、口述史等材料。

本书在史料的处理上试图顺应历史学逐渐下沉和道教史研究范式从文献学的方法向历史人类学方法转变的发展趋势。近年来，道教史的研究一方面逐渐"精细"而走向个案研究；另一方面，通过充分的田野调查，发现新的材料，引入社会学研究的方法或丰富或重构在经典史料中呈现出来的道教形象，这也是本书致思的方向。

本书既以玉皇山福星观不到一百年的历史为研究对象，就必须做到足够细致，同时也试图将玉皇山福星观放在一个宏大的社会背景中去研究它与地方社会的互动、影响等，因此，采用新材料并加以细致研究成为了必然。

2．理论拓展

本书主要是丰富了对近代道教的再认识。传统道教史学认为，道教在近代的发展趋势是日趋衰败。但是随着新的材料的挖掘和研究的深入，越来越多的学者认为道教在近代的衰败是在皇家和上层社会之间。相反，道教在民间社会和地方社会之中则日益繁荣。道教为什么在民间和地方社会逐渐繁荣？它是通过什么方式适应了地方社会？它与地方社会中的各方力量如何协调关系，又如何在既保证自身生存的同时又保持自己的宗教本色不被民间信仰彻底同化？这些问题目前学术界均探讨不够。

本书通过对玉皇山福星观在近代历史上逆势而上的繁荣机制

来回答这些问题，认为道教在民间能够繁荣，最主要的原因是融入了地方社会之中，而融入地方社会最主要的动力就是改变其原来为帝王和上层服务的理念，转而"为地方、为人民设教"。这实际上与同时期太虚大师所提出的"人间佛教"理念有异曲同工之处，可见这是中国传统宗教在近代社会剧变的背景下的一种共同选择。从这个角度来说，玉皇山福星观与地方社会互动的研究对当代道教的发展也具有现实的参考价值。

第一章　中兴之道：玉皇山福星观
在近代的崛起

　　在近代道教趋于衰微的时候，杭州玉皇山福星观却在晚清高道蒋永林的带领下于困境中崛起，成为闻名江南的子孙丛林。同时以玉皇山福星观为中心的全真龙门派的教团也顺应同治中兴中传统社会的恢复而得到迅速的发展，蒋永林弟子遍布江南地区。

　　辛亥革命后，清帝退位，传统的封建社会寿终正寝，历史进入了一个变革的时代。动荡的时局、传统社会的解体、外来宗教和文化的冲击均对传统宗教提出了严峻的考验，在多重冲击之下，传统宗教总体而言日趋没落。在这样的背景下，民国时期的玉皇山福星观却在另一位高道李理山的领导下积极参与地方社会，开展慈善活动，与地方政府、士绅广泛交流，扶持弱小宫观，建立上海分院等等。玉皇山福星观在道教整体衰败的情况下适应了时代的变革而再度成长，李理山本人也成为能够与当时正一派领袖并驾齐驱的全真高道。从蒋永林到李理山，玉皇山福星观在近代道教史上书写了不平凡的篇章。

第一节　太平天国运动及中兴之师蒋永林成道

太平天国运动之前，玉皇山上即宫观林立，但大都并不显著。太平天国运动冲击了大清王朝的南部地区，玉皇山福星观所在地杭州也未能幸免。太平天国不仅仅是在战争上对清王朝进行摧毁，同时也在精神上、思想上用其所依赖的"上帝教"对封建王朝维护的传统思想进行颠覆。这其中自然冲击到了以道佛为代表的传统宗教信仰，儒释道等被太平天国看做封建思想的代表并消灭之。这造成了太平天国运动统治区大量宫观的毁坏，宗教人员的逃逸，玉皇山福星观就是其中之一。经过长期的战争，清王朝取得了胜利，战后大清王朝逐渐恢复对传统社会的重建，因为主要是发生在同治朝，所以历史上把这个时期称之为"同治中兴"。在这个时期，宗教团体往往顺应大清王朝"同治中兴"中对传统社会的恢复而重建宫观，发展教团，玉皇山福星观就是典型案例。

除了有利的社会背景，宫观的发展也与教团自身的努力有关，玉皇山福星观的中兴之师蒋永林就是福星观发展的核心人物。民国《杭州玉皇山志》上说，蒋永林到玉皇山福星观之前，该宫观内"即有几个道士"，但他们并未对福星观的发展起到多大作用①。是蒋永林到玉皇山福星观后顺应当时时局，得到地方政府、乡绅和善士的帮助重新恢复了玉皇山福星观的风采，使其

---

① 来裕恂编：《杭州玉皇山志》，载王国平主编：《西湖文献集成》第 21 册，杭州：杭州出版社，2008 年，第 963 页。

成为名扬近代江南的丛林宫观。

一　太平天国运动及其对江南地区宗教的影响

清道光三十年（1850）十月由洪秀全等领导的拜上帝会在广西金田围营，于当年十二月初十日（1851 年 1 月 11 日）宣布起义。咸丰元年（1851）八月太平军围攻长沙，然后北上占领武昌，顺江东下，席卷长江中下游，于咸丰三年（1853）占领南京，改名天京并定都于此，正式建立中央政权与清廷南北相抗。定都天京后太平天国分兵北伐和西征，破江北、江南大营，达到全盛，直到咸丰六年（1856）天京事变爆发。天京事变中，太平天国统治核心中的东王杨秀清和韦王韦昌辉被杀，翼王石达开出走向西远征，天京陆续死亡达两万余人，太平天国大伤元气。清廷抓住机会，重整旗鼓，相继攻陷武汉、九江等重镇，于天京（南京）周边重建江南、江北大营，重围天京。太平天国为挽救危亡，缓解天京局势，咸丰十年（1860）采取"围魏救赵"计谋，破袭江南重镇杭州，粉碎江南大营，成功化解天京之围。解天京之围后，太平天国高层制定了"先东进、后西上"的战略，东向开辟江浙战场，希望在丢失长江中游地区的情况下把富庶的江南地区变成太平天国的东南屏障和物质供应基地。于是太平军与清军在江南地区开展了长期的拉锯战，直到太平天国运动结束①。

---

① 罗尔纲：《太平天国史》第 1 册，北京：中华书局，1991 年，第 31—91 页。

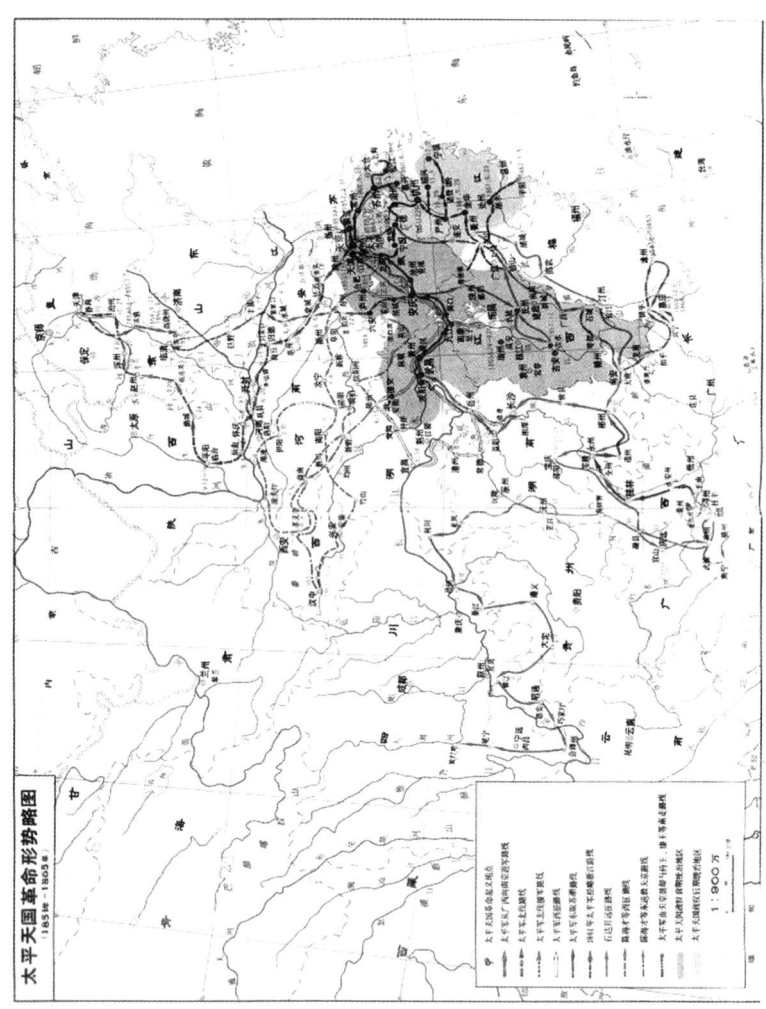

图 1.1　太平天国革命形势略图（1851 年—1865 年）①

---

①　郭毅生等：《太平天国革命形势略图（1851 年—1865 年）》，收入郭毅生主编：《太平天国历史地图集》，北京：中国地图出版社，1989 年，第 7—8 页。

太平天国是以"上帝教"为其宗教信仰建立的政教合一的政权，洪秀全是政治和宗教双重领袖。太平天国定一尊于"上帝"，以政治力量排斥异教，并将儒、释、道等看做清廷的代表，要"杀尽妖魔"①。曾国藩在发布的《讨粤匪檄》中对这点进行了重点攻击：

> 自古生有功德，没则为神。王道治明，神道治幽。虽乱臣贼子穷凶极丑，亦往往敬畏神祇。李自成至曲阜，不犯圣庙；张献忠至梓潼，亦祭文昌。粤匪焚郴州之学宫，毁宣圣之木主。十哲两庑，狼藉满地。嗣是所过郡县，先毁庙宇。即忠臣义士，如关帝岳王之凛凛，亦皆污其宫室，残其身首。以至佛寺、道院、城隍、社坛，无庙不焚，无像不灭。斯又鬼神所共愤怒，欲一雪此憾于冥冥之中者也②。

太平天国运动对所到之处的传统文化给予打击，故卿希泰主编的《中国道教史》中说"（太平天国运动）对传统宗教更是一场劫难"③。

具体到玉皇山福星观所在的浙江省地区，根据王兴福的整理研究，太平天国先后于 1855 年、1858 年、1860 年 3 月和 6 月、1861 年五次对浙用兵，其中前四次并未在浙江长期驻留。到 1860 年太平天国高层确定了东进战略，准备长期经营江浙地区后始对浙江地区大量持续用兵，试图开辟太平天国政权的浙江根据地。从 1861 年 5 月 3 日到 30 日短短的一个月内，除了温州、

---

① 罗尔纲：《太平天国史》第 2 册，第 739—747 页。
② 郭超主编：《曾国藩全书》第 1 卷，吉林：吉林大学出版社，2009 年，第 38 页。
③ 关于太平天国宗教政策及其执行情况有多种讨论，本书不赘述。参见卿希泰主编：《中国道教史》第四卷，成都：四川人民出版社，1995 年，第 219 页。

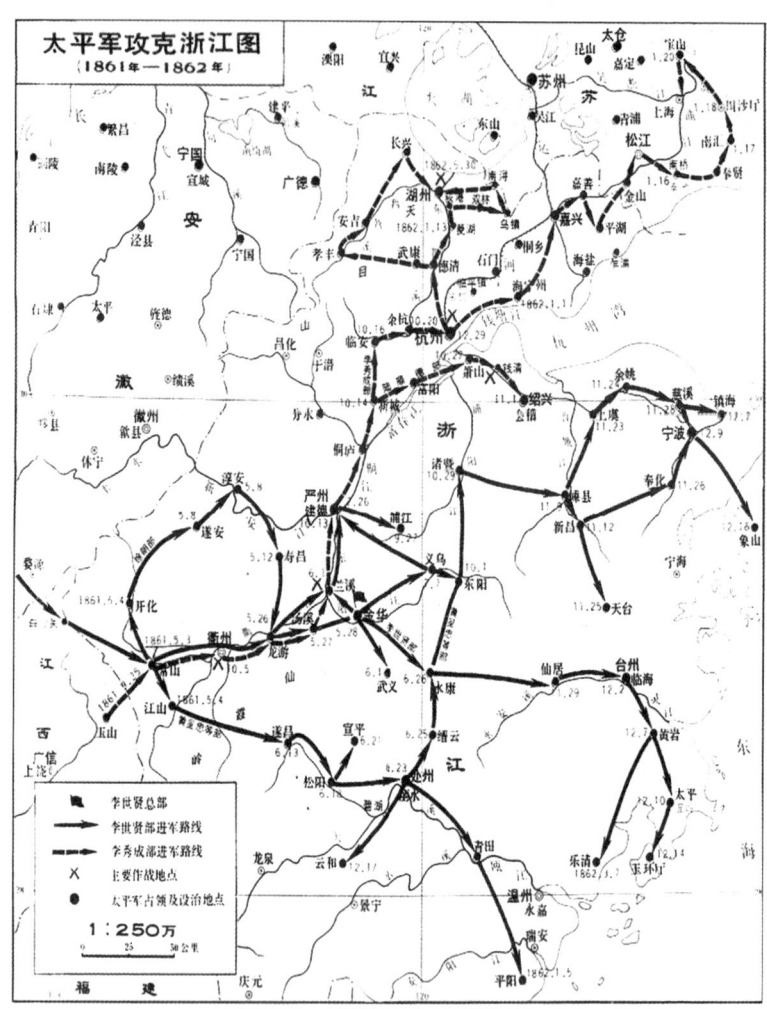

图 1.2　太平军攻克浙江省图（1861 年—1862 年）①

①　沈雨梧、严军：《太平军攻克浙江省图（1861 年—1862 年）》，收入郭毅生主编：《太平天国历史地图集》，第 129 页。

衢州两府和龙泉、泰顺、庆元、瑞安、平阳、定海六县外，浙江省剩余的9府70州县全为太平军所占据①。

图1.3　民国时期杭州城外玉皇山脚下的清波门②

在太平天国对浙用兵过程中浙江省城杭州两次被太平军攻占：1860年2月，太平天国忠王李秀成统领七千兵马从芜湖出发，11日到达杭州城外首先围住杭城北面的武林、钱塘等门，然后又绕至杭州城西南面玉皇山山脚的凤山门、清波门外驻扎。杭州城东为钱塘江，西为西湖，只有北面和西南陆上有交通连接，为进攻杭州之战略要塞。自此，杭城被太平军包围，太平军与清军在清波门外的凤凰山、玉皇山等处连日激战。3月19日

---

① 王兴福：《太平军经略浙江述评》，收入其著：《浙江太平天国史论考》，杭州：浙江人民出版社，2002年，第5—20页。

② 参见沈弘：《西湖百象：美国传教士甘博民国初年拍摄的杭州老照片》，济南：山东人民出版社，2010年，第112页。

太平军用地道轰塌清波门附近城墙，杭州城外城被攻破，当事人回忆说：

> 发匪当时拔营至馒头山驻扎，用大城河船两只，合覆于地，用江山所掳开煤矿之工人，凿通地沟暗道于凤山门至清波门。居中土名黄泥潭，用棺木装火药，塞大炮台之底。城中军民人等如入梦中，毫无知觉。不料二十七日，于清晨勃然轰炸，炮台守台黄岩兵欲放大炮，炮炸台毁，一时死伤三百余人。发匪就此而入，后由三门而进①。

太平军此次占领杭州城的战略目标是"围魏救赵"，主要吸引围困天京的江南大营清军的支援。忠王李秀成得知江南大营分兵来援杭州达到战略目标之后于3月24日主动撤出，回师天京，配合英王陈玉成一举攻克江南大营，解围天京。太平军整个过程中占领杭州城仅仅五天，但是对杭州城的破坏却是巨大的，尤其是战场清波门一带，玉皇山即在清波门外，居高临下的玉皇山自然是双方反复争夺的要地，势必无法幸免。

1861年太平军第二次进攻杭州城，此次太平军的目的是长期经营江南。他们首先围困杭州，和1860年第一次进攻杭州城一样，在玉皇山下的清波门一带开挖地道，并且把西湖诸峰均抢占为据点，居高临下进攻杭州，太平军将领忠王李秀成就在凤凰山山顶扎营指挥作战。经过两个月的攻坚战，太平军于12月29日早晨攻入外城，31日又攻入主要由满族军人驻防的内城②。

---

① 佚名：《太平军两次攻占杭州亲历记》，收入中国社会科学院近代史研究所近代史资料编辑组编辑：《近代史资料》，北京：中国社会科学出版社，1998年，第8页。

② 王兴福：《太平军在杭州》，杭州：浙江人民出版社，1959年，第23页。

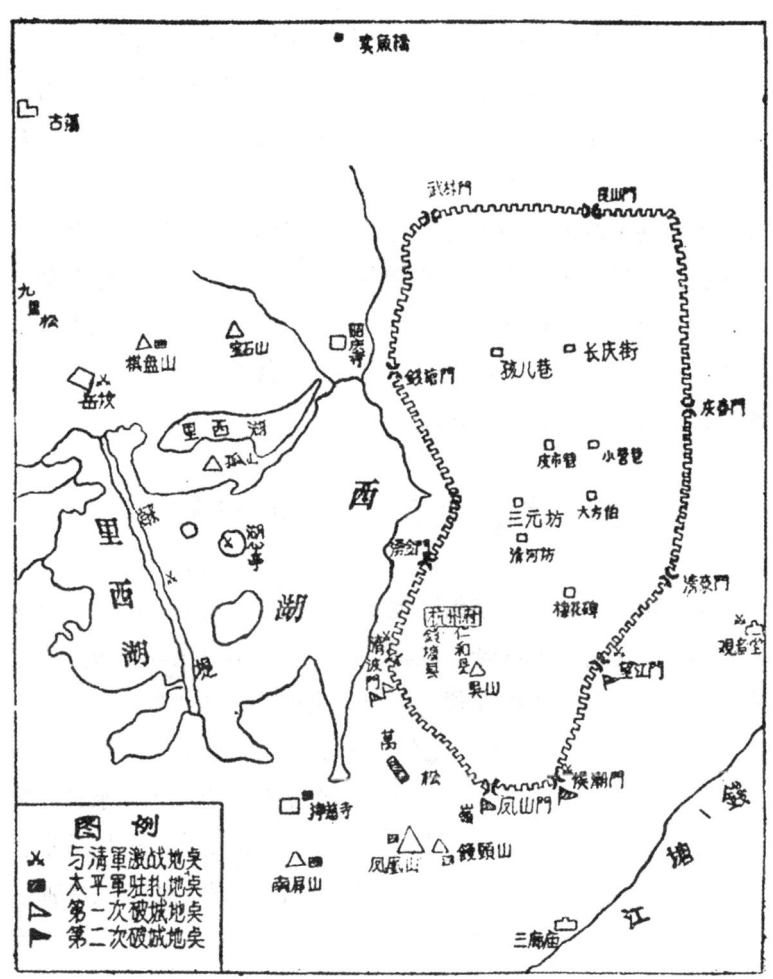

图 1.4 太平军两次进攻形杭州形势图①

太平天国建立了政教合一的政权，并用宗教的手段来巩固

① 原图名为"太平军解放杭州形势图"，参见王兴福：《太平军在杭州》，第 4 页。

之，所以在政权建设的同时还对传统中国宗教进行打击，当时杭州就有诗歌曰："土木无知唤作妖，神祠非撤即焚烧"①，这对江南的宗教影响是巨大的：一方面造成了大量宫观庙宇的毁坏和神职人员的流失，另一方面也让各传统宗教在太平天国和上帝教的排斥下站到了以清廷为主的政府一边。同时，"上帝教"异端的出现也让当局意识到宗教的重要性，也为后面玉皇山福星观教团得到地方政府的支持和迅速的复兴埋下了伏笔。此外，太平天国运动对江南的经济造成巨大的冲击，人口颠沛流徙，这也为宗教的生存提供了有利的社会环境。

二 玉皇山福星观"中兴之师"蒋永林

玉皇山福星观在太平天国运动后能够迅速复兴并崛起，首先依靠的是高道蒋永林的苦心经营，故在论述玉皇山福星观历史之前需要对蒋永林个人的成长、得道历史进行详细考察。

蒋永林②，全真道南宗龙门派道士，"蒋永林"为其巾冠法名，为拜师出家后由其度师根据龙门派字辈诗所取。蒋永林度师据考证为董教礼，故其为龙门派"永"字辈弟子；同时蒋永林在光绪七年（1881）到北京龙门派祖庭白云观接受传戒律师孟永才三坛大戒，获得传戒法名"蒋圆林"，所以其也常被称为

---

① 丙丁编：《庚辛泣杭录》卷十六《杭城纪难诗编》，收入王国平主编：《西湖文献集成》第9册，第907页。
② 有些史料上使用"蒋永龄"，应该是误。参见卓炳森等辑《玉皇山庙志》之《重建玉皇山庙志序》，载王国平主编：《西湖文献集成》第25册，第1237页。

"蒋圆林"①。在玉皇山福星观自己的传戒活动中，蒋永林凭借其在道教内部崇高的地位和广阔的心胸，招收了大量非龙门派的弟子。在招收这些弟子的同时，蒋永林没有要求他们改宗派为龙门派，反而根据不同宗派的弟子而使用符合该宗派弟子字辈诗的传戒法名。所以，蒋永林招收清净派弟子时用清净派"蒋灰林"法名；招收随山派弟子时用随山派"蒋信林"法名；招收遇山派弟子时用遇山派"蒋义林"法名，招收嵛山派弟子时用嵛山派"蒋之林"法名②。蒋永林道号为"玄晶子""长青子"和"四为道人"③，所以蒋永林拥有多个不同的法号和道号，在不同的文献中、不同的背景下使用。

玉皇山福星观光绪十一年（1885）传戒仪式留下的《杭州玉皇山福星观乙酉坛登真箓》中详细地记载了蒋永林的籍贯和生辰等：

> 龙门正宗第十九代弘道传戒律师上圆下林。蒋大真人系浙江省金华府东阳县人氏，丁亥相六月初七日亥时建生④。

---

① 郭峰：《晚清杭州玉皇山福星观传戒研究——以光绪二十二年传戒为中心》，华中师范大学2013年历史学硕士学位论文。

② 蒋永林在招收其他全真派分支戒子的时候会把自己的传戒法名改为戒子的相应字派。详细的考证过程参见郭峰：《晚清杭州玉皇山福星观传戒研究——以光绪二十二年传戒为中心》，华中师范大学2013年历史学硕士学位论文。蒋永林使用其他字派的文献主要参见福星观印：《杭州玉皇山福星观丙申坛登真箓》，杭州市图书馆藏；福星观印：《杭州玉皇山福星观乙酉坛登真箓》，浙江省图书馆古籍部藏。道教内部各字派诗歌参见王卡：《诸真宗派流校读记》，收入熊铁基、麦子飞主编：《全真道与老庄学国际学术研讨会论文集》（上册），武汉：华中师范大学出版社，2009年，第66页。

③ 参见卓炳森等辑：《玉皇山庙志》，载王国平主编：《西湖文献集成》第25册；福星观印：《杭州玉皇山福星观丙申坛登真箓》，杭州市图书馆藏；福星观印：《杭州玉皇山福星观乙酉坛登真箓》，浙江省图书馆古籍部藏。

④ 福星观印：《杭州玉皇山福星观乙酉坛登真箓》，浙江省图书馆古籍部藏。

可见，蒋永林为浙江金华府东阳县人氏，这与晚清卓炳森等辑的《玉皇山庙志》上记载相符，故民国时期庄严居士所编写的《道统源流》里面记载的"外传第十八代：蒋永林律嗣，浙江金华人"为误①。蒋永林道光七年六月初七日亥时（公元 1827 年 7 月 30 日）生②。

民国《杭州玉皇山志》记载蒋永林为丙申（1896）夏羽化，但同书卷八《客堂匾联》中又记载光绪二十二年（1896）十月份蒋永林依然有主持传戒仪式并留下当年活动的匾联：

> 道德宗风。
>
> 光绪二十二年丙申十月，蒋律师弘道传戒。证盟冯明安、监戒姚明亮、保举方明根、演礼李明升、纠仪陈明诚、提科林明清、登箓沈明坚、迎请沈明福③。

---

① 参见卓炳森等辑：《玉皇山庙志》，载王国平主编：《西湖文献集成》第 25 册；福星观印：《杭州玉皇山福星观乙酉坛登真箓》，浙江省图书馆古籍部藏；庄严居士编：《道统源流》，道统源流编辑处印行，1929 年，上海图书馆藏，第 86—87 页。

② 尹志华在《清代全真道传戒初探》里面考证蒋永林出生于 1826 年，资料来源于民国《杭州玉皇山志》卷八客堂匾联："道气常臻。光绪十一年夏，福缘集司事，恭祝蒋老方丈六十寿诞。"从光绪十一年（1885）往前推断为蒋永林出生于 1826 年，而且客堂匾联为当时祝寿所写，故资料较为可信。这种情况也出现在了玉皇山福星观民国时期高道李理山的出生日期上。孔令宏、韩松涛在《民国杭州道教》中考察李理山出生日期时根据杭州本地习俗认为，李理山自己所报岁数一般用虚岁，即出生之年为一岁。本书作者也认为这种习俗同样存在于浙江人蒋永林身上，所以《杭州玉皇山志》卷八客堂匾联上记载的为其虚岁，故有 1826 年和 1827 年之差别。参见来裕恂编：《杭州玉皇山志》，载王国平主编：《西湖文献集成》第 21 册，第 800 页；孔令宏、韩松涛：《民国杭州道教》，第 179 页；福星观印：《杭州玉皇山福星观乙酉坛登真箓》，浙江省图书馆古籍部藏；尹志华：《清代全真道传戒初探》，载赵卫东主编：《全真道研究》第 1 辑，第 270 页。

③ 来裕恂编：《杭州玉皇山志》，载王国平主编：《西湖文献集成》第 21 册，第 801 页。

匾联为当时举办传戒活动时所写，可靠性较强，且光绪二十二年（1896）《玉皇山福星观光绪丙申坛登真箓》也印证蒋永林为光绪二十二年（1896）十月份传戒活动的传戒律师，所以蒋永林应该在该年十月份传戒活动结束之后去世，具体时间不详。可见，蒋永林享年69岁。蒋永林去世之后其骨塔建于其奉献一生的玉皇山上①。

根据晚清《玉皇山庙志》记载，蒋永林"幼即好道，父母为之授室，不愿，避至普陀。后至天台山崇道观，拜师簪冠"②。可见蒋永林最初是在浙江南部名观崇道观出的家。天台山崇道观为高道范青云雍正九年（1731）为崇祀"紫阳真人"张伯端而建，为全真派南宗祖庭③。清乾隆年间高道杨来基主持天台山大有宫期间重振了当时已经衰微的天台山龙门派，其传十四房，散叶于浙南④。民国《杭州玉皇山庙志》记载蒋永林度师为董教礼，并在十二卷《仙迹》中对其有简单介绍："董真人，原在天台山修真，蒋祖之度师也。后自天台山来玉皇山，传布金莲正

---

① 民国来裕恂所编《杭州玉皇山志》中记载："将到福星观，径旁有石碑一方，上书'黄老遗风'四字，篆书。款题新安叶为铭。"来裕恂在书中认为"此碑为蒋老律师大真人骨塔而建，以表崇拜开山祖师敬意"。民国时期许钦文在《重游玉皇山小记》中也提到了"黄老遗风"碑刻。可见，蒋永林骨塔确在玉皇山。参见来裕恂编：《杭州玉皇山志》，载王国平主编：《西湖文献集成》第21册，第799页；《论语》1949年2月16日，第171期。

② 关于这段历史，民国《杭州玉皇山志》与晚清《玉皇山庙志》记载大抵相同，应该是民国《杭州玉皇山志》承袭了后者的说法。参见来裕恂编：《杭州玉皇山志》，载王国平主编：《西湖文献集成》第21册，第904页；卓炳森等辑：《玉皇山庙志》，载王国平主编：《西湖文献集成》第25册，第1257页。

③ 叶哲明：《台州文化发展史》，昆明：云南民族出版社，2006年，第158页。

④ 任林豪、马曙明：《台州道教考》，北京：中国社会科学出版社，2009年，第360—363页。

宗，道成化去。今其骨塔瘗于本山。"① 所以民国《杭州玉皇山志》里就说"但论本观道派，实远绍龙门，近接天台。"② 可见蒋永林在天台山崇道观出家，度师为董教礼，在全真南宗祖庭完成自己入道的第一步。到杭州玉皇山应在同治三年（1864），时年37岁，开始重建玉皇山福星观之路③。

第二节　从中兴之师蒋永林到民国高道李理山

中兴之师蒋永林于光绪二十二年（1896）去世时，玉皇山福星观已经是闻名江南的全真丛林宫观，此时离大清王朝的崩溃（1911）也不远了。在此背景下，玉皇山福星观何去何从，如何

---

① 蒋永林的度师可能还有一位"叶真人"。民国《杭州玉皇山志》中有："旧《志》（指《玉皇山庙志》）：叶真人塔，在玉皇山。案：叶乃蒋律师度师。"编写《杭州玉皇山志》的来裕恂认为"叶真人"为蒋永林度师。晚清《玉皇山庙志》记载，"南天门左，董真人神塔一座。一七星缸上，无量寿佛石碑一块，叶真人神塔一座"，并且明确说，"福星观之左，有董真人骨塔，不知何季事也"，可见"董真人"和"叶真人"的骨塔均早建于玉皇山南天门左，晚期修书的卓炳森并不知晓其来源。到民国《杭州玉皇山志》中则明确提出"董真人"为"董教礼"，并为其专门论述，故其为蒋永林度师无疑。"叶真人"在民国《杭州玉皇山志》着墨不多，不过其骨塔所在的墓地很重要，后蒋永林的骨塔也建于此，可见其重要性，故此存疑。参见卓炳森等辑：《玉皇山庙志》，载王国平主编：《西湖文献集成》第25册，第1234、1251页；来裕恂编：《杭州玉皇山志》，载王国平主编：《西湖文献集成》第21册，第693、763、865、903页。

② 来裕恂编：《杭州玉皇山志》，载王国平主编：《西湖文献集成》第21册，第903页。

③ 民国《杭州玉皇山志》记载"（蒋永林）二十八岁由天台来杭，至玉皇山福星观。值兵燹后，殿宇楼阁，化为灰烬，荒凉满目，遂结茅而居"不可信。根据其出生于公元1827年推算，蒋永林二十八岁时为公元1855—1856年之间，此时太平天国运动尚未结束。参见来裕恂编：《杭州玉皇山志》，载王国平主编：《西湖文献集成》第21册，第865页；卓炳森等辑：《玉皇山庙志》，载王国平主编：《西湖文献集成》第25册，第904页。

能保持其发展的势头、在乱世中继续成长和发展，成为了玉皇山福星观继任者们的难题。幸运的是，几经波折，高道李理山于民国七年（1918）秋在玉皇山福星观监院选举中胜出，于民国八年（1919）春正式升座，主持观务，确立了其在玉皇山福星观的权威地位。在李理山的带领下，玉皇山福星观的发展更进一步，积极在江南开展宗教活动，使其繁荣与影响达到了一个新的高度。

一 蒋永林到李理山之间的过渡时期

玉皇山福星观的中兴之师蒋永林于光绪二十二年（1896）羽化。民国《杭州玉皇山志》序中说："蒋律师羽化，继主观务为紫东道人。"紫东道人为李理山，此时李理山还未出家，记载应该为误①。实际上，蒋永林去世之前就已经辞去了玉皇山福星观的方丈、监院职位，潜心修道，接替蒋永林任方丈的应该是其得意弟子朱圆亨。民国《杭州玉皇山志》上有匾额记载：

> 致虚极守。
>
> 光绪十六年，龙门弟子祝方丈朱圆亨稀庆②。

可见光绪十六年（1891）之前，蒋永林就传位给了朱圆亨。朱圆亨也是玉皇山福星观历史上一位较为重要的高道，其时玉皇山福星观监院一职应该为黄明怡担任。黄明怡，道号月中子。在玉

---

① 参见本章第二节玉皇山福星观民国高道李理山成道考部分。
② 来裕恂编：《杭州玉皇山志》卷八《匾联》，载王国平主编：《西湖文献集成》第 21 册，第 800 页。

皇山福星观光绪八年（1882）龙门正宗第十九代传戒律师蒋圆
（永）林传戒仪式和光绪九年（1883）龙门正宗第二十代传戒律
师朱圆亨传戒仪式中，黄明怡传戒法号为"黄圆怡"，并担任保
举大师一职，所以推断其应该受戒于玉皇山本山之外的丛林宫
观，很有可能是北京全真龙门派的祖庭白云观①。保举大师十分
重要，根据全真丛林宫观传戒惯例，保举大师之职一般应该由所
开坛传戒的丛林宫观监院担任②。黄明怡为时任玉皇山福星观方
丈朱圆亨弟子，江苏省瑞州府高安县人氏，晚清卓炳森辑《玉
皇山庙志》中记载其于光绪四年（1878）任当时玉皇山福星观
附属宫观佑圣观的监院一职。光绪六年（1880），时任玉皇山福
星观监院的朱圆亨要前往诸暨玉皇山福星观附属宫观开展宗教活
动，而时任玉皇山福星观方丈的蒋永林又必须到浙江镇海、嘉兴
等地的玉皇山福星观附属宫观开展宗教活动，所以黄明怡从佑圣
观回到玉皇山福星观接替朱圆亨代理监院，主持宫观事务③。

　　黄明怡代理监院多长时间不得而知，蒋永林和朱圆亨回到玉
皇山福星观后是否还是黄明怡任监院或者朱圆亨重回监院位置也
不得而知。但是在蒋永林、朱圆亨与黄明怡之后出任过玉皇山福
星观监院一职的应该还有陈明峻一人。陈明峻何时接任玉皇山福
星观监院一职具体时间不得而知，但从光绪十一年（1885）玉
皇山福星观传戒留下的《杭州玉皇山福星观光绪乙酉坛登真箓》
中"至陈监院接家以来"的记载来看，陈明峻在光绪十一年

---

　　①　来裕恂编：《杭州玉皇山志》之《斋堂匾额楹联》，载王国平主编：《西湖文
献集成》第 21 册，第 800—801 页。
　　②　汪桂平：《清代全真道授戒的珍贵文存》，《世界宗教文化》2001 年第 1 期。
　　③　参见卓炳森等辑：《玉皇山庙志》之《监院师》，载王国平主编：《西湖文献
集成》第 25 册，第 1258 页。

（1885）的时候已经接任监院并且带领玉皇山福星观开展传戒活动①。黄明怡在光绪九年（1883）玉皇山福星观传戒仪式中依然担任丛林宫观监院才能担任的保举大师一职，所以推断陈明峻接任监院应该是在光绪九年（1883）玉皇山福星观传戒仪式和光绪十一年（1885）玉皇山福星观传戒仪式之间。光绪十一年（1885）玉皇山福星观传戒留下的《杭州玉皇山福星观光绪乙酉坛登真箓》中不仅明确记载了陈明峻为监院，陈明峻还在这次传戒中担任了保举妙道大师之职：

> 玄都律坛保举妙道陈大师上至下峻，系浙江杭州府仁和县人氏，乙酉相二月初九日戌时建生，浙江本山癸未期②。

"陈至峻"为陈明峻本次传戒的传戒法名，"陈明峻"为其巾冠法名③。从《登真箓》的记载可见陈明峻出生于道光五年（1825），在玉皇山福星观光绪九年（1883）传戒仪式中受戒于玉皇山福星观龙门正宗第二十代传戒律师朱圆亨。从陈明峻可以长期担任玉皇山福星观监院一职的情况和他的巾冠法名字辈推

---

①　福星观印：《杭州玉皇山福星观光绪乙酉坛登真箓》序言部分，浙江省图书馆古籍部藏；福星观印：《杭州玉皇山福星观光绪丙申坛登真箓》序言部分，杭州市图书馆藏。

②　福星观印：《杭州玉皇山福星观光绪乙酉坛登真箓》戒师部分，浙江省图书馆古籍部藏。

③　这与光绪十一年（1885）传戒时玉皇山福星观的两位律师均参加有关。第十九代蒋圆林律师和第二十代朱圆亨律师均受戒于北京白云观龙门正宗第十八代孟永才律师，所以均获得受戒法号字辈为"圆"，这就打乱了师徒二人原来的字辈。二人分开传戒还好，不会相互冲突。但光绪十一年（1885）传戒时，二人同时参加，蒋圆林为传戒律师，朱圆亨为证盟妙道大师。朱圆亨毕竟为蒋圆林弟子，所以朱圆亨为表示对蒋圆林的尊重而降一字辈传戒法名，记载为朱明亨。陈明峻受戒于朱圆亨，当朱圆亨降一字辈时，其为表示对蒋圆林和朱明亨的尊重也降一字辈，所以本次传戒中其传戒法号为陈至峻。

断，其很有可能是蒋永林的再传弟子，为玉皇山福星观中兴后的第三代。玉皇山福星观光绪十一年（1885）传戒活动到光绪二十二年（1896）传戒活动之间的这段时间内，陈明峻均担任玉皇山福星观的监院一职①。

陈明峻卸任监院之后玉皇山福星观监院任职情况不明，接替陈明峻任监院的人很有可能为罗明德，民国《杭州玉皇山志》上有匾额记载：

> 天明道德。
> 监院罗明德升座，同道恭颂②。

可见罗明德曾经任过监院无疑，但是罗明德任监院的时间不详。罗明德参加了玉皇山福星观光绪二十二年（1896）龙门正宗第十九代传戒律师蒋永林的传戒仪式，在当年传戒仪式留下的《杭州玉皇山光绪丙申坛登真箓》中有关于罗明德的详细记载如下：

> 龙门刚字第四十八号。罗明德，本修子，年五十四岁，癸卯相七月二十四日寅时建生，系安徽省颍州鳌邱县人氏。在浙江省杭州府观音洞出家，度师李圆升③。

从中可见，罗明德道号本修子，1842 年左右出生，籍贯为安徽省颍州鳌邱县，在浙江省杭州府观音洞出家，度师为李圆升。李

---

① 郭峰、梅莉：《晚清杭州玉皇山福星观传戒历史初探》，《宗教学研究》2013年第 3 期。

② 来裕恂编：《杭州玉皇山志》卷八《匾联》，载王国平主编：《西湖文献集成》第 21 册，第 802 页。

③ 福星观印：《杭州玉皇山福星观光绪丙申坛登真箓》戒子部分，杭州市图书馆藏。

圆升为蒋永林弟子，在光绪十一年（1885）受戒于玉皇山福星观蒋律师，在玉皇山福星观光绪二十二年（1896）传戒中任演礼大师，可见其在玉皇山福星观教团内的地位之高①。浙江省杭州府观音洞在太平天国时期被毁，后由玉皇山福星观弟子何圆清、周明传等在玉皇山福星观的扶持下重建复兴，应当是由玉皇山福星观弟子主管的道院②。

李理山任监院之前玉皇山福星观的方丈应该为孙理太。1949年后，李理山因为"反革命罪"被逮捕，1951年杭州市部分道教徒于四月二十日下午五时在涌金门街金华将军庙集会控诉李理山"罪行"，杭州大王庙蔡理清道士"控诉"说：

> 远在 1918 年，玉皇山前主持张理太就是被他用种种威胁的手段赶出去的，从此他就以主持自居，勾结官僚，掌握了教会③。

主持张理太并未留下太多史料，后来李理山回忆说自己是被"奉选"为"方丈"：

> 紫东道人曰："……未几，因事回杭，复栖于玉龙山巅。适福星观奉选方丈，被各道友挽任斯职，旋接观务，于今身任数十年，观务纷纷，更无暇及此。……"④

---

① 郭峰、梅莉：《晚清杭州玉皇山福星观传戒历史初探》，《宗教学研究》2013年第 3 期。
② 郭峰：《晚清杭州玉皇山福星观传戒研究——以光绪二十二年传戒为中心》，华中师范大学 2013 年历史学硕士学位论文。
③ 参见《潜伏道匪特李理山就逮后道教徒一致表拥护并集体控诉李匪的种种罪行》，《当代日报》1951 年 4 月 24 日第 2 版。
④ 来裕恂编：《杭州玉皇山志》，载王国平主编：《西湖文献集成》第 21 册，第 814 页。

李理山回忆自己回杭州后就担任方丈应该为误，他首先是被选为玉皇山福星观的监院，后升座为方丈。民国《杭州玉皇山志》也有民国七年（1918）秋玉皇山福星观进行监院选举的匾额：

> 道崇德著。
>
> 民国戊午，蓬樵监院选举恭颂洞冠敬赠。
>
> 世间惟有修行好；
>
> 天下无如吃饭难。
>
> 普结良缘，大振玄纲培道脉；
>
> 同修正果，宏开妙法振宗风。
>
> 蓬樵监院选举志庆，戊午秋同冠赠①。

可见民国七年（1918）秋玉皇山福星观的确进行过监院选举，但是令人奇怪的是李理山任监院的升座仪式是在第二年，即民国八年（1919）举行的。民国《杭州玉皇山志》也留下了民国八年（1919）李理山升任监院的匾额：

> 抱道怀德。
>
> 民国八年四月，同道恭颂李理山监院升座。
>
> 函谷正宗。
>
> 民国八年己未七月，长庆集月香会颂李理山监院。
>
> 大阐玄风，仗道力福星有感；
>
> 弘扬宗教，惟法座玉柱重新。

---

① 来裕恂编：《杭州玉皇山志》卷八《匾联》，载王国平主编：《西湖文献集成》第21册，第802页。

民国己未四月，同道公赠理山监院升座①。

这段历史详细细节不得而知，但可以推断在蒋永林、朱圆亨等德高望重的前辈去世后，玉皇山福星观在没有绝对权威的领袖下产生过内部争执。在民国七年（1918）秋监院选举的时候，希望担任监院的或者已经被选举为监院的李理山与时任玉皇山福星观方丈张理太之间产生了不和。最后李理山胜出，于第二年（1919）春正式升任监院，张理太遂离开玉皇山福星观。张理太离开玉皇山福星观后，除李理山之外，笔者不见其他人担任玉皇山福星观监院和方丈的资料，可以推断李理山升任监院后就掌握了玉皇山福星观的实际控制权。韩松涛在《江南全真领袖李理山道长年谱研究》中根据民国档案推断李理山于光绪三十三年（1907）35 岁左右的时候升任玉皇山福星观监院应该为误②。

二 民国时期玉皇山福星观高道李理山

李理山是继"中兴之师"蒋永林之后玉皇山福星观的又一位近代中国著名的道教领袖。民国时期，在李理山道长的带领下，玉皇山福星观再一次走向辉煌，达到历史上的全盛时期。在道教整体衰微的背景下，全盛时期的李理山道长也曾一度与道教传统上的宗教领袖、江西龙虎山天师道第六十三代天师张恩溥齐名。

①　来裕恂编：《杭州玉皇山志》卷八《匾联》，载王国平主编：《西湖文献集成》第 21 册，第 800—801 页。
②　韩松涛：《江南全真领袖李理山道长年谱研究》，收入尹信慧主编：《茅山乾元观与江南全真道国际学术研讨会论文集》，第 258—260 页。

李理山，号"紫东"或者"紫东道人"。韩松涛在《江南全真领袖李理山道长年谱研究》中考证认为李理山于同治十二年（1873）生，籍贯江苏南通①。杭州西湖区法院档案室所藏李理山 1959 年写的《上诉书》中称："（李理山）光绪二十六年来杭州束发为道教徒。"可见李理山 28 岁时才在杭州出家，其弟子高宗葆等回忆的"从小在玉皇山福星观出家"为误②。李理山出家宫观由于没有充足、准确的资料而不可考。玉皇山福星观中兴之师蒋永林的字辈为"永"，全真字派为"永圆明至理"，李理山的字辈"理"非常符合此时玉皇山福星观教团发展的时间段；其又自称在"杭州"出家，杭州为玉皇山福星观教团发展的中心地区，故推断其应该在玉皇山福星观教团所属的宫观出家，为玉皇山福星观的教团弟子，但不一定是玉皇山福星观本观出家③。民国十四年（1925）第二十二代龙门正宗传戒律师刘嗣授在武汉长春观开坛传戒留下的《1925 年武昌长春观乙丑坛登真箓》中记载了一名来自浙江省玉皇山的戒子赵宗舫，他的度师登记为"李理山"，原文如下：

　　　　吹字四百五十四号。龙门赵宗舫，蓬瀛子，年四十三

---

①　参见韩松涛：《江南全真领袖李理山道长年谱研究》，收入尹信慧主编：《茅山乾元观与江南全真道国际学术研讨会论文集》，第 258 页。虽然关于其出生日期有多种说法，但韩松涛根据上海档案馆所藏民国三十五年（1946）《杭州玉皇山福星观道院登记表》档案和杭州市西湖区法院档案室所藏 1955 年《（55）年度杭西法刑字第一二号》档案所进行的推断，可信度较高。

②　参见李理山：《上诉书》，1959 年；高宗葆：《关于玉皇山李理山反革命一案本人以下几点意见》，杭州西湖区法院档案室藏。

③　韩松涛等人认为李理山清同治十三年（1874）至光绪二十一年（1896）在玉皇山福星观入道无直接史料论证，应该是误。参见韩松涛：《江南全真领袖李理山道长年谱研究》，收入尹信慧主编：《茅山乾元观与江南全真道国际学术研讨会论文集》，第 259 页。

岁，癸未相五月初十日巳时生，系直隶宁晋县人氏。在浙江省玉皇山出家，师祖杨至根度师李理山名下①。

从这名戒子的出家宫观和字辈来看，其应该为玉皇山福星观来参加传戒的弟子。从他登记的"师祖杨至根度师李理山名下"推断，他的度师为李理山无疑，李理山的度师应该就是登记为师祖的杨至根②。"杨至根"道士情况不明，从字辈上推断应该是玉皇山福星观教团的弟子，但是在玉皇山福星观历史上并不出名，详细的情况还需要更多的史料揭示。

李理山出家后应该有过一段云游四方、学师访道的经历。李理山后来自己回忆说：

> 紫东道人曰："余自幼好慕道，遨游方外，寻师千里，冀得真人，以指迷津。……未几，因事回杭，复栖于玉龙山巅。"③

可见，李理山出家后"遨游方外，寻师千里"，令其自豪的天文研究就是这段时间涉猎的。民国《杭州玉皇山志》之《序》也记载他"中年曾云游四方"④，卷二十《志余》又说："于昌瑞，字教海，湖北人。弱冠随左宗棠军营效力，以功渐升至统领。在

---

① 参见长春观印：《武昌长春观乙丑坛登真箓》，收入高万桑和刘迅编撰的《登真成道：近代全真道传戒及谱系资料辑选介绍》。

② 2009 年农历七月十五，福星观所供奉之灵位，李理山为龙门第二十二代，第二十一代"至"字辈只供奉有晁至祥一人，韩松涛根据这一现象推测李理山之师为晁至祥。参见韩松涛：《江南全真领袖李理山道长年谱研究》，收入尹信慧主编：《茅山乾元观与江南全真道国际学术研讨会论文集》，第 259 页。

③ 来裕恂编：《杭州玉皇山志》，载王国平主编：《西湖文献集成》第 21 册，第 814 页。

④ 来裕恂编：《杭州玉皇山志》，载王国平主编：《西湖文献集成》第 21 册，第 572 页。

新疆军台，亦有年所，后起功成身退之念，投卜喀塔山修道。紫东游陕西时遇之，年已九十余，能以针治病，陕西人称为'神针为疯'。紫东师事之，学得针法，亦能诊疗。"① 回到杭州后，李理山挂单于玉皇山福星观。

从前一段考证可以知道，李理山于民国七年（1918）秋监院选举中胜出，与李理山不和的时任玉皇山福星观方丈张理太离开玉皇山福星观。李理山也于民国八年（1919）春正式升座监院，主持观务，确立了自己在玉皇山福星观的绝对权威。

李理山何时升任方丈，具体时间不得而知。韩松涛在《江南全真领袖李理山道长年谱研究》中，根据民国《杭州玉皇山志》的《序》中说"民国八年己未，道众公推为本观方丈"，推断其在 1919 年就任方丈职务②。但是参照本文考证，民国八年（1919）己未其被推选所任之职为监院，同时民国《杭州玉皇山志》还有李理山任监院期间的匾额留下：

> 半辟虚亭，奇观江湖诸胜概；
> 孤标玉柱，秀争南北两高峰。
> 民国乙丑，监院李理山筑，东瓯闻朴撰书③。

匾额是当年所写，可信度较高，从中可以看出民国乙丑年（1925）时，李理山还是担任玉皇山福星观监院，其由监院升任方丈应该有一个时间段。

① 来裕恂编：《杭州玉皇山志》卷八《匾联》，载王国平主编：《西湖文献集成》第 21 册，第 956 页。
② 韩松涛：《江南全真领袖李理山道长年谱研究》，收入尹信慧主编：《茅山乾元观与江南全真道国际学术研讨会论文集》，第 258—260 页。
③ 来裕恂编：《杭州玉皇山志》卷八《匾联》，载王国平主编：《西湖文献集成》第 21 册，第 800 页。

民国《杭州玉皇山志》也记载："民国二十六年四月廿日，杭州市道教会成立，会址在十五奎巷元妙观，公推本观方丈李紫东为会长。"① 可见，民国二十六年（1937）时，李理山已经升任方丈了。李理山弟子高宗葆后来回忆说："先师李理山，号紫东道人，是浙江杭州玉皇山福星观方丈。从公元1915年至公元1953年间，监院兼方丈。"② 更多的时候，李理山以"主持"自居，有意无意淡化了"监院"和"方丈"的称谓，很有可能李理山任监院后大权独揽，其为"监院"的时候玉皇山福星观没有"方丈"，其为"方丈"的时候没有"监院"。

李理山没有著作传世，一般认为"他一生并未留下著述，这与他认为任何著述总不免带'观念、偏见和陈腐的东西'有关"③。但根据民国《杭州玉皇山志》上李理山自己的回忆，他在世的时候曾有著作的想法，并收集整理和注释过一些道书：

> （李理山）道经终南，遇有龙德真人，静谈炼术，得阐玄妙，余遂师焉。真人乃出天文、地理、韬略、战阵等书，尽授其所有，并将素向之心得，集有《步天歌》一书示余。……讵知近年来，同志诸君不远千里而来，谬承下问，互相质难。山自愧疏陋，奚足以资讨论。惟夙有师受歌图并参同各书，按之距度，详加更改，不敢私有。既列歌辞于前，复绘图形于后。所谓善观天者，观其精；不善观者，观其形。

　　① 来裕恂编：《杭州玉皇山志》，载王国平主编：《西湖文献集成》第21册，第946页。

　　② 高宗葆：《关于玉皇山李理山反革命一案本人以下几点意见》，收入许圣元：《洞霄宫》，杭州：内部出版，2003年，第240页。

　　③ 陈耀庭：《一个俄国人眼中的李理山——介绍（俄）顾彼得的〈玉皇山的道观〉》，《上海道教》2004年第2期。

　　罗千里于尺寸，聚诸星于目睫，傅有同嗜者，按图歌诵，非
　　敢自诩精深，聊申求教海内之意云尔①。

从中可见，李理山对自己的天文知识非常自豪。李理山回忆说他
早年是和"龙德真人"学习道法，"龙德真人"将其《步天歌》
一书传给他。李理山"受歌图并参同各书，按之距度，详加更
改……既列歌辞于前，复绘图形于后"。民国时期来裕恂受邀在
玉皇山福星观编写《杭州玉皇山志》的时候，李理山给他看过
自己重新更改过的《步天歌》，来裕恂考证后认为："龙德真人
所示紫东者，即唐王希明丹元子《步天歌》。征诸原本，略易数
字，间一有增删，惟与《三才略》中所载之《步天歌》，则全不
同耳。"② 根据当代学者盖建民考证，《丹元子步天歌》是隋唐时
期出现的一部采用歌赋形式对星空作文学描述的天文著作，该书
流传很广，版本众多③。道教对天体极为崇拜与敬畏，其个人修
行、理论体系、斋醮活动等等均以天文为基础，所以道门重视天
文，李理山也不例外。近现代著名道长闵智亭于 1947 到 1949 年
在杭州玉皇山福星观挂单，就曾跟随李理山道长学习天文星象和
奇门遁甲，他自己回忆说这段时间是他学艺收益最多最广的一段
时间④。可见，李理山的确在原有的《步天歌》基础上进行修订
和发挥，增加了自己的见解和思想，可惜该书并未留传下来。

---

　　①　来裕恂编：《杭州玉皇山志》，载王国平主编：《西湖文献集成》第 21 册，
第 814 页。

　　②　来裕恂编：《杭州玉皇山志》，载王国平主编：《西湖文献集成》第 21 册，
第 814 页。

　　③　盖建民：《〈丹元子步天歌〉中的天文学思想略析》，《中国道教》2006 年第
1 期。

　　④　蒲亨强：《道教音乐学》，北京：宗教文化出版社，2013 年，第 116 页。

　　另外，身处民国时期的李理山，相比封建时代的道教环境，还要面对来自西方宗教文化的挑战。在一次游人访游玉皇山福星观拜访李理山的谈话中，李理山发表了自己对外来宗教挑战的看法：

　　……进殿，炼师起为礼，肃余等进入客堂，香茗净几，清心安神，堂悬篆联数事，苍秀可珍。炼师道号紫东，童颜鹤鬓，谈锋甚劲。一若于参禅之外，兼习时事者，谓中国人最无心肝，所系奉教者，请以为教言。中国人恒喜入外国教，视神父牧师为美差。互相钻营，□得者，乃夷服夷言，浑忘缚我国固有之礼教，且从而排挤以媚洋鬼。为渊驱鱼，为丛驱爵，洋鬼乘隙，因得施其种种之侵略。此辈妄人，岂可称其有心肝耶？余以为此亦关民生问题也。奉本教者，岩□谷居，大不易为，为者须自具资本，入外教者，岁且有津贴，相形之下，本教不见拙乎。如有贵资买奉本教者，设类似牧师神父之职，则国人岂有不舍外教而奉本教哉。谈即毕，炼师陪余等巡览①。

从中可见，李理山对当时中国的时事政治很关心，"参禅之外，兼习时事"，尤其是对外来宗教在中国的蔓延、中国人入外来宗教感到痛心，视入外教的中国人为"最无心肝"之人。无疑，李理山认为道教等传统宗教为中国传统文化的维护者，为中国"固有之礼教"，入外教者是帮助"洋鬼施其种种之侵略"。李理山并不仅仅停留在批评层面，他也分析了出现这种局面的原因是外教财力雄厚，"入外教者，岁且有津贴"，在经济上道教无法与外来宗教相比。如果"贵资买奉本教者，设类似牧师神父之

---

　　① 方志超：《登玉皇山记》，《旅行杂志》，1932 年，第 11 号，第 56—57 页。

职"，就能很好地解决这个问题，发扬中国传统宗教。

虽然李理山批评了外教，但是也看到了外教的优点。设"类似牧师神父之职"的想法无疑是在向西方宗教学习，这种积极的学习的态度、入世和传教的思想无疑在当时是少见的。这也就可以看出李理山与传统道士的不同之处，也许正是这些不同之处使李理山能够应变民国时期风云变幻的社会变迁。

图 1.5　民国时期的李理山（中）①

　　① 陈莲笙：《道教常识答问》，上海：上海辞书出版社，2012 年，第 191 页。

　　总之，蒋永林去世后，续任者朱圆亨、黄明怡、陈明峻、罗明德、孙理太等徒子徒孙，虽然很好地继承了蒋永林的道风，但他们仅仅是延续了蒋永林之道脉，并没有太多的创新和突破。而自李理山升任福星观监院后，开展了一系列有利于玉皇山福星观教团发展的宗教活动，玉皇山福星观得到了进一步的发展，影响继续扩大。

第二章　彰显民心：地方政府与乡绅对玉皇山福星观重建的支持

在太平天国运动中，洋务派逐步占据上风，他们攻城略地，逐步收回了对江南地区的控制权。以洋务派为主，在战争中地位逐步上升的士人掌控江南地方政权，接收了百废待兴的江南。

历史上杭州城多火灾，在传统社会中无现代治理办法的情况下，普通民众多诉求于鬼神等迷信，所以杭州城多防火的风水建筑和布局，其中最为有名的就是玉皇山上的"七星缸"。七星缸为七座装水的大铁缸，按照风水学的原理，安放在杭城西南玉皇山"离火"的位置上镇压"火龙"，以防止杭州城火灾。其自设置以来，被看成是地方政府和官员体恤百姓的象征而受到杭城地方官员和乡绅的重视。

经历了太平天国运动后，玉皇山上一片废墟，整个江南面临着重建的重任。在此背景下，蒋永林等人巧妙运用"七星缸"在杭州城风水上的作用取得了地方政府、乡绅和善士的支持，进而成功地重建了宫观。本章就主要讨论地方政府及士绅是如何支持玉皇山福星观重建的。

第一节 杭州城火灾与玉皇山风水

在了解地方政府对玉皇山福星观的支持之前，先要了解一下玉皇山福星观在整个杭州城的位置和风水上的重要作用。

近现代杭州城多火灾，林正秋在《杭州历史上的火灾之五——清代时期杭州火灾的防治》中系统地研究了有清一代杭州城的火灾，认为由于战乱和社会不稳定等因素，清初和清末是杭城火灾多发期[①]。清经学家、文学家毛奇龄（1623—1716）在《杭城治火议》中记载了当时杭州火灾的悲惨状况：

> 杭州多火灾，岁必数发，发必延数里，且有蹈火以死者。予僦杭之前一年，相传自盐桥至羊市，纵横十余里，其为家约六万有余，死者若干人。予虽未亲见，顾焦烂犹在目也。乃不数年，而自孩儿巷至菜市东街，与前略相等。予所僦住房，已亲见入烟焰中。其他，则时发时熄，不可胜计。以询居人即中年者，亦必答曰："予生若干次矣。"其最微幸（侥幸）可喜亦必树一指曰："惭愧已一次矣。"从未有云无有者。顷者黄中堂门楼偶不戒而五人齐死，一楼不得下。逾日而藩司东街又复延漫里许，焚烧数百家。又逾日而

---

① 林正秋：《杭州历史上的火灾之五——清代时期杭州火灾的防治》，《浙江消防》1994 年第 6 期。

太平门外忽熏焰弊天，不知所究。今则褚堂上下复炎炎矣①。

从中可见杭州城火灾的频繁和破坏之大。在描述了杭城火灾的悲惨后，毛奇龄理性地归纳杭城多火灾的主要原因有三个方面：第

图 2.1　民国时期从城隍山上鸟瞰杭州城②

---

① 　毛奇龄：《杭城治火议》，载丁丙编：《武林掌故丛编》第 9 册，北京：京华书局，1967 年，第 5346—5359 页。

② 　该图片是民国时期从杭州城南部的城隍山从南往北拍摄的，图中的建筑大多是大街清河坊一带的房屋，从图片中可以看出民国时期的杭州城依然是房屋毗邻，密度很大，防火难度极大。林正秋在《杭州历史上的火灾之五——清代时期杭州火灾的防治》认为民国时期杭州的火灾得到了初步控制，可见民国之前杭州城内住房肯定更为密集和复杂。参见沈弘：《西湖百象——美国传教士甘博民国初年拍摄的杭州老照片》，第 20 页；林正秋：《杭州历史上的火灾之五——清代时期杭州火灾的防治》，《浙江消防》1994 年第 6 期。

一是用竹木建房，房屋密度较大，"自基殿以至梁栅栋柱榜檐无非木也，而且以木为墙障，以竹为瓦荐壁夹，凡户牖之间，牖用楅桶，而半牖承墉。又复以板与竹夹为之，间或护牖以笆，护墉以篱，层层裹饰，非竹则木。然且卑房少而重屋多，两重架格，犹复接木楹于轩宇之上，名曰晒楼。计一室所用，其为抟埴之工者，只瓦棱数片耳。又且市廛侯阅，皆接飞檐，桥梁巷门，每通复阁，鳞排栉比，了无罅隙"；第二是生火做饭和晚间点灯工作，"加之侩贩营业，多以炊煮蒸熬、熏焙烧炙为生计，而贫民昼苦趋逐，往多夜作，诸凡治机丝、煅金锡，皆通夕不寐"；第三是习俗较多用火，"风俗苟偷，大抵箕笼厝火，竹檠点灯，暑则燃蚊烟，寒则烘草荐，无非硝炭。而又俗尚释老，合乡礼斗，联棚诵经，焚香烧烛，沿宵累旦"①。

　　毛奇龄在《杭城治火议》中也记载了当时普通百姓从迷信的角度解释杭州火灾的多种原因："何以致此？或曰此天象也……或曰此地理也……或曰曩时每街必有火巷间截之，今多为民间侵占，以致埋塞也……或曰六井不开，无以厌火也。"② 这里我们就需要重点强调毛奇龄所记载的地理方面的解释，其主要就是："郡南凤皇山蜿蜒南峙，南属离方，以离龙之龙而冲城而入焉。"③ 凤皇山可能指今天杭州城东南的凤凰山或者玉皇山，但不管是凤凰山还是玉皇山均是处于杭州城风水上"离方"的位

---

① 毛奇龄：《杭城治火议》，载丁丙编：《武林掌故丛编》第9册，第5346—5359页。

② 毛奇龄：《杭城治火议》，载丁丙编：《武林掌故丛编》第9册，第5346—5359页。

③ 毛奇龄：《杭城治火议》，载丁丙编：《武林掌故丛编》第9册，第5346—5359页。

置。从地图上来看，凤凰山和玉皇山所在的山脉的确像一把尖刀
从西南的角度插入杭州城内。虽然在当时，作为文化精英的毛奇
龄对这种迷信的解释从多个角度予以反驳，但也认为当时"离
火龙入城"的观点为普通大众所接受而广为流传。

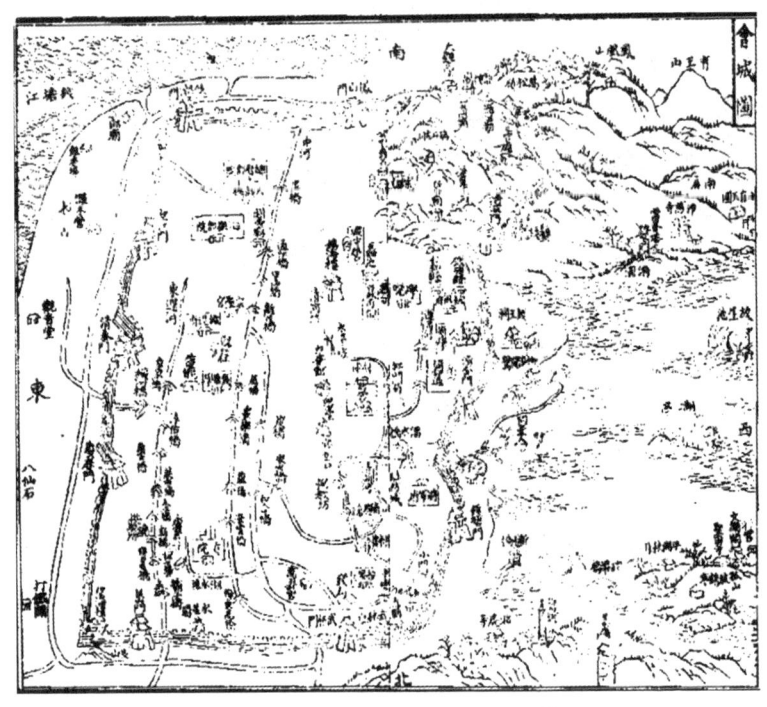

图 2.2　杭州城与玉皇山方位图①

①　图中玉皇山标识为"育王山"，从地图中可以清晰地看到玉皇山在杭州城的
西南面，位于八卦的离卦位置上，玉皇山所在的山脉环绕西湖由西南蜿蜒至杭州城
内。玉皇山东由高到低依次为凤凰山、万松岭、城隍山。参见龚嘉俊修，吴庆丘等
纂：《杭州府志》卷一《图说》，收入《中国方志丛书》华中地方·第一百九十九
号，台北：成文出版社有限公司印行，1966 年，第 227 页。

参与重建玉皇山福星观的时任杭州府司狱的吴廷康在《重建吴山英卫公庙碑》中很好地总结了玉皇山福星观在风水上镇压杭城火灾的重要性，原文如下：

> 形家言，玉龙山古称秦望山，当离龙之首。往年杭城屡遭火患，雍正年间，经前督宪李敏达公创为制伏之法。查此山为通省来龙，初名育皇，囚南北建都，改名玉龙。此山面江朝南，从东落脉至慈云岭，又起顶至凤凰山，乃朝北起顶，直过高山御教厂而下，穿万松岭入城，结紫阳山。旧制伍公庙，据离龙首，墙垣庙门，均黝之水者，有形之气，一日两潮，以水伏火。又于玉龙山立庙，大殿供奉玉皇上帝，前殿奉真武，后殿肖北斗星象。山顶凿日月池，以象天池。于山之从东落脉处，检壬水长生月，铸铁缸七，环列天篆，令储水尝（常）满。其安设位次，依北斗虚皇之精，俾镇压离龙而下。每月朔望，委员查看缸水，又排坎卦石于紫阳山顶，以遏其源。从此炎威顿息。历届兴修，有案可据。曾于辛未年，奉今中丞杨公指示，成规橄饬，重铸七星缸。壬申年，复饬监造玉龙山庙。始知前人旧章，深得消灭制伏之理。盖先天离龙，不遇后天方位岁月以激发之，则不发，然不可以患远而忽之。附录于后，以仰体大宪恤灾卫民之至意。后之见此书者，俾有可考焉。
>
> 廷康谨记①。

该篇碑文中吴廷康首先说明了玉皇山为"离龙之首"，然后着重

---

① 金志章等修纂：《吴山伍公庙志》，载王国平主编：《西湖文献集成》第25册，第672—674页。

强调了从风水上镇压火灾的做法"历届兴修，有案可据"，而且是"前督宪李敏达公创为制伏之法"。"李敏达公"即李卫，深受浙江百姓爱戴，在当地有崇高威望，为后世官员的楷模。把李卫与风水上镇压杭城火灾的办法联系起来无疑是希望后世官员模仿李卫的措施，继续兴建。其具体的措施有，"伍公庙……墙垣庙门，均黝之水者……以水伏火。又于玉龙山立庙，大殿供奉玉皇上帝，前殿奉真武，后殿肖北斗星象。山顶凿日月池，以象天池。于山之从东落脉处，检壬水长生月，铸铁缸七，环列天篆，令储水尝（常）满。其安设位次，依北斗虚皇之精，俾镇压离龙而下。每月朔望，委员查看缸水，又排坎卦石于紫阳山顶，以遏其源"。可见，风水上镇压杭城火灾为一个系统工程，重点在玉皇山上。当时玉皇山所在能够镇压火灾的说法虽然迷信，但已经深入人心，引起了官方的关注，被看成亲民的具体体现。这就为玉皇山福星观的复兴在地方政府、杭州城百姓与道教之间提供了一个契机。

第二节　玉皇山福星观七星缸的重建

太平天国运动中，玉皇山福星观所在的杭州城西南方向是交战双方的主战场，玉皇山上一片废墟，福星观等自然未能幸免。中兴之师蒋永林同治三年（1864）从天台山来到杭州城外的玉皇山上，在断瓦残垣中"结茅而居"，开始了玉皇山福星观艰难的重建之路。太平天国运动后蒋永林在玉皇山上偶遇乡绅卓炳森等人，地方政府和乡绅开始支持玉皇山福星观的重建。光绪卓炳森等辑的《玉皇山庙志》中详细地记载了这次重要的会面，原文如下：

> 我朝雍正间，李敏达公抚浙，悯火患之盛，于山巅开日月池，建玉皇真武殿与斗阁；又于山腰安七星铁缸，紫阳山安坎卦石，取水以制火义，而灾果少止。嗣中丞吉陈公历有修整碑记，均存。道光三年，程月川中丞莅浙，谕民易竹壁以土砖。又于慈云岭增建真武殿、观音洞，与伍公山口各安坎石。对万松岭近城处，则安七星缸，所以镇厌而保护之者，更周且密。时森读律抚署，故知之甚详。咸丰庚辛之乱，旧建均毁。规复后，森由粤返杭，偕世居长桥之宓君承庆暨李孝廉炳鑫、高广文念曾登山而访，已无一存者矣。但见山巅颓垣瓦砾中，有结茅居者，询为蒋羽士永龄，因与席地而谈，告以前闻旧迹，慨然思为兴复。商之徽友游星朗大善士，欣然允助①。

从中可见，卓炳森原本在地方政府部门工作的时候通过政府档案就知道玉皇山上有从风水上镇压火灾的建筑。太平天国运动结束，卓炳森回到杭州，与朋友宓承庆、李炳鑫、高念曾登山寻访当年的古迹，与此时已经在玉皇山上准备重建福星观的蒋永林相遇。原本卓炳森等人就热心文化建设②，更是被高道蒋永林的行为感动。偶遇之后，卓炳森与李煃、高念曾等人不仅为玉皇山福星观寻找到了游星朗等大善士的支持，还联名向时任浙江省巡抚

---

① 卓炳森等辑：《玉皇山庙志》之《重建玉皇山庙志序》，载王国平主编：《西湖文献集成》第25册，第1237页。

② 参见本书第三章第三节地方乡绅卓炳森部分。

的杨昌浚禀文恳请复建玉皇山上的七星缸，为玉皇山福星观寻找地方政府的支持。他们的禀文原文如下：

前广东升用县琼山县县丞卓炳森、举人李煊、
候选训导高念曾具禀

禀为恳请复建七星铁缸以弭火患事。窃森等因在玉皇山附近寻觅坟茔，见原有镇压杭城火患之七星铁缸全被毁去，台基亦坍，仅有《七星缸碑示》《重修七星缸碑记》，亦均毁裂。当将碑石凑合，摹读其文，知以斗星分名其缸，加以符篆，后有祝辞；满储清水，朔望饬委查看。并查向有月给斗阁道士挑水辛工，弭灾未形，意至深远也。被毁后，因斗阁住持无人，致失禀报。此系阖城所关，原不应森等数人安陈，且省城民屋渐次稠密，幸邀福庇，火患少于曩时，仰见德化所敷，其为民弭患也。原不必求之五行百家之说，惟思宪台轸念民生，无微不至，饬令居民门首，家置水缸，用意周挚。森等既有见闻，不敢壅蔽，谨将碑示、碑记摹录上呈，合并仰恳逾格垂恩，饬委复建之处，出自宪裁。森等不谙工程，监造事宜，并求遴委勘估。森等不敢与闻，合并呈明。除禀府藩宪外，谨此上禀。

夹单禀

再禀者，如补铸七星缸。现闻局中尚多废铁可以抵用，只须匠工需费，甚为有限。即每月挑水辛资，从前亦止数两筹给，亦易。惟形象以伍公山为离龙之首，应否再于此处安放坎石；或趁此添铸七缸，安于伍公山。并示谕吴山建复诸庙门墙，悉照原旧之太岁，庙门一律改黑，禁用红色。出自宪裁。合再陈明，炳森等谨再禀。

抄录七星缸残毁碑摹

浙江巡抚部院觉罗吉，示谕一切兵民人等知悉：照得玉皇山七星台上，用铁缸注水，原因镇压省城火灾而设，理宜敬谨卫护。如有闲杂人等，敢于作践污者，立即严拿，从重治罪。该管地保、住持，如敢彻纵，一并究处。各宜懔遵，毋违。特示。

乾隆五十九年十二月日给□□署杭州府事、绍兴府知府高三畏重修立石。

重修七星缸记

杭城多火患，自后晋天福二年，洎明天启元年，见于正史及《文献通考》《咸淳临安志》《钱塘遗事》《遂昌杂录》《□申野录》，与夫毛秋晴、汪韩门之所述，辨之究矣。己卯岁四月，余奉命调抚浙江，下车之始，谘访疾苦。杭之人咸以火患为言，或曰杭城阛阓稠密，率编篱为壁，火一燃即不可遏，此人事之不善也。余曰："是固然矣。"余闻城中之紫阳山、枫林山一带，每遇开垦及工作之事，辄有火警形象。此地为离龙之首，宜于安宁，不宜于动作，是宜申明禁令，傅民知所趋避也。考雍正年间，李敏达公莅浙，于玉皇山麓按北斗七星象，置铁缸七，其上造日月两池，后建阁奉斗宿，盖取水胜火之义，以佑福兆祥。当是时，众庶悦豫，间阎安康，民受其福而不忘也。余饬有司访其遗迹，盖以斗星分名其缸，加符篆焉，后有祝辞。缸体范铁，五尚完好，其二蚀裂不可用，重熔而新之，俾有司时省视，贮水毋竭。阁已移他所，则架而复之，悉如其旧。余维为斯民救灾御患，而求之五行百家之说。其失也，亟顾当补救之。既穷而

有术焉能克，而转移之于冥冥之中。是虽圣人所不言，而反
之为民祈福之心，固有怦怦不能自己者也。语曰："前事之
不忘，后事之师也。"因书其事勒于石，以谂来者。

嘉庆二十四年岁在己卯六月，浙江巡抚兼兵部右侍郎都
察院右副都御史陈若霖撰并书①。

禀文开篇点明主旨为"恳请复建七星铁缸以弭火患事"，并详细
记录了发现七星铁缸的过程和作用，其作用为："以斗星分名其
缸，加以符篆，后有祝辞；满储清水，朔望饬委查看，并查向有
月给斗阁道士挑水辛工，弭灾未形，意至深远也。"而且《禀
文》中重点强调了杭州城在太平天国运动后人口增长很快，房
屋等建筑逐渐密集，防范火灾成为地方政府的重要任务之一，为
"阖城所关"。地方政府如果能补铸七星缸那是在"为民弭患"，
体现了地方政府的"德化"作用。禀文同时也吹捧杨昌浚爱戴
百姓，为杭州城防火想了不少办法，"轸念民生，无微不至，饬
令居民门首，家置水缸，用意周挚"。卓炳森在《夹禀单》中还
有意地说明补铸七星缸不需要多少开销，"局中尚多废铁可以抵
用，只须匠工需费，甚为有限。即每月挑水辛资，从前亦止数两
筹给，亦易"，为杨昌浚提供了补铸七星缸切实可行的条件和措
施。禀文最后还附上了乾隆五十九年（1794）十二月杭州府事、
绍兴府知府高三畏重修时立的《七星缸残毁碑摹》和嘉庆二十
四年（1819）六月浙江巡抚兼兵部右侍郎都察院右副都御史陈
若霖撰并书的《重修七星缸记》。这两篇碑文不仅证明了卓炳森

① 卓炳森等辑：《玉皇山庙志》，载王国平主编：《西湖文献集成》第25册，
第1238—1240页。

等人所说不假，同时也为杨昌浚树立了一个地方政府通过"七星缸"等风水建筑防治火灾以重视杭州城民生的榜样。

从《重建玉皇山庙志序》中可知，卓炳森等乡绅想重建的是整个玉皇山福星观而不仅仅是七星铁缸。但卓炳森与李煃、高念曾等联名向时任浙江巡抚的杨昌浚所提交的禀文里面丝毫没有提及玉皇山福星观的重建，而是把重点放在了"七星缸"及其对镇压杭城火灾的作用上。同时，卓炳森还把玉皇山福星观七星铁缸的作用和杨昌浚体恤百姓的"德政"联系在一起——这无疑是该篇禀文的高明之处，既拍了杨昌浚的马屁，同时又为七星铁缸的重建找到了一个和地方政府联系的关联点。

图 2.3　杭州玉皇山上的七星缸①

---

①　该图片由美国传教士费佩德拍摄于 1920 年前后，收入罗伊·休厄尔、沈弘：《天城记忆——美国传教士费佩德清末民初拍摄的杭州西湖老照片》，济南：山东人民出版社，2010 年，第 44 页。

　　卓炳森等的禀文于同治八年（1869）十一月十七日上禀地方政府总局，同月二十四日就得到浙江地方最高首长时任浙江巡抚杨昌浚的批复。批复原文如下：

同治八年十一月二十四日牌示军需总局司道，为饬委事

　　据绅士、前广东琼山县县丞卓炳森、举人李煃、候选训导高念曾等禀称，玉皇山原有镇压火患之七星缸全被毁去，台基亦坍，仅有《七星缸碑示》《重修七星缸碑记》，亦均毁裂。当将碑石凑合，摹读其文，知以斗星分名其缸，加以符箓，后有祝辞；满储清水，朔望饬委查看。并查向有月给斗阁道士挑水辛工，弭灾未形，意至深远。被毁后，因斗阁住持无人，致失察报。现在省城民屋渐次稠密，仰恳逾格垂恩，饬委复建等情到局。据此，查玉皇山七星缸，系镇压省城火患而设，兵燹之后，全被毁去。既据该绅等禀请铸复，应先委员勘估，合札委，札到该某，立即遵照前往查勘，访明旧址，围圆高深尺寸，并估计需用铁斤若干，工价若干，修理台基需费若干。刻日开具细数清折送局，以凭纳核办理。毋违切切。

　　同治八年十一月初三日，札委署杭司狱吴廷康①。

从杨昌浚的批文看，卓炳森等人的禀文无疑打动了杨昌浚，他很快就做了批示。批示中，杨昌浚首先肯定了卓炳森等人的观点，认为七星缸"弭灾未形，意至深远"。然后委托杭州府司狱吴廷康"立即遵照前往查勘，访明旧址，围圆高深尺寸，并估计需

---

　　①　卓炳森等辑：《玉皇山庙志》，载王国平主编：《西湖文献集成》第 25 册，第 1240—1241 页。

用铁斤若干，工价若干，修理台基需费若干。刻日开具细数清折送局，以凭纳核办理”，做好重建七星缸的准备工作。

图2.4　民国时期的玉皇山七星缸和七星亭①

时任杭州府司狱的吴廷康也是一位热心宗教文化事业建设的地方官员②。得到上司浙江巡抚杨昌浚的批示后，吴廷康马上行动，展开调查，于当年十二月初三③就完成实地调查，并且制定了详细的修复计划和物资清单上报给杨昌浚。吴廷康上报给杨昌

①　玉皇山山腰修建七星台，台上按北斗七星位置排列七口铁缸，由玉皇山福星观道士负责保持缸内盛满清水，以此镇压火灾，杭州府每月给一定的挑水钱。图片大约拍摄于19世纪40年代，收入玉皇山福星观编印的《杭州玉皇山福星观重建大殿募金疏》中。参见玉皇山福星观印：《杭州玉皇山福星观重建大殿募金疏》，浙江省图书馆古籍部藏。

②　参见本书第三章第二节地方官员吴廷康部分。

③　光绪《玉皇山庙志》里面记载的“同治八年十一月初三日，札委署杭司狱吴廷康”为误，根据前后文推断应该为十二月初三日。参见卓炳森等辑：《玉皇山庙志》，载王国平主编：《西湖文献集成》第25册，第1241页。

浚的禀文如下：

署杭州府司狱吴廷康谨禀

大人阁下：敬禀者，窃卑职接奉局宪札，饬查勘玉皇山七星缸，旧缸围圆高深尺寸，估计用铁工价各若下，台基需费若干，开销送局等因。奉此，遵即访觅老练大炉冶匠，并同石匠赴山查勘，七缸均已无存，台基亦被毁坏。幸安埋铁缸石圈尚在，围圆即可量计，随与各匠议定高宽深厚围圆各数及应用料物，逐一撙节确估，共需工料钱六百六十七千一百一拾文。卑职与该匠等，连日逐项商榷，均系从实估计。理合开具清折禀送，仰祈大人俯赐察核示遵。敬请勋安。伏祈慈鉴。

卑职廷康谨禀。

计禀呈清折一折：谨将卑职奉委查验玉皇山铸造七星铁缸并修建设缸台基，应用各项工料价值钱文，传匠逐一撙节估计，开具分晰细折，呈送宪鉴。

计开：

铁缸每只通高五尺，口径三尺，厚二寸。上围圆九尺，下围圆八尺，底径二尺五寸。周围按卦名镂铸神诰各字样，以生铁镕铸成。造净重千斤，每只核用：荒铁一千二百斤，是项荒铁在报国寺军装局存剩旧废铁项下拨用，毋庸开价。上白炭二千四百斤，每百斤，市价钱二千文，计钱四拾八千文。铸匠四十工，每工，钱二百四拾文，计钱九千六百文。铸铁缸做泥塑模，每只上中下三套。核用：胶泥三拾五担，每担市价钱一百四十文，计钱九百文；窑煤五斤，每斤市价钱一百八十文，计钱九百文；稻草二百斤，每百斤市价钱二百二十文，计钱四百四拾文；松柴四百斤，每百斤市价钱四百五拾文钱，计钱一千八百文；烘焙泥模青炭三百斤，每百斤市价钱一千文，夏令免，计钱三千文；塑模匠六十工，每工钱二百四十文，计钱拾四千四百文；刊字匠二拾四工，每工钱二百四十文，计钱五千七百六十文。

以上铸造千斤重七星铁缸壹只，计需工料实钱八十八千八百文。计七只，共计钱六百二十一千六百文。

又查验安设七星缸原建石台基一座，基面净阔二丈四尺，横宽一丈八尺，高二尺二寸。基面石板錾作缸穴七个，业经坍塌损坏，石板断裂不全，应需添配石料，匠工修补完整，照旧安设。所需修筑工料并经传匠撙节估计，实在添用：基面阔一尺八寸，石板十三丈二尺，每丈市价钱二千文，计钱二寸一六千四百文；基身阔二尺二寸，石板五丈三尺，每丈市价钱二千四百文，计钱拾二千七百二十文；油灰四斤八两，每斤市价一百四十文，计钱六百三十文；石匠二十四工，每工钱二百四十文，计钱五千七百六十文。

以上修建七星缸石台基，实需工料钱四十五千五百十文。统计铸造七星缸七只，并修建石台基，共需工料实钱六百六十七千一百十文。

再，前项七星缸只，应请在于省城贡院前平安桥官工旧厂铸造，以免另行择地搭盖。庶昭撙节，理合登明①。

从中可以看出吴廷康带领聘请的工匠等人实际考察了七星缸的原

---

① 卓炳森等辑：《玉皇山庙志》，载王国平主编：《西湖文献集成》第 25 册，第 1241—1242 页。

址，发现"七缸均已无存，台基亦被毁坏"。吴廷康等根据七星缸的遗址"议定高宽深厚围圆各数及应用料物"。同时在禀文后吴廷康详细地列出了七星缸和安放七星缸石台基的具体尺寸等，为我们详细了解七星缸的实物留下了珍贵具体的数据。民国时期李理山重建过七星缸，其参考数据应该也是来源于此①。

得到吴廷康的禀文后，杨昌浚十二月十六日迅速批示：

同治八年十二月十六日禀奉局宪批

查核折开所估工料，尚属浮多，应准以九折除零，核给钱六百千文，并饬军装局员，拨给荒铁八千四百斤，以资铸用。仰即分别具领，陆续请给。兴办工竣，造具实用工料报销细册，绘具图说，出具保固年限印结，送候委验详销，毋迟。切切。此缴折存②。

七星缸的修建从申请到实际拨付钱款、荒铁等物资时间不过月余，可见该工程受到杨昌浚的高度重视。七星缸在地方政府大力支持下迅速得到复建，并以此为契机，蒋永林、卓炳森等人将地方政府、乡绅和玉皇山福星观宫观紧密联系起来，这为七星缸重建后其他宫观建筑的建设发挥了不可替代的作用。

七星缸得到重建后成为玉皇山福星观一景，玉皇山福星观负责维持七星缸的日常挑水和维修工作，并且地方政府对挑水的道士还拨付工资。为了防止道士挑水偷懒，地方政府还派官员常常视察七星缸的情况，这种地方政府视察七星缸的惯例有据可查的

---

① 来裕恂编：《杭州玉皇山志》，载王国平主编：《西湖文献集成》第 21 册，第 953 页。

② 卓炳森等辑：《玉皇山庙志》，载王国平主编：《西湖文献集成》第 25 册，第 1242—1243 页。

一直维持到民国初年①。清末藏书家、目录学家丁立诚（1850—1912）有诗《七星缸验水》云："玉皇山尖主火德，上有铁缸贮水七。道士习懒担水劳，月月派官查一遭。循例行止无不可，杯水岂救舆薪火。"②

图2.5　民国四年（1915）时任浙江按察使的屈映光视察玉皇山七星缸③

第三节　玉皇山福星观宫观建筑的建设

玉皇山七星铁缸的重建首先得益于蒋永林等人的坚持，其次是地方乡绅的热心，再次是地方政府的支持，三者合力于七星缸

①　参见屈映光：《屈巡按使出巡全浙文稿》，出版者不详，民国四年（1915）出版。

②　罗荣本、罗季编著：《西湖景观诗选》，杭州：浙江工商大学出版社，2013年，第143页。

③　截取于屈映光：《屈巡按使出巡全浙文稿》，第66页。

为杭州城镇压火灾的作用。但七星缸的重建对玉皇山福星观的宫观建设来说仅仅只是一个开始。

七星缸重建之后卓炳森等人又向杨昌浚禀文希望能够重建与七星缸有密切联系的玉皇山福星观宫观建筑。原文如下：

候选训导高念曾、前广东升用知县卓炳森、举人李煊具禀

禀为地方镇患要举，恳恩建办，以卫居民事。窃杭城火患多于他处，固由编竹为垣，亦由离龙入城。雍正年间，经前宫保制军李在玉皇山开日月池，建斗阁，安七星铁缸，城内紫阳山安坎卦石，禁吴山一带开掘造筑，庙外门墙不准红色，镇海楼上供奉真武帝圣像，以镇火患。嘉庆年间，又经前抚宪陈修补铁缸，令住持挑水，月给辛工香灯，朔望委员行香，查看储水。道光六年，又经前抚宪程以山石尽似火峰，仅于玉皇山开池、建阁、安缸，城内安一坎卦石，不足相制。拟将慈云岭灵官殿改为水星阁，宋教场再安七星缸，且止亭之太和禅院对面近城高山与东岳庙门首，及伍公山三处，各安坎卦石，旋以卸篆未举。兵燹后，玉皇山及慈云岭庙宇与七星缸、吴山禁碑均被毁无存。七星缸现蒙详明抚宪，委员置补，仰见保赤为怀，万家感戴。惟玉皇山之建复慈云岭等处，应否改建并添设七星缸、坎卦石，镇海楼添供真武帝像。重申吴山一带禁令之处，出自钧裁。为此，备陈原由。公叩恩赐详请，分别查建。弭患未形，功德与湖山并垂不朽。

上禀

敬再禀者：窃森等前禀奉批核议，是以敢献刍荛。且森前曾幕馆省垣，故知程月川中丞拟办之事，至山上之不准兴

筑，俱有禁碑，现已被毁。即如白马庙巷之仁王讲寺，道光初年间，住持大机开掘，添造屋宇，经绅耆控告，将僧枷责驱逐。禁造有案，合并禀明。

批：仰杭州府饬查明确核议详办，缴禀抄发①。

该篇禀文并未署名日期，从内容上可以看出应该是在七星缸修建之后不久。从中可以看出，玉皇山七星缸的修建让卓炳森等信心大增，意识到杨昌浚为代表的地方政府对"德政"的重视，禀文中特别强调了历史上浙江历任地方官出于"德政"的目的重视七星缸，尤其是在浙江地方上享有盛誉的李卫。所以卓炳森等进一步提出在玉皇山一带增加风水建筑的建议："惟玉皇山之建复慈云岭等处，应否改建并添设七星缸、坎卦石，镇海楼添供真武帝像。重申吴山一带禁令之处。"

相比重建七星缸的禀文，杨昌浚这次明显态度较为模糊，给予批复："仰杭州府饬查明确核议详办"，将问题推给了杭州府。从后来落实的情况看，该建议并未被采用②。可见，杨昌浚等地方政府官员对道教的支持是有一定限度的，仅仅从维护地方社会稳定的角度出发。

虽然杨昌浚对道教宫观建筑支持的力度不大，但是还是在同治九年（1870）三月十一日又批示军需局修复了玉皇山福星观的正殿，玉皇山福星观道观本身的建筑就正式获得了官方的支持：

① 卓炳森等辑：《玉皇山庙志》，载王国平主编：《西湖文献集成》第25册，第1243—1244页。
② 卓炳森等辑：《玉皇山庙志》，载王国平主编：《西湖文献集成》第25册。

同治九年三月十一日禀十四批军需局为呈报饬委事

窃案照杭城火患多于他处，虽因民间编竹为垣，亦由离龙入城所致。雍正年间，在玉皇山开日月池，建造殿宇供奉玉皇真武圣像，并安七星铁缸储水，以制离龙。兵燹以后，被毁无存。现在七星缸前已饬委准补平湖县县丞、现署仁和县典史吴廷康该员铸造安设，惟正殿尚未建复。兹据各绅士禀请委勘兴建前来，应仍委署仁和县典史吴廷康该员勘估禀办。除饬委外，理合呈报，合行札委。札到，该员立即遵照，传同工匠前往勘明旧基，仰祈核实，估计共需工料若干，绘图折各二分送局，以凭核明详办，毋稍延误。切切。

宪台察核，为此备由，呈乞照验施行。报抚院。札委员。同治十年四月初五日发行①。

从中可以看出，修建正殿名义上也是为了更好地防治杭州城火灾，但是玉皇山福星观庙宇（正殿）纳入了官方资助范围，标志着玉皇山福星观正式获得了地方政府的支持。

而后，玉皇山福星观所在地负责其建筑事宜的杭州府仁和县和钱塘县地方官员向杨昌浚禀文称，玉皇山福星观的宫观建筑等工程并不是很紧要的事务，现在地方政府财力有限，希望可以批准暂缓玉皇山福星观正殿的建设工程。面对地方官员的说辞，杨昌浚态度很坚定，以已经"批示在案"为由要求仁和县和钱塘县地方政府"立即遵照宪批事理"，可见其对玉皇山福星观的支

---

① 卓炳森等辑：《玉皇山庙志》，载王国平主编：《西湖文献集成》第 25 册，第 1244 页。

持态度和对该正殿工程的重视程度①。

图 2.6　民国时期的玉皇山福星观正殿②

综上所述，在玉皇山福星观"中兴之师"蒋永林、乡绅和地方政府等多方的共同努力下，地方政府为玉皇山福星观复建了七星铁缸、大殿、二殿、官厅，玉皇山福星观通过募集善款复建了南天门石牌坊、三清殿、三官殿、斗阁、报本堂、客堂、方丈

---

①　卓炳森等辑：《玉皇山庙志》，载王国平主编：《西湖文献集成》第 25 册，第 1243—1248 页。

②　罗伊·休厄尔、沈弘：《天城记忆——美国传教士费佩德清末民初拍摄的杭州西湖老照片》，第 112 页。

堂等建筑，到此时玉皇山福星观已经初显规模，遂逐渐成长为江南著名的子孙丛林宫观①。

第四节　支持玉皇山福星观建设的地方士绅

从玉皇山福星观的重建过程中可以看出，地方官员和乡绅起着非常重要的作用。正是有他们在地方政府与民间社会力量之间斡旋，才能够为玉皇山福星观求得政策和经济上的支持，玉皇山福星观的复兴才变成可能。故我们需要对参与玉皇山福星观重建的杨昌浚、吴廷康、卓炳森等诸位地方官员、乡绅详细考察，找出他们对传统宗教的态度、观点等，进而深入地认识其在近代宗教发展过程中的地位和重要作用。

一　浙江巡抚杨昌浚

时任浙江巡抚杨昌浚，是参与玉皇山福星观重建的浙江地方最高长官，无疑起着重要作用。是他审核批准了玉皇山福星观七星缸和正殿等宫观建筑的建设，使玉皇山福星观获得了地方政府的支持。

杨昌浚（1825—1897），字"石泉"，号"镜涵""壶天老人"，籍贯为近代人才辈出的湖南湘乡。太平天国运动爆发后，咸丰二年（1852）跟随其老师、道员罗泽南练湘勇于长沙。咸

---

① 卓炳森等辑：《玉皇山庙志》，载王国平主编：《西湖文献集成》第25册，第1257页。

丰四年（1854）七月在攻克湖北田家镇时勇攀绝壁，积功奖训
导。咸丰九年（1859）擢教授，咸丰十年（1860）在江西收复
德兴等地，擢知县并加同知衔，赏戴花翎。同治元年（1862）
正月，杨昌浚跟随时任浙江巡抚的左宗棠率师进入浙江，开始了
在浙江长达十三年的仕途之路。其同治元年（1862）九月升任
衢州知府，同治二年（1863）收复金华府城等地，以道员留浙
江补用，九月升任浙江粮储道。同治三年（1864）二月收复杭
州省城等地，赏加按察使衔；十二月，授浙江盐运使，随后又升
任浙江按察使。同治五年（1866）二月升任浙江布政使。同治
八年（1869）十二月属浙江巡抚。同治九年（1870）八月实授
该职位，达到了其在浙江政治生涯的最高峰。光绪元年（1875）
因为"杨乃武"一案①被革职后沉寂了几年。但左宗棠等老领导
并未忘记其才能，光绪四年（1878）受左宗棠提携帮办甘肃新
疆事宜，光绪七年（1881）八月授甘肃布政使，光绪九年
（1883）二月授漕运总督。1883年中法战争爆发，战场首先在越
南，随后扩大到中国东南沿海，在此背景下杨昌浚临危受命，光
绪十年（1884）任闽浙总督。光绪十四年（1888）调陕甘总督。
光绪十五年（1889）授赏加太子太保。光绪二十一年（1895）

---

① 该案件大致过程为：浙江省余杭县所在地余杭镇豆腐店伙计葛品连暴病身
亡。知县刘锡彤怀疑本县举人杨乃武诱奸葛品连之妻毕秀姑（毕生姑），毒毙葛品
连，对杨乃武与毕秀姑重刑逼供，断结为"谋夫夺妇"罪，上报杭州府衙和浙江省
署。杭州府与浙江省也照原拟断结，上报刑部。后经杨乃武之姐杨淑英二次京控，
惊动朝廷中一批官员，联名上诉。朝廷下旨，由刑部开棺验尸才真相大白，冤案昭
雪。该案从同治十二年（1873）到光绪二年（1876）历时三年，牵动浙江地方官员
数百。此案涉及面之广，影响之大，在我国历史上是罕见的，被称为清朝四大奇案
之一。参见葛丽丹：《从〈申报〉杨乃武案看重大社会新闻的报道》，复旦大学2008
年硕士学位论文；戴冠娟：《清代冤案平反的案外因素——立足于杨乃武案的考察》，
云南大学2015年硕士学位论文。

因为回民起义而被革职，光绪二十三年（1897）去世。①

由此可见，杨昌浚起家于太平天国运动，深受晚清重臣曾国藩、李鸿章、左宗棠等人的信任和提携，尤其是左宗棠，更是常常将其放在身边的重要岗位上，可谓嫡系。杨昌浚也没有辜负他们，在围剿太平天国运动、西南海防和西北边防上发挥了重要作用。其在任上重视留洋回国人才②，主持台湾建省，加强东南海防③，试图恢复西南传统社会秩序。杨昌浚从同治元年（1862）入浙到光绪元年（1875）被革职共在浙江为官十三载，对太平天国运动后浙江的恢复起到了巨大的作用，文化方面尤其如此。晚清王礼培在《杨太傅别传》中总结其"抚浙也，修陆清献祠，建紫阳书院于墓旁，刻《三鱼堂集》④《沈端确遗书》⑤。督闽修龟山祠⑥。督秦刻李二曲⑦《惺惺录》《慎思录》，访求其后，列

---

① 参见无名氏撰：《清史列传》卷六十一《新办大臣传五：杨昌浚》，北京：中华书局，1987年，第4833—4837页。

② 杨昌浚等：《奏请留用出洋艺成回国学生折》，收入高时良、黄仁贤编：《中国近代教育史资料汇编——洋务运动时期教育》，上海：上海教育出版社，2007年，第971—974页。

③ 吴玫：《杨昌浚与台湾建省》，《台湾研究集刊》1989年第2期。

④ "陆清献祠"应该为"陆清献公祠"。"陆清献"为陆陇其，字稼书，浙江平湖人，生于明崇祯三年（1630）。入清后，康熙九年（1670）进士及第，为官多年，被誉为"天下第一清廉"。乾隆二年（1737）赐谥"清献"，其有《三鱼堂集》等传世。陆清献祠在浙江省平湖县治东南，乾隆八年（1743）平湖知县高国楹倡建，乾隆五十年（1785）平湖知县王恒重修，咸丰末祠毁，同治五年（1866）为浙江布政使杨昌浚修复。参见蒋维乔：《中国近三百年哲学史》，长沙：岳麓书社，2011年，第15页；浙江省通志馆编、浙江省地方志编纂委员会整理：《重修浙江通志稿（标点本）》第四册，北京：方志出版社，2010年，第2071—2072页。

⑤ "沈端确"，原文如此，何人不明。

⑥ "龟山祠"应该为"龟山公祠"，祭祀北宋哲学家、学者、官吏杨时。杨时，字中立，号龟山，熙宁九年（1076）进士。历官浏阳、余杭、萧山知县，荆州教授，工部侍郎等官职，晚年隐居龟山，后人称其为龟山先生。参见林海权、胡鸣编著：《杨时故里行实考》，福州：福建人民出版社，2008年。

⑦ 李颙，字中孚，号二曲，明清之际哲学家，与孙奇逢、黄宗羲并称三大儒。

之庠序，风示群伦"①。可见，累军功起家的杨昌浚非常重视文化建设。杨昌浚对传统宗教的态度可以通过其在浙江时所撰的两篇记文了解一二：

重修玉皇山神祠并建复七星铁缸记

玉皇山在杭城西南十里，即古之秦望山也。左临钱江，右瞰西湖，与南高峰、万松岭诸山脉络相接，而高过之。雍正中，总督李敏达公以杭多火患，形家谓此山为离龙之祖，乃于山腰置铁缸七，仿北斗星象以次排列。缸之外铸有符篆、祝辞。又于山巅凿日月池，立建福星观，以祀北斗暨三清玉皇。朔望有司拈香，省视缸水盈缩，缩则务令注满。盖取用"坎"制"离"之义，诚重其事也。其后年久渐废。嘉庆己卯年，陈望坡侍郎来抚两浙，复举而新之。咸丰庚申、辛酉之际，粤逆窜浙，杭垣再陷，祠既被毁，缸亦无存。同治改元，余随左恪靖伯引军东来，复其境土地。糜烂之后，百废待举，猝未暇及。至庚午岁，余奉浙江巡抚之命受事后，适郡人以此为请，乃以桐城吴康甫大令廷康往司厥役，剪荆棘、除瓦砾，甃石为台，范铁为缸，殿宇、楼阁、厅事门庑，次第建复，悉如旧观。计前后用缗钱六千贯有奇，可谓俭矣。夫儒者理人事神，自有常经，原无取乎五行百家之说，以惑世诬民。顾生民之休戚，息息相关，事苟有利于民，为长吏者，又何妨多方以求。况行之已百数十年，众咸信从有素，然则此事也，亦有举莫废之意耳。壬申暮春，余偕僚属登山，落成时，则白云满地，弥漫无际，江海之波涛，湖山之风景，一无所睹。独半山以上，天朗气清，如坐琼楼玉宇，远隔尘世然。余心窃讶之，以为此来未能纵

---

① 王礼培：《杨太傅别传》，《船山学刊》1905 年第 5 期。

大观而无憾也。俄而云气收敛，卷过南岸，如匹练遥拖，截然一线。于是杭州城郭山川，历历在目。羽士语余曰："此云海也。即住此者不可常常见，斯亦奇观矣。"因并述之，以告后之来者。

光绪元年岁次乙亥夏六月望日，兵部侍郎兼都察院右副都御史、浙江巡抚兼管盐政湘卿杨昌浚撰并书①。

重建云栖寺碑记

尝论佛寺之废兴，其废也，关乎劫数；其兴也，则系乎愿力。……咸丰庚申、辛酉，两遭粤匪窜扰，西湖表里诸僧舍，经兵燹为瓦砾，而云栖寺亦蹂躏无完宇。今皇上御极之三年，两浙荡平。士民之流亡者，日以聚。田土之荒秽者，日以辟。而诸寺亦稍稍复其旧。癸亥岁，昌浚随恪靖伯统兵来浙，自郡守忝任监司岳牧，涤膺恩命，抚绥是邦。为民祷雨祈晴，拈瓣香于绀宇琳宫者，忽忽已十阅寒暑。云栖住持僧瑞真，偕其徒众，艾薙荆榛，搜寻故址，锐焉有重兴之志。不事沿门托钵，而善缘辐辏，顿复旧观。……落成之日，瑞真僧乞文于余，将寿诸石。余惟莲池大师，由儒而释者也。其旨不外明心见性，其用可以启悟指迷。僧徒守其道，可证夫善果；檀越奉其道，可勉为善人。余幸住持之，克宏愿力，以致斯寺之有成也。后之住斯山者，能继志而踵兴之，则庶乎斯寺之不废云。

同治十二年夏，抚浙使者杨昌浚撰，教习知县吴

---

① 卓炳森等辑：《玉皇山庙志》，载王国平主编：《西湖文献集成》第25册，第1248—1249页。

钤书①。

这两篇碑刻分别记载了杨昌浚参与杭州玉皇山福星观和云栖寺②重建的历程。其中有一个重要的共同背景就是这两处宗教场所均被太平天国称之为"妖教"而毁于太平天国运动之中。而在太平天国运动后，主导浙江官场的主要是镇压太平天国而崛起的湘军、淮军系列，杨昌浚就是在镇压太平天国运动中一步步升任浙江巡抚的。这无疑会给这些宗教场所获得政府的支持增加不少的同情分，所以在两通碑刻中杨昌浚均重点强调，"咸丰庚申、辛酉，两遭粤匪窜扰，西湖表里诸僧舍，经兵燹为瓦砾"，同时杨昌浚在碑刻中也反复提及了自己参与的镇压太平天国运动的经历以及战乱带来的灾难。

另外从碑刻中也可以看出杨昌浚个人对宗教的态度。他首先从儒家学说的立场出发排斥道佛等传统宗教，"夫儒者理人事神，自有常经，原无取乎五行百家之说，以惑世诬民"，认为宗教不可信。但在排斥之外，他又从宗教对普通百姓的作用角度出发，认为其对社会稳定还是有积极意义，作为地方官员应该顺应民心，给予支持，"顾生民之休戚，息息相关，事苟有利于民，为长吏

---

① 项士元纂：《云栖纪事》，载王国平主编：《西湖文献集成》第24册，第459—460页。

② 云栖寺，又称云栖山寺，位于今天杭州五云山之西的山坞内，与灵隐、净慈、虎跑、昭庆诸刹并称杭州五大丛林名刹。相传其始建于北宋乾德五年（967），宋英宗治平二年（1065）更名为"栖真"。明弘治七年（1496），因山洪突发，寺院荡然无存。明隆庆五年（1571）净土八祖莲池大师复兴寺院，寺殿规模亦逐年恢复提升，为杭州一大道场。清康熙五次南巡，四次到云栖寺，乾隆南巡也六次到该寺，云栖寺达到历史上的全盛时期。此后寺院虽屡有毁建，始终不复昔日繁盛。民国时期，寺院终因年久失修，落没草莽。1962年原寺址辟为杭州市工人休养院，寺前冲云楼、舒篁阁也陆续辟为茶室。2002年工人修养院移交给杭州市园文局。参见仇家京：《重修杭州云栖寺刍议——净土八祖莲池大师道场》，《杭州研究》2008年第1期。

者，又何妨多方以求"。玉皇山福星观的七星缸虽然因风水而设，但"行之已百数十年，众咸信从有素，然则此事也，亦有举莫废之意耳"；云栖寺代表的佛教势力"旨不外明心见性，其用可以启悟指迷。僧徒守其道，可证夫善果；檀越奉其道，可勉为善人"。所以总体上说作为地方官员的杨昌浚认为宗教虽然为迷信，但其对社会有积极的影响，还是需要地方政府积极的支持。杨昌浚对传统宗教的态度具有一定的代表性，给了在太平天国运动中受到破坏的传统宗教获得地方政府支持的可能性。

二 地方官员吴廷康

时任杭州府司狱吴廷康为玉皇山福星观实际的重建者，他受杨昌浚委派，负责测量及制订七星缸重建方案等，可谓在玉皇山福星观的重建中起到了重要作用。

吴廷康（1799—1888）①，字"符生"，号"康甫""赞甫"

---

① 吴悦在《清慕陶轩旧藏元康铭晋砖砚考》中认为吴廷康生平为1799—1888年，材料来源不详；桑椹编纂的《历代金石考古要籍序跋集录》中认为吴廷康生平为1799—1873年；于建华的《近代名家书画藻鉴》中认为其出生于1799年，但去世时间不详；何绍基在《何绍基文集》中回忆说："余与廷康同己未生，今年皆七十有二矣。"可见其出生于1799年无疑。俞樾的《春在堂随笔》中记载："桐城吴康甫大令廷康，官吾浙数十年。或云年且九十余，卒莫知其年几何也。所谓世人知老不知年者，其此公之谓乎。"可见其高寿，但去世具体时间已经不可考。本书采用吴悦观点。吴悦：《清慕陶轩旧藏元康铭晋砖砚考》，《文物鉴定与鉴赏》2013年第3期；何绍基：《何绍基诗文集》，长沙：岳麓书社，1992年，第794—795页；王建华：《近代名家书画藻鉴》，上海：学林出版社，2008年，第3—4页。俞樾：《春在堂随笔》，南京：江苏古籍出版社，2000年，第123页。桑椹编纂：《历代金石考古要籍序跋集录》卷二，杭州：浙江古籍出版社，2010年，第1068页。

"赞府""晋斋""茹芝"等，为晚清江南著名的金石家、书画家①。吴廷康出生于安徽桐城，其家族为当时桐城麻溪西股有名的吴氏大族②。桐城，为清代中晚期一个很有影响的散文流派"桐城派"的发源地，著名文学家方苞、刘大櫆、姚鼐等均为此地人，其作家多、播布地域广、绵延时间久，为中国文学史所罕见。桐城派是由理学的哲学思想、韩欧的文章法度和八股时文三种因素相互交融而形成的。可见吴廷康出生在一个人杰地灵、有着深厚传统文化底蕴的宝地。

吴廷康在太平天国运动前后在浙为官达数十年。依据民国龚嘉俊修、李榕纂的《杭州府志》记载，吴廷康同治三年（1864）出任杭州府司狱，光绪四年（1878）又出任杭州府税课大使，这段时间内他还在仁和县担任过典史等职③。典史是地方上不入流的小官，府税课大使掌税收及税契等，府司狱掌司法及牢狱等④。其生前至交，晚清著名诗人、画家何绍基在其《重摹御书岳祠匾额记》中回忆说，"（吴）廷康落拓一官，濡滞之江"，由此可见吴廷康一生在仕途上实际并不得志⑤。东台吴心谷编著的《历代画史汇传补编》记载一女子名吴珩，"字玉卿，桐城人，县丞廷康女，工画花卉，咸丰辛酉十一月殉粤难"，推断该女子

---

① 刘正城主编：《中国书法全集》第76卷，北京：齐宝斋出版社，1995年，第170—170页。

② 桐城麻溪吴氏分为东股和西股两个家族，参见马其昶：《桐城耆旧传》，合肥：黄山书社，1990年，第399页。

③ 龚嘉俊修、李榕纂：《杭州府志》卷一百一《职官三》、卷一百二《职官四》，载《中国方志丛书》华南地方·第一百九十九号，第1964—1965、1989页。

④ 程广宗、王英杰等主编：《中国历代县乡政府治政述要》，郑州：中州古籍出版社，1995年，第338页。

⑤ 何绍基：《何绍基诗文集》，第794—795页。

应该是吴廷康的女儿，死于太平天国运动中的战乱①。

图2.7　吴廷康曾经收藏的晋砖之一②

　　吴廷康本人精于金石篆刻，与晚清江南的学者们多有交集，晚清著名学者、朴学大师俞樾评价他"嗜古成癖，至老不衰"③。吴廷康擅长画、印、隶篆等书，其去世后作品为人重视，王建华在《近代名家书画藻鉴》中评价其作品"有实力，但名声不是太壮"④。值得一提的是吴廷康有"砖癖"，大量收集古器并摹勒手提，马其昶著的《桐城耆旧传》记载吴廷康生前常说："汉晋钟铭、印文、铜器、碑碣、瓦当之属，可一一取证砖文。"吴廷康辑有《慕陶轩古砖录》等著作，可见其对金石研究有深厚的

---

　　①　"县丞廷康"没有明确指出其出仕地，作者也没有找到吴廷康担任过县丞的史料，但其在地方任职多年，极有可能担任过该职位，或者该史料记载不明悉。参见吴心谷编著：《历代画史汇传补编》，香港：博雅斋出版社，1997年，第16页。

　　②　吴悦：《清慕陶轩旧藏元康铭晋砖砚考》，《文物鉴定与鉴赏》2013年第3期。

　　③　俞樾：《春在堂随笔》，第123页。

　　④　王建华：《近代名家书画藻鉴》，第3—4页。

功力，并自有一番见解①。

浙江光复后，其作为长期在江浙为官的地方官员，力图恢复在太平天国运动中被破坏的传统文化，先后参与重建吴山英公庙②、西湖林公祠、西湖岳王忠武庙等传统官祠③，同时还支持收集、出版宣扬传统社会忠贞精神的《徐烈妇诗》④《西湖林公祠志》⑤等书籍。其中值得注意的是西湖林公祠的重建者即为时任浙江巡抚的杨昌浚，也是吴廷康在地方上的首长。杨昌浚重建，吴廷康辑志，可见二人关系密切，吴廷康重视传统文化是有政治上的需要和地方领导的要求。这也可以解释杨昌浚为什么要安排一个管理监狱的吴廷康去处理玉皇山福星观重建的工程，一方面是对吴庭康的信任，另一方面也是吴庭康本人热心宗教文化事业，对传统宗教保持一个比较宽容的态度。吴廷康本人也有很高的传统文化素养，对太平天国运动中被破坏的代表传统文化的

---

① 马其昶：《桐城耆旧传》，第399页。

② 原文如此，查无此庙，应该为误，可能是伍公庙，伍公庙也称英卫公庙，祭祀伍子胥。

③ 参见丘复：《愿丰楼杂记》，哈尔滨：黑龙江人民出版社，2009年，第362页；王永宽主编：《中国戏曲通鉴》，郑州：中州古籍出版社，2008年，第812页；来裕恂：《杭州玉皇山志》，载王国平主编：《西湖文献集成》第21册，第642页；卓炳森：《玉皇山庙志》，载王国平主编：《西湖文献集成》第25册。

④ 徐烈妇，原名为吴宗爱，字绛雪，永康人，才色俱艳，嫁同邑诸生徐明英。康熙十三年（1674）耿精忠在福建谋叛，其总兵徐尚朝将犯永康县境，声称以绛雪献者可免。时绛雪已寡，为救一邑生灵，遂归之，诱其出境，即投崖以殉。

⑤ 林公为林汝霖，侯官（今福州）人，字小岩，咸丰间，任职仁和（今杭州）典史。太平军破杭州时，其母、姐及妻、女均自缢死，而林衣朝服坐堂，被杀。太平天国运动后，杭州士人将其初葬于仁和捕署大堂西首，后于同治六年（1867）迁葬于杭州西湖孤山。当时值清王朝同治中兴，清廷对林氏之阖门死难，颇觉有宣扬之必要，故迁葬时甚为优隆。其时浙江巡抚马新贻奏请"公捐建祠，列入祀典"，清廷即"遵议恩准"，以"励忠节而顺舆情"。《西湖林公祠志》为当时修建林氏祠墓的实录，为吴廷康所辑。参见吴廷康辑：《西湖林公祠志》，载王国平主编：《西湖文献集成》第25册，第1289页。

传统宗教自然是持同情态度。另外在战争中失去爱女之恨的经历也让吴廷康对太平天国运动所造成的破坏有切肤之痛。

图 2.8　林汝霖像①

　　吴廷康对宗教的态度还可以通过其做的一篇《重建吴山英卫公庙碑》碑刻看出来，原文如下：

---

　　①　吴廷康辑：《西湖林公祠志》，载王国平主编：《西湖文献集成》第 25 册，第 1290 页。

重建吴山英卫公庙碑

神以卫民也，民不能忘者，即为法所不可废，于是乎有祠祀之典。《记》曰："能御大灾，则祀之。能捍大患，则祀之。"盖天地间忠孝正大之气，在天为星辰，在地为岳渎，其魄曜常存于两间，流行鼓荡，历久不衰，倘所谓至大、至刚者耶？粤稽浙江滨海诸郡，皆设海塘，而杭、嘉、绍三郡，塘工尤为险要，岁有修筑。海宁当江海冲激，尤在宜防。汉唐以降，险要所在，屡易其名，江流迁徙无常，历代兴修，载在史册。明洪武后，曲江北驶，海潮逆上，凡五大险，皆非人力可施。祷于神祠，海沙骤涨，或数十里，或百余里，民赖以安。我朝德冠百王，怀柔四裔。向若不波，川后效职，推溯潮汐之源，惟神实司其柄。乃饬大吏讲求捍御之法，命发帑金饰庙崇祀，敕封英卫公。自雍正三年来，石塘巩固，杭人士庶罔不戴圣德而沐神庥。迨咸丰辛酉，粤匪窜扰，庙毁于火，故址虽存，神栖无所。洎自同治改元，恪靖伯左爵相奉命援浙，统师东来，其时偕升任广东中丞蒋公，今中丞杨公，各统劲旅，分路进剿，元凶剧寇，次第歼除。全省肃清，乃办理善后事宜，修举废坠。于同治十有三年，经合郡绅士韩钦、卓炳森等禀请中丞，饬塘工局拨款建复，委廷康经理其事。其时，吴山《庙志》无存，绅士丁丙出旧藏《伍公庙志》借抄，始得楚江渔父、史贞女事实，并禀中丞，饬发书局刊刻立案，增塑渔父、贞女二像，以垂永久。又从程大令步庭借得《溧阳县志》，考定史贞女事迹，及太白所撰碑文，附刻于后。是役也，计立庙大工，经始于同治十二年，至十三年秋落成。按《史记》："公既浮于江，吴人立祠江上，命日胥山。"山以神名，今称吴山，记其地之在吴也。宋《庙记》云："伍大夫庙适当山首，东临通衢，左江右湖，形胜所据，载入祀典。"宋真宗大中祥符五年，江涛毁岸，遣官致祭，涛势骤息，始追崇神先世及神妃封爵，并肖从人像，而渔父、贞女不与焉。嘉祐间，为祈晴祷雨之所。至南宋时，水失故道，激荡颓岸，始筑堤坝，建英卫阁于吴山，以祈默佑。于是，潮挟沙入，一夕坝成。元天历间，潮没海宁州境之半，乃遣使奉御香，祀以太牢，遂有横沙之应。自有明景泰迄今，代崇礼祀，有加无已。吴山立庙，盖已有年，至神之事迹，备载前史。当父被难时，棠君既以孝殉父，神则未宦于楚。及其委质事吴阖庐，为复父仇，神固吴之宗臣也。以死报吴，毕于所谏，君臣之大义彰矣。逮越人吴，犹能以风雷却退越君，使不得入。迄今吴之南门，名日胥门。是神忠勇大节，不仅著于生前，所谓执忠履信，死贵于生者欤？而或谓以智死昏，有议其报楚为过者，是不知《春秋》之义者也。及其忠愤未伸，依潮往来，一日再至，激吴拂越，毕怒于楚，有亡国之恨焉。至今为钱塘捍潮，有祷辄应，神之不忘吴人，吴民又乌能忘神哉？由春秋来，上下三千余年，享祀不忒，宜矣！乃为神弦之词以祀神，其词日：

揽斗柄兮拂彗星，撼山岳兮驱风云。太白下摄兮天吴上腾，排阊阖兮叩帝阍。怀山震荡兮阳侯惊，值鹭羽兮建鼍鼓。驰白马兮江之浒，弭突怒兮卫吾民。朝发扶桑兮夕层城，飞楼岌岌兮吴山阴。兰浆兮杜醑，荐馨香兮容与。神来

假兮乐胥宇，灵旗飘忽兮杂风雨。世戴德兮昭明禋，江海永
奠兮洪涛平①。

该篇碑文开篇就点明吴廷康对传统宗教的态度，"神以卫民也，
民不能忘者，即为法所不可废，于是乎有祠祀之典"，可见其认
为"神灵之属"要作用于民，有利于民生、有利于地方百姓才
可以。吴山英卫宫庙祭祀的主神就是春秋末期有名的吴国大夫、
军事家伍子胥。对伍子胥的民间信仰有一个历史发展的过程，经
过多次变迁，从碑文中也可以看出其从先秦时期的一名忠义之士
变成能够控制杭州一带海潮泛滥、巩固防治海潮的石塘的水神，
在钱塘江沿岸有着广泛的影响。可见吴廷康虽然热心宗教事业，
但也和其他大部分地方官员一样是一名"实用主义者"，认为传
统宗教有益于地方社会、能够稳定民心才给予支持。

三　地方乡绅卓炳森

卓炳森是复兴福星观的关键人物。民国《杭州玉皇山志》
上说："公（卓炳森）鉴其（蒋永林）诚，首先联合城绅禀请杨
中丞拨款修复，嗣经宪委吴司马估计监工。公与之奔走穷山中，
不辞劳瘁，一切计画，半出于公。"② 民国《杭州玉皇山志》中
对卓炳森做了较为详细的介绍：

卓炳森，字连生，钱塘人。出身书吏。因在广东石龙地

---

① 金志章等修纂：《吴山伍公庙志》，载王国平主编：《西湖文献集成》第25
册，第672—674页。
② 来裕恂编：《杭州玉皇山志》，载王国平主编：《西湖文献集成》第21册，
第645页。

方防堵有功，授军功顶戴，就职。当公未署戎厅时，闻贼到石龙，乃办保甲，联合石龙、石湾等乡，督率壮勇渡河，奔救数次。咸丰丙辰六月，大水冲坍义祠，东廊撞破，百里之内，簪茔墓棺塔骸漂入洪流。公不避艰险，寓太平社，连日煮粥济饥，粤民德之。因著《救粤良诤》一书。石龙之民，赠以"龙溪保障"匾额。一日，民壮报有长龙贼艇两艘，由天涯亭外海驶来，乃轰炮逐散。时公坐三爬艇严巡，守望谨慎，甚为有力。后贼首何禄偕贼从何、赵等，由东江而上，至自坟前泛，水陆遍插红旗，招集会匪。公在南浦海日前泛，皆身当炮火，所向有功，因升补琼山县县丞。其在任也，东荒西旱，其情详载《刍言纪实》中。公于是时，建敦仁堂，广同善社，筑栖流所，造育婴堂，崇义勇祠，创惜字会，凡祷雨祈晴，巡河戒杀，无不竭力为之，以故政声昭著，人民歌颂。有诗一卷，刻以行世。

及归林下，正当发匪毁山观后。目睹残破情形，适值蒋老律师敲锒募建，公鉴其诚，首先联合城绅禀请杨中丞拨款修复，嗣经宪委吴司马估计监工。公与之奔走穷山中，不辞劳瘁，一切计画，半出于公。其始末详《沿革志》①。

笔者结合其他史料对卓炳森进行一个详细的考证。卓炳森，字莲生，浙江钱塘人，从最基层的书吏②做起。光绪年间卓炳森所辑

---

① 来裕恂编：《杭州玉皇山志》，载王国平主编：《西湖文献集成》第 21 册，第 644—645 页。

② 吏乃各衙门专办"房科之事"者，为衙门各房（部门）实际负责人。就制度而言分为经制书吏与非经制书吏之别。参见左平：《清代州县书吏探析》，《西华师范大学学报》（哲学社会科学版）2011 年第 6 期。

《玉皇山庙志》的《序言》由其本人所写，落款为"光绪七年夏
□月□日，钱塘卓炳森谨序，时年七十"，故推断其为嘉庆十六
年（1811）到十七年（1812）生①。他虽然是浙江人，但仕途经
历主要在千里之外的广东省。陈柏陶修的《东莞县志》记载卓
炳森咸丰元年（1851）由吏员任东莞京山巡检，和民国《杭州
玉皇山志》记载吻合。当其时，京山本地多强盗，久不得禁，
为地方一害。卓炳森上任后首先惩办了多名地方恶霸，亲自带队
逮捕了地方上的积匪冯鸭、仔生、王英等，另外还悉心排解当地
严重的大姓之间的械斗。值得一提的是咸丰四年（1854）红巾
军暴动，在邑令华廷杰的带领下，卓炳森"率平康祥和社练勇
扼对河去路"，堵住红巾军何六头目，并配合华廷杰击败红巾
军，成功解除邑城危险，获得上司的赏识，授军功顶戴②。陈柏
陶修的《东莞县志》记载咸丰五年（1856）卓炳森调任石龙县
丞，剿灭号称"新何六"的土匪；同时卓炳森在公署前放置供
百姓投诉的箱子一个，对所投诉的案子他均公正执法，无一遗
漏。在石龙任县丞的时候，卓炳森相当重视并采取多项措施促进
石龙地方文化的建设，对外驱赶到中国传教的外国传教士，对内
邀请地方上名声较高、行为端正的乡绅在当地讲学③。瑞麟、戴
肇辰等修的《广州府志》上记载卓炳森于咸丰八年（1858）调

---

①　杭人有虚岁习俗，故这样推断。卓炳森编：《玉皇山庙志》，载王国平主编：
《西湖文献集成》第25册，第1238页。
②　陈柏陶修：《东莞县志》卷二十五《经政略四》，载《中国方志丛书》华南
地方·第五十二号，第1179—1181页。
③　陈柏陶修：《东莞县志》卷五十一《官绩略三》，载《中国方志丛书》华南
地方·第五十二号，第1900页。

任广东省番禺县县丞①。卓炳森在广东地方上任职的时候正值清帝国内有太平天国运动、外有列强入侵的内忧外患期间，当时军机大臣给两广总督黄宗汉的上谕中提到任番禺县丞的卓炳森在咸丰九年（1859）受广东巡抚柏贵委派，随同当时敌对的英、法人员请见提督②。可见卓炳森在广东沿海任地方官时不可避免地接触到了西方世界，对西方文化对中国传统文化的冲击有一定的感受，故其在任上驱赶西方的传教士。同治元年（1861）卓炳森升任知县，但具体地方不详③。期间卓炳森还在广东海丰县等地为官，他热心当地宗教事业，在当地朱明洞摩崖石刻群有关于宗教的题刻留存④。吴廷康写的《重建吴山英卫公庙碑》记载卓炳森在同治年间还大力支持重建吴山伍公庙，该庙主要祭祀春秋末期吴国大夫、军事家伍子胥⑤，在太平天国运动中被毁。卓炳森还有《救粤良诤》《刍言纪实》及诗一卷等著作，可惜笔者并未查阅到其存世本。

① 瑞麟、戴肇辰等修：《广州府志》卷二十六《职官表》，载《中国方志丛书》华南地方·第一号，第445页。

② 中国史学会主编：《中国近代史资料丛刊：第二次鸦片战争（四）》，上海：上海人民出版社，1978年，第53页。

③ 陈柏陶修：《东莞县志》卷五十一《官绩略三》，载《中国方志丛书》华南地方·第五十二号，第1900页。

④ 博罗县地方志编纂委员会编：《博罗县志1979—2000》，广州：广东人民出版社，2011年，第92页。

⑤ 金志章等修纂：《吴山伍公庙志》，载王国平主编：《西湖文献集成》第25册，第672—674页。

图2.9　晚清时期重建后的伍公庙正殿①在太平天国运动中被毁

另外，卓炳森对传统宗教的态度还可以从其所写的《重建玉皇山庙志序》中体现出来。《序》原文如下：

重建玉皇山庙志序

玉皇山，志作玉龙山，音之同也。自来山水舆地，每以音同字异，各持一说，要之记载与考据之实，皆不系此也。

---

① 金志章等修纂：《吴山伍公庙志》，载王国平主编：《西湖文献集成》第25册，第626页。

浙省山源，发于徽歙之王山，由天目转北高峰，蜿蜒至玉皇山；而势若一耸，其气脉则潜伏于慈云、万松二岭，而又若昂其势以入城。是城中之山脉，远自王山，近即玉皇山也。形家谓离龙入城，最多火患。宋季来，火患之多，动辄千百家，志乘载之详矣，安得以形家言而忽之？我朝雍正间，李敏达公抚浙，悯火患之盛，于山巅开日月池，建玉皇真武殿与斗阁；又于山腰安七星铁缸，紫阳山安坎卦石，取水以制火义，而灾果少止。嗣中丞吉陈公历有修整碑记，均存。道光三年，程月川中丞莅浙，谕民易竹壁以土砖。又于慈云岭增建真武殿、观音洞，与伍公山口各安坎石。对万松岭近城处，则安七星缸，所以镇厌而保护之者，更周且密。时森读律抚署，故知之甚详。咸丰庚辛之乱，旧建均毁。……慨然思为兴复，商之徽友游星朗大善士，欣然允助，因合禀于李中丞饬局委勘；旋又禀局转请杨中丞建复，而尤幸监是工者，为吴司马廷康。吴君久于浙，而又好古乐善者也。虚怀商定庙宇，星缸悉复如旧，即坎石之安置，亦无遗而有加焉。并建复伍公庙，亦吴君董理。告以从前戏台可不复建，惧多一台即多一淫戏场也。吴君深为然。又与程司马步庭搜求溧阳志书，增设"渔父济渡""浣女赠饭"故事，使千古义烈，可风世而垂久。是非实事求是，不以工程为利者，而能若是乎。《伍公庙志》板存书局，未得请观，因叙玉皇山而推及之，以并传不朽。并以见二处之兴举，皆吴君力耳。谨将请复之禀牍与夫从前碑记，并此示之，诗汇集而付手民，所以彰抚我浙者之德。而祝融之患，果于焉永息，益以见上天之垂爱与大宪之用心，其感应固有，几希不爽者。今蒋羽士又自建碑坊与灵官三清殿、报本堂、客房，挂单接众，居然为省南一大丛林矣。此尤喜出望外者也。

光绪七年夏月日，钱塘卓炳森谨序，时年七十①。

在《重建玉皇山庙志序》中，卓炳森首先介绍了福星观七星缸在风水上有镇压火灾的作用，并且认为虽然七星缸的设置为"形家之言"不足信，但是关系到杭州省城众多老百姓的生命财产安危，也应该引起地方政府的高度重视。其次梳理了历任浙江地方官对七星缸的重视，尤其强调了雍正朝在浙江为官、有极高威望的李卫首先于"山巅开日月池，建玉皇真武殿与斗阁；又于山腰安七星铁缸，紫阳山安坎卦石，取水以制火义"。再次，卓炳森以伍公庙的戏台为例强调宗教在社会教化方面的作用有利有弊，应该发扬有利于社会的一面。最后，卓炳森认为这样做充分体现了地方政府和官员对普通百姓疾苦的重视，充分彰显了"抚我浙者之德"的优良传统作风。可见，卓炳森是站在地方政府的角度思考宗教在社会中的作用，对宗教的认识还是比较全面的。他认为宗教对社会是有利有弊的，地方政府应该支持其对社会有利的一面，尤其是在推广教化和体现地方政府"德政"方面可以发挥巨大作用；其次是规避、打击传统宗教对社会不利的一面。

四 其他重要的地方官员和乡绅

除了杨昌浚、吴廷康、卓炳森等对玉皇山福星观重建起到决

---

① 卓炳森等辑：《玉皇山庙志》之《重建玉皇山庙志序》，载王国平主编：《西湖文献集成》第25册，第1237—1238页。

定作用的地方官员和乡绅外，还有一批对玉皇山福星观的重建起到一定作用的士绅，比如曾国霖、德馨等人。他们或是主管部门官员，或是地方父母官，或是积极奔走为玉皇山福星观寻求帮助的地方乡绅，故我们也需要对他们一并进行考察。

　　曾国霖　玉皇山福星观重建时期，曾国霖任钱塘知县，为玉皇山福星观所在地的父母官，也是直接参与重建玉皇山福星观的地方官员之一。顾廷龙编辑的《清代朱卷集成》中对其有简单介绍：

> 　　曾国霖，字雨人，一字驭仁，号晴初，别号雯馆生□□□□□□。道光壬辰年四月二十一日吉时生，系河南直隶光州固始县恩贡生。正白旗汉教习民籍①。

　　从中可以看出，曾国霖 1832 年生，为河南光州直隶州下辖固始县人。顾廷龙编辑的《清代朱卷集成》中记载曾国霖为恩贡生②。朱保炯、谢沛霖编写的《明清进士题名录索引》上记载其为同治二年（1863）癸亥恩科第二甲 25 名进士，第一甲第三名为晚清重臣张之洞③。由此可见其在科举上较为成功，从此之后走上仕途之路。现在有据可查的曾国霖仕途资料主要记载了其在浙为官的情况：晚清张宝琳修的《永嘉县志》记载曾国霖同治四年（1865）署永嘉县知县④；当代王克文主编的《湖州市

---

　　①　顾廷龙主编：《清代朱卷集成》第 25 册，台北：成文出版社，1992 年，第 321 页。

　　②　贡生，俗称"明经"，是指明清两朝秀才（又称生员）成绩优异者，可入京师的国子监读书，称为贡生。

　　③　朱保炯、谢沛霖编：《明清进士题名录索引》，载沈云龙主编：《近代中国史料丛刊续编》第七十九辑，台北：文海出版社，1981 年，第 2821 页。

　　④　永嘉县地方志编纂委员会整理：《永嘉县志》上，北京：中华书局，2010 年，第 397 页。

志》记载其同治五年（1866）署乌程知县①；民国龚嘉俊修、李榕纂的《杭州府志》记载其同治十一年（1872）出任钱塘县知县②。可见，曾国霖为科班出身，仕途主要在浙江，并且长期在基层就职。

另外民国重修岳陵事务所编录的《重修浙江西湖岳忠武王庙墓征信录》中收录了曾国霖所写"中州正气"联额，可见其也和其他地方官员一样比较重视地方上的教化工作③。

德馨　官至江西巡抚。光绪二十一年（1895）因"贪婪荒纵"等被革职，《清史稿》等正史中无传。中国第一历史档案馆所藏《清代官员履历档案全编》中记载了德馨同治七年（1868）五月二十八日之前的履历：

> 奴才德馨，镶红旗满洲人，年三十三岁。由现任刑部郎中，因在工出力保奏，同治四年十月十六日奉旨署以知府，不论双单月，各项正班先在任，候选先换项戴，钦此。今岁掣江西临江府知府缺，敬善履历。恭呈御览谨奏④。

从中可以看出德馨为满族，1835年⑤生，三十三岁即为正五品刑部郎中，仕途起点很高。同治七年（1868）"掣江西临江府知府缺"，德馨等修、朱孙贻等纂的《临江府志》中也有"德馨，满

---

①　王克文主编：《湖州市志》（下卷），北京：昆仑出版社，1999年，第1534页。

②　龚嘉俊修，李榕纂：《杭州府志》，载《中国方志丛书》华南地方·第一百九十九号，第1976页。

③　重修岳陵事务所编录：《重修浙江西湖岳忠武王庙墓征信录》，载王国平主编：《西湖文献集成》第25册，第244页。

④　秦国经主编：《中国第一历史档案馆藏清代官员履历档案全编》第26册，上海：华东师范大学出版社，1997年，第714页。

⑤　或为1836年生，有实岁和虚岁的区别。

洲人，生员，同治七年任；德馨，同治十一年再任"的记载①。
晚清重臣曾国藩的弟弟曾国荃在《河神粟大王祠记》中记载德
馨光绪二年（1876）时升任正四品的河南开归陈许道，主持修
建了保护黄河的河神粟大王祠②。开归陈许道位于战略要冲，职
位往往为满族和蒙古族的官员所据，可见此时德馨深得清廷的信
任③。民国沃丘仲子所著《近代名人小传》中对其后半生进行了
简单介绍：

> 德馨
>
> 　　馨以浙江臬司，受知彭玉麟，荐擢江西巡抚。广通贿
> 赂，畜家伶，其衣饰皆属吏所献。寿日适日侵辽左，而馨不
> 顾，以兵轮载沪上优伶至南昌演剧，匝月所收货贝珍异值五
> 十万，为台谏所劾，张之洞查复得实。德宗蒋戍之军台，赖
> 世铎救，仅褫职。戊戌政变，复夤缘荣禄，起为某地副部
> 统。遂卒。传其宠妾多秽行，所私则娈童也，一日馨适遇
> 之，愤极，一蹶遂殂④。

其到浙江任职时间不详，大约在光绪朝初，直到他到江西任巡
抚，应该在浙江任职数十年。从后人对他的评价来看，其为官
"广通贿赂，畜家伶"，不被人赞许，但在杭州西湖有多篇文墨
留存，如为纪念平定太平天国运动的得力干将"刘典"而建的

①　德馨等修，朱孙贻等纂：《临江府志》，载《中国地方志丛书》华中地方·
第一百零八号，第 115 页。

②　参见曾国荃：《河神粟大王祠记》，载曾国荃：《曾国荃集》第 6 册，长沙：
岳麓书社，2008 年，第 229—230 页。

③　梁元生著，陈同译：《上海道台研究——转变社会中之联系人物（1843—
1890）》，上海：上海古籍出版社，2003 年，第 23 页。

④　沃丘仲子：《近代名人小传》，武汉：崇文书局，1918 年，第 77 页。

"刘典祠"题联①，为纪念在浙江有德政的前浙江巡抚"赵士麟"而建的"赵公祠"题联等②。

德馨在浙任职期间有由其所写的《辟火图碑》和《众安桥岳忠武王庙记》值得提及，从中可以分析其对宗教的态度。《辟火图碑》全文如下：

辟火图碑

壹六之精，龟蛇合形。《真武辟火图》，能返风灭火，屡著灵验。浙省多火灾，宜悬此图镇之。择光绪八年，岁在元黓敦□，毕阳□月壬辰日辛亥时，日躔大梁，月离井，土在娄，木在昴，火在井，金在胃，水在奎。吉辰命陈训导其晋摹篆，同善堂董事督工勒石，分置省城四隅，以析离龙之气，并备民间摹□云。

浙江承宣使者、长白德馨谨识③。

该碑刻于光绪八年（1882），由曾为"浙江承宣使者"的德馨所题写，主要作用是利用《真武辟火图》从风水的角度来镇压杭州城的火灾，其"能返风灭火，屡著灵验"，被放置在杭州城四隅"析离龙之气"。"辟火图"所反映的思想和方法与杭州玉皇山福星观的"七星缸"几乎一模一样，可见当时杭城火患确实为困扰全城上下的一大难题，从风水上来解释杭州火灾的观点被广泛接受，以至于防治火灾成为地方官员体恤百姓的一个很重要的表现。

---

① 金若水编著：《西湖楹联辑存》，杭州：钱塘诗社刊行，2003 年，第 96 页。

② 六艺书局编：《西湖楹联新集》，杭州：六艺书局，1931 年，第 49 页。

③ 民国《说杭州》回忆说："光绪八年，制辟火图碑三块，分置于鼓楼、下城水星阁及众安桥关帝庙壁间，用于祛火。"现保存一块，收藏在杭州市孔庙内。参见杜正贤主编：《杭州孔庙》，杭州：西泠印社，2008 年，第 124 页；钟毓龙：《说杭州》，载王国平主编：《西湖文献集成》第 11 册，第 475 页。

　　另外一块由德馨书写的《众安桥岳忠武王庙记》① 为纪念重建杭州岳忠武王庙而作。该碑刻于光绪七年（1881），由德馨撰文并楷书。碑文首先记录了吴廷康②考证得出的"岳忠武王"岳飞初葬于杭州众安桥螺蛳山的结论。后又记录吴廷康在地方政府的支持下积数十年之力努力重建纪念岳飞的"岳忠武王庙"，却最终未能见其完成而去世。其间德馨也参与其中，在众人努力下最终完成庙宇的恢复。德馨之所以积极奔走，一方面是有吴廷康等人的呼吁；另外更重要的是，以德馨、吴廷康等地方官员、士绅为代表的阶层普遍认为，岳飞的事迹"上自士大夫，下至担夫、牧竖"无不受其影响，有着极其重要的"教忠劝孝"的作

---

　　① 《众安桥岳忠武王庙记》原文如下："尝读《岳鄂王传》，每叹当日杀身成仁之难，而后世慨慕流连忠孝之入人深，又如是其易也。浙江为王授命之地，上自士大夫，下至担夫、牧竖，道王轶事，无不感激起舞者。栖霞之麓既以改葬，王故有茔有庙，而众安桥螺蛳山为王初瘗处。忠魂碧血依恋于兹，年代久远几于湮没。前平湖丞吴君廷康考得其地，奋志劝购，因以立庙。当吴君创议时，先曾祖尚书公方抚浙，深嘉其意，将玉成之。会尚书公去浙，咸丰庚辛以来，时更兵燹，屡致中辍，吴君力主其事，历久不衰。至今上建元庙，制粗就旋，以费绌止工。迨于旬宣是邦，吴君以先尚书公之志来告，并以钩摹纯庙御书伟烈纯忠匾，请列先尚书公职名。盖在道光初年，先尚书公将筹建是庙，曾属其摹刻恭悬敬藏稿本。德馨不敢失坠，载在行箧，敬谨展谛，若合符节亟，首输廉银，并劝寅僚各展其力。逾年之间，凡工之未竟者以次告□缭垣，墙涂丹粉，宋□□□，堂庑寝筵，巍焕有加，齐□之所，居守之庐，莫不毕备。庑下列诸将之有战功者，择其要领，备为标识。赤文绿字，焜耀楔楯。省门士庶、远方之人咸来瞻视，小大稽首，忠孝之意，油然而生。吴君年已八十有三，及植鄂王神道崇碑之日，遂以微疾辞世。呜呼！可谓与庙工终始者矣。夫神道设教，古所不废，山水祠宇之胜，游人过之，犹且低徊而赋诗，况以王之移孝作忠，觥觥大节独为其难，其感动人心尤非寻常名胜可比拟。先尚书公教忠劝孝之深意积数十年之久，赖吴君经营之力，德馨适获观其成，是亦有数存乎？其间非人力所可争者。吴君既没，黄岩丞杨君葆光复为校议善后各事，列之档册，勒之梨枣，冀庙貌常新，成而不毁。语云莫为之后，虽盛弗传。诚能以时修葺，永永无穷，弗使榛□荒芜，致鄂王灵爽所凭依比之浮屠、老子之宫而弗若，是尤所望于后之君子者也。光绪七年岁在辛巳冬十一月，护理浙江巡抚旬宣使者、长白德馨谨识。"参见杜正贤主编：《杭州孔庙》，第9—10页。

　　② 关于吴廷康的生平参见本书第三章第二节地方官员吴廷康部分。

用，地方政府要通过恢复和维持"岳忠武王庙"，使"鄂王灵爽所凭依，比之浮屠、老子之宫而弗若"。可见，在德馨等人的视野中，宗教信仰最重要的作用是"教化"，所谓"教忠劝孝"，即利于地方政府对整个社会体系的维持，尤其是在太平天国运动对旧社会秩序进行了破坏后，这种宗教、信仰上的教化作用就显得得加重要。

高念曾　参与玉皇山福星观建设的最早的乡绅之一。钱塘人，光绪元年（1875）乙亥恩科举人①，同治六年（1867）举人，支持浙江近代著名教育家周绳正创建杭州首家义学——杭州宗文义塾②，重建玉皇山福星观时任候选训导③。此外，对玉皇山福星观重建起到作用，有据可考的地方士绅还有杭州知府龚嘉俊④、浙江布政使卢定勋⑤、地方乡

---

①　顾廷龙主编：《清代朱卷集成》第263册，第361—364页。

②　余承庚：《杭州宗文义塾与周士涟》，收入杭州古都文化研究会、金都房产集团编著：《杭州古都文化研究论文汇编》，杭州：内部出版，2004年，第116—117页。

③　见来裕恂编：《杭州玉皇山志》卷五下《名贤下》，载王国平主编：《西湖文献集成》第21册，第645页。

④　龚嘉俊、陶应昌编著的《云南历代各族作家》引用民国《新纂云南通志》考证了龚嘉俊的生平："龚嘉俊，字幼安，昆明人。咸丰丙辰（1856）进士，官主事，外任杭州知府，卒于杭州。龚嘉俊为官康洁，殉后家无余财，其妻留浙江，寄居云贵会馆。龚嘉俊工诗，其诗雅丽工细，七律佳句尤多。著有《桐音馆诗集》六卷。"晚清龚嘉俊自己主持修撰的《杭州府志》中也记载："龚嘉俊，昆明人，进士，九年二月署。"参见陶应昌编著：《云南历代各族作家》，昆明：云南民族出版社，1996年，第601页；龚嘉俊修、李榕纂：《杭州府志》，载《中国方志丛书》华南地方·第一百九十九号，第1955页。

⑤　卢定勋，玉皇山福星观重建时任浙江布政使，为玉皇山福星观的重建起到了较大的作用。秦国经主编的《中国第一历史档案馆藏清代官员履历档案全编》咸丰地方乡朝中收录了其任广西桂林知府前的履历如下："卢定勋，现年四十八岁，系江西广信府上饶县人，由附生中式。道光十二年壬辰科本省（接下页）

乡试举人，二十一年辛丑恩科进士，殿试三甲，以部属用，签分户部福建司兼山东司行走。二十八年十一月随前任大学士宗室耆英、现任尚书朱凤标前往山东查办盐务。二十九年二月随前任大学士宗室耆英、前任闽浙总督季芝昌前往浙江查办事件，在途闻讣母忧，回籍。咸丰元年服满到部当差。三年九月襄办顺天粮台总局文案。四年六月补陕西司主事，七月随现署礼部右侍郎宗室载龄、现任成都将军崇实前往四川查办事件。五年七月经户部以承办军需出力保奏，奉旨遇有该部员外郎缺出，即行补用。八月补江南司员外郎。六年三月经顺天府以襄办粮台总局文案出力保奏，奉旨赏加知府衔。十二月补四川司郎中。七年九月捐免历俸截取，奉旨记名以繁缺知府用。八年三月京查一等，奉旨记名以道府用。本年七月二十六日奉旨补授广西桂林府遗缺知府。"晚清重臣翁同龢在自己的日记中也记载："（咸丰十一年七月）三十日……广西桂林遗缺知府放卢定勋。"固可以推断卢定勋出生于嘉庆十八年（1813），江西广信府上饶县人。道光十二年（1832）中举人，道光二十一年（1841）辛丑恩科名列第二甲第21名，留京任户部福建司兼山东司行走、陕西司主事、江南司员外郎、四川司郎中等职位。咸丰十一年（1861）在仟广西桂林府知府，后其在广西、直隶等地任职，同治二年（1863）在广西梧州剿灭为害的土匪"古金四"。在直隶支持重建在捻军战乱中破坏的保定莲花书院，支持新建大名县文庙等。曾国藩奏稿中也记载："同治九年八月初四日内阁奉上谕：'卢定勋着调补浙江布政使。'"可见同治九年（1870）卢定勋被调往浙江任布政使，其在任上支持组织复建太平天国运动中受到破坏的杭州昭忠总祠。在甘肃任职的左宗棠还多次向时任浙江布政使的卢定勋请求在经济上接济甘肃。另外值得一提的是卢定勋对待美国传教士的态度，沈建中、许俭在《司徒雷登与西湖》中记载了一则卢定勋与传教士交往的故事："斯图尔特夫妇是以美国南长老会布道团成员的身份来杭州的。在此之前，南长老会布道团选择在西湖粮道山上建址，这里是吴山的一部分。布道团之屋居高临下，山坡上则为庙宇和官吏的居所，而正对着的是位于今高银街一带的浙江布政使卢定勋的衙门（即藩署）。……正在洋人之屋与藩台衙门上下为邻之时，卢定勋家里却出了大问题：他的两个儿子先后得病而丧。这使清道光二十一年（1841）的卢老进士感到十分悲伤，占卜者遂将原因归咎于洋人所带来的邪气，必须驱邪。于是，卢定勋就与传教士们协商，拟以下城武林门内荒地10余亩（合约0.67万平方米）拨给布道团，请其搬迁，布道团最终同意了卢定勋的要求。……落成之日，卢定勋赠'胡郝礼拜堂'木匾一块。"参见秦国经主编，唐益年、叶秀云副主编：《中国第一历史档案馆藏清代官员履历档案全编》第3册，第564页；翁同龢著，翁万戈编，翁以钧校订：《翁同龢日记》第1卷，上海：中西书局，2012年，第160页；朱保炯、谢沛霖：《明清进士题名录索引》，载沈云龙主编：《近代中国史料丛刊续编》第七十九辑，第2800页；庚裕良、陈仁华：《广西会党资料汇编》，南宁：广西人民出版社，1989年，第263页；柴汝新、苏禄煊：《古莲花池碑文精选》，保定：河北大学出版社，2012年，第84—86页；曾国藩撰：《曾国藩全集》第12册，长沙：岳麓书社，2011年，第12、110页；丁丙辑：《庚辛泣杭录》，收入王国平主编：《西湖文献集成》第9册，第611—613页；左宗棠：《左宗棠全集：书信》第2册，长沙：岳麓书社，2009年，第504页；沈建中、许俭：《司徒雷登与西湖》，杭州：杭州出版社，2007年，第12—13页。

绅姚光宇①、杭州同知余庭训②等人。

①　姚光宇，晚清冯煦等编《溧阳县续志》中对其有详细的介绍："姚光宇，字季眉，一字寄湄，性沉静，有识量。弱冠补弟子，援例以县丞分发浙江，大吏察其能□，赴营次襄办衔营文案，坚守危城保知县。左文襄宗棠、蒋果□益督师入浙，任以军糈重务。全浙肃清，檄署会稽县事。大乱甫平，疮痍满目，光宇筹办善后，保卫赈恤，悉臻妥洽。寻调署鄞县，县滨海，多外洋交涉事。光宇初下车，首清积牍，与各国领事约地方公事不得过问，中外词讼不得偏袒。会洋商于甬东桃花渡口联巨舟为浮桥以罔利，渡夫无以为资生，夜鑿其舟。洋商挟忿诉于官，光宇判令，每岁所入桥赀以五成津贴渡夫，促洋商签字。洋商难之百计，上控，卒如所判，遂为定章。文襄迁闽，督马端敏新贻继抚浙，交章奏请破格补鄞县，调仁和。时举敏开藩浙中，光宇知无不言，言无不纳，用是百废俱举。尤言培值士类，优给书院膏火，集本邑高材生及寓幕客之善举业者为文社，秋□揭晓十隽，八九其文，裒然成集曰《湖坊课艺》，杭之人至今尤艳称之。历任海宁、平湖，擢中防同知。所至民有去思。洊保花翎知府，以道员用晋三品衔。以积劳成疾，卒于官。易箦时，自定日期，有传为某处城隍神者。天听自我民听，理或然欤。"参见冯煦等编：《溧阳县续志全》，载《中国方志丛书》华中地方·第四七一号，第90—91页。丁辉、陈心蓉：《嘉兴历代进士研究》，合肥：黄山书社，2012年，第403页。

②　时任杭州同知的余庭训，秦国经主编，唐益年、叶秀云副主编的《中国第一历史档案馆藏清代官员履历档案全编》收录了他的履历："光绪朝：余庭训，现年五十一岁，系安徽绩溪人，由监生报捐县丞，投效军营。同治四年五月因江西乐平等处肃清出力，保奏奉旨免选本班，以知县留于浙江尽先补用，并赏戴蓝翎。九年八月，因在本省抢办三塘柴霸出力，保奏奉旨俟补缺后，以同知尽先补用，遵例捐归候补班尽先补用。十一年十月补宁海县知县，遵例报捐，离任以同知仍留浙江尽先补用，加捐知府分发浙江试用。光绪九年六月初十日吏带赴内阁，经钦派大臣验放，十一日覆奏堪以发往，奉旨依议。"其在宁海任上倡导重修风水上"兴文"的文峰塔。同治十年（1884）八月署，十年十月再任杭州府同知。有著作《菽园诗余》《菽园十咏》等。参见秦国经主编，唐益年、叶秀云副主编：《中国第一历史档案馆藏清代官员履历档案全编》第4册，第145页；李城志、贾慧如：《中国古代堪舆》，北京：九州岛出版社，2008年，第168页；孙文光：《安徽历代词人知闻录》，收入安徽师范大学图书馆编：《安徽师范大学图书馆建馆六十周年纪念文集1928—1988》，芜湖：安徽师范大学印刷厂印，1988年，第196页；丁丙：《武林坊巷志》第8册，杭州：浙江人民出版社，1990年，第824页；龚嘉俊修，李楁纂：《杭州府志》，载《中国方志丛书》华南地方·第一百九十九号，第1960页。

第五节 余 论

从以上分析可以看出，玉皇山福星观重建是道教内部、地方政府、乡绅、善士共同努力的结果，其中地方政府和乡绅起着非常重要的作用。在太平天国运动中，道教作为传统封建社会的思想被太平天国运动排斥，受到毁灭性的打击，也让清王朝和在镇压太平天国运动中崛起的地方官员充分认识到道教在稳定社会方面的重要价值，这为太平天国运动后地方政府支持道教的恢复提供了思想政治基础。但是从前文的分析中也可以看到，地方政府对道教的支持是有限的，以儒士为主的地方官员比较排斥道教的鬼神之学，斥责之为"迷信"，对其支持仅仅体现在稳定地方、收拢民心的功用上。从玉皇山福星观的重建中可以看出，地方政府首先支持建设的不是道教宫观，而是能够镇压杭州城火灾、体现地方政府体恤百姓作为的七星缸，只不过七星缸为玉皇山福星观所管理，所以才帮忙建设福星观部分建筑。福星观获得地方政府支持的纽带是七星缸。可见，道教要获得地方政府的支持必须为地方服务，尤其是为地方民众服务，获得地方民众的支持是其能获得政府支持的必备条件。玉皇山福星观也是抓住了七星缸这一镇压杭州城火灾的设施而成为杭州城的福观，从而获得地方政府的支持而获得重建的机会。道教在近代虽然失去了皇家和上层社会的支持，但是到了地方上，地方政府往往会根据实际情况，或从维护地方稳定、或从体现地方政府政绩等角度出发给予道教一定的支持。

从士绅的角度来考察就会发现，支持玉皇山福星观重建的士绅有几个共同的特点：第一，他们大多长期担任地方官员，非常熟悉地方上的社会情况和风土人情，能够根据社会实际灵活地处理多方利益的关系。第二，他们经历过晚清时期内忧外患的时局，对内他们镇压太平天国运动，对"上帝教"异端有刻骨铭心的体会；对外，他们也面对过列强对中国的入侵，尤其是随之而来的西方强势文化，所以他们通常认为恢复传统文化就是恢复传统社会的现实需要。第三，他们大多接受的是传统儒学教育，很大一部分人还是科举取士出身，所以以维护传统文化为己任。李天纲教授在《三教通体：士大夫的宗教态度》中以宋明以降直到清代民国江南士大夫在乡镇之间的信仰生活为例，认为"儒家排斥'释道二氏'，大多是利益纠纷，而信仰上却存在一致性"，并认为这种现象的原因是"民间宗教"就是"中国宗教"，中国宗教沉在底下，儒、道、佛教是冰山尖角，露出海面，所以会出现士大夫对道、佛二教的支持态度①。但是从玉皇山福星观支持者的实际情况来看却与李天纲教授的观点刚好相反，地方官员和士绅为代表的"儒"往往从信仰的层面斥责道教为"迷信"，而从现实利益的需要出发支持道教。地方官员和士绅所面对的"这种现实的需要"往往与地方普通民众有关，道教等传统宗教在下沉到民间后迎合了普通民众的精神信仰需求，与地方上的民间信仰和民俗高度重合，难解难分。作为地方百姓的父母官和代表地方百姓利益发言人的乡绅自然要关注普通民众的需求，正是普通百姓的需要地方化、民间化了道教，所以

---

① 李天纲：《三教通体：士大夫的宗教态度》，《学术月刊》2015 年第 5 期。

才有地方官员和乡绅对道教的支持，这就是乡绅"为民请命"和地方官员"体恤百姓"的表现。

第三章　传播道统：玉皇山福星观光绪十一年传戒

　　传戒又叫放戒、授戒，演戒，通俗地讲是一种为出家的僧道或在家修行的教徒传授戒法的宗教仪式，佛教和道教均有此活动。道教全真派的传戒活动是一种很重要的宗教活动。元代全真派兴起后，道教内部各派系合流为全真派和正一派直到现在。正一派道士是通过举行授箓仪式作为道士入道和教阶的标志，全真派道士是通过全真丛林宫观的传戒仪式来作为道士法位和功行的标准①。陈耀廷高度评价近代全真派的传戒活动，认为"以开坛传戒的方式来加强对于道门弟子的训诫，就使得守戒从一种个人行为变成一种集体行为，一种强化和统一道教组织思想的行为，于是，开坛放戒和授戒，就变成了道教组织强化自身组织力量的举措。在放戒中，道门弟子从上至下形成统一的思想，变成一股统一的力量。放戒活动，成为一场'干部短期集训'，成为道门加强组织力量的手段，这是王常月的创造和贡献，也因此使得低

---

① 汪桂平：《清代全真道授戒的珍贵文存》，《世界宗教文化》2001 年第 1 期。

潮时期的全真道出现了龙门派人才济济、一时中兴的局面"①。根据尹志华的考证，道教历来重视戒律，传戒活动也早已有之，不过后来湮没无传②。一般观点认为，我们今天通常所讲的全真派公开的传戒活动开始于清代中期的王常月律师。其于顺治十三年（1656）在北京白云观设立了第一个戒坛，公开传戒，并获得了当时雍正皇帝的支持。获得官方认可后，王常月南下江南，在杭州、武当山等地广授戒律，收授弟子无数，至此龙门律宗大兴③。传戒活动也成为全真派道教开枝散叶、传播道统的重要宗教活动而流传至今。

　　鉴于全真道传戒活动的重要作用，在王常月之后，全国全真丛林宫观的传戒活动大兴。目前为止我们所知道的传戒宫观有北京白云观、武汉长春观、蕲州玄都观、留坝张良庙、沈阳太清宫、西安八仙庵、杭州玉皇山福星观、成都二仙庵、周至楼观台、浙江净名道院、乐清羊角洞、济宁常清观、镇海渊德观、西安八仙庵、南阳玄妙观等④。

　　杭州玉皇山福星观历史上至少有四次传戒，分别是：光绪八年（1882）龙门正宗第十九代弘道传戒律师蒋圆（永）林传戒；光绪九年（1883）龙门正宗第二十代弘道传戒律师朱圆亨传戒；

　　① 陈耀庭：《清代全真道派适应低潮时期的三项历史经验——全真三大师王常月、刘一明、闵小艮的启示》，赵卫东主编：《全真道研究》第 2 辑，第 144—162 页。
　　② 尹志华：《清代全真道传戒初探》，收入赵卫东主编：《全真道研究》第 1 辑，第 273—274 页。
　　③ 张魏青：《王常月戒律思想研究》，2010 年西南大学硕士研究生学位论文。
　　④ 资料主要来源于《清代以来全真宫观传戒简表》，此表为刘讯编辑，梅莉修改，附在梅莉：《民国〈湖北省长春观乙丑坛登真箓〉探研》一文后。参见梅莉：《民国〈湖北省长春观乙丑坛登真箓〉探研》，《世界宗教研究》2011 年第 2 期。

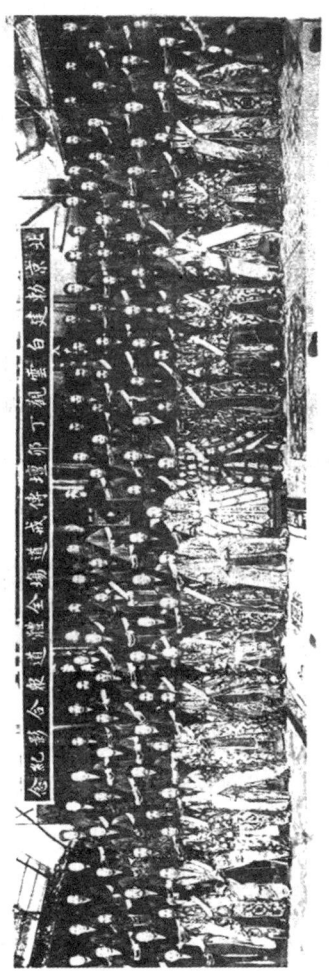

Group photograph of the Taoists of Pei Yun Kwan, Peiping.

图 3.1 北京敕建白云观丁卯坛传戒道场全体道众合影纪念①

---

① 《北京敕建白云观丁卯坛传戒道场全体道众合影纪念》，《新嘉坡画报》，1929 年，第 58 卷，第 11 期，第 12 页。

光绪十一年（1885）龙门正宗第十九代弘道传戒律师蒋圆（永）林传戒；光绪二十二年（1896）龙门正宗第十九代弘道传戒律师蒋圆（永）林传戒①。其中光绪八年（1882）龙门正宗第十九代弘道传戒律师蒋圆（永）林传戒和光绪九年（1883）龙门正宗第十九代弘道传戒律师朱圆亨传戒并未发现太多史料供我们研究。光绪二十二年（1896）传戒的历史参见笔者的硕士研究生毕业论文《晚清杭州玉皇山福星观传戒研究——以光绪二十二年传戒为中心》，在这里不赘述。本章节主要以光绪十一年（1885）第十九代律师蒋圆（永）林传戒历史为例来论述玉皇山福星观通过传戒与地方社会和其他道教宫观、教派的互动关系。

第一节　光绪十一年传戒整体情况

玉皇山福星观光绪十一年（1885）龙门正宗第十九代弘道传戒律师蒋圆（永）林传戒后留下的《杭州玉皇山福星观光绪乙酉坛登真篆》中的序言部分详细记载了本次传戒始末。原文如下：

玄都律坛浙江省古杭玉皇山福星观传戒篆序

盖闻道生德蓄，物长势成，夫莫之命，而常自然。夫戒乃道之根本，法之津梁，励后学舍妄归真，禁止之辞也。昔我道祖演斯戒律，原使吾侪同登道岸、共出迷津，而究极其

① 参见郭峰：《晚清杭州玉皇山福星观传戒研究——以光绪二十二年传戒为中心》，华中师范大学 2013 年历史学硕士学位论文。

终，总不外乎孝、悌、忠、信、礼、义、廉、耻八箴。遵守则圣可也，贤可也，仙可也，佛可也，神可也；违悖则妖可也，魔可也，鬼可也，禽可也，兽可也。每考古之圣贤仙佛，不从此八箴中得来者，几希矣。缘玉皇山创自唐宋，历有年来，按《志谱》名曰玉龙山。玉柱峰，唐时为采松花之因，及玉帝显圣，开山启建福星道院。郭朴时观此九龙蟠顶，万物来朝。庙内有鸳鸯二池，形象日月。松竹接集，云霞夺彩，绣壤纵横，田布八卦，银河荡漾，塘列九连。面之长江，横拖白练，背则西湖，低卧彩纱。左慈云岭、仙神洞、七星台之胜，右金波岭、普同塔、石朝宫之奇，实乃浙闽第一之名区也。而庙貌自入大清，从兵燹以来，瓦砾荒凉，而蓬蒿满目，荆棘牵裾。致蒋方丈云游至此，褐褛赤足，风雨不避，十方苦募，集腋成裘。又而冬不畏寒，夏不畏热，时人号为一异人耳。道通微妙，德感官僚，数载年来，庙貌重新如旧。方丈高卧深山，宁淡自适，卸家于法裔陈明峻。至陈监院接家以来，欲扬道化，苦志参玄，开立丛林，承先启后。敬慕方丈道德崇高，诚求演戒，并十方善信，亦聘请再三。方丈无何，只得奔驰于京都白云观，授法还山，择期传戒。

……

龙门弟子柯理超敬识①。

《玄都律坛浙江省古杭玉皇山福星观传戒篆序》中首先记叙了太

---

①　福星观印：《杭州玉皇山福星观光绪乙酉坛登真篆》序言部分，浙江省图书馆古籍部藏。

平天国运动后老方丈蒋永林重建玉皇山福星观的艰辛历程，其次讲授了本次授戒的缘起为"陈监院（陈明峻）接家以来，欲扬道化，苦志参玄，开立丛林，承先启后。敬慕方丈道德崇高，诚求演戒"。

本次传戒的律师依然为玉皇山福星观老方丈蒋永林，《杭州玉皇山福星观光绪乙酉坛登真箓》上记录如下：

> 龙门正宗第十九代弘道传戒律师上圆下林。蒋大真人系浙江省金华府东阳县人氏，丁亥相六月初七日亥时建生①。

另外民国甲申年（1944）来裕恂编著的《杭州玉皇山志》中收录了当年传戒活动留下的还放在玉皇山福星观观内的匾额一块，原文如下：

> 道贯三乘。
>
> 光绪十一年乙酉，第十九代蒋律师弘道传戒②。

蒋永林为玉皇山福星观中兴之师，前面已经有了较多论述，此处不提。值得注意的是其光绪七年（1881）到全真祖庭北京白云观参加了龙门正宗第十八代律师孟永才的传戒活动，受三坛大戒，获得传戒法名"蒋圆林"，传戒法名比巾冠法名低一个字辈③。至此从道统上来讲蒋永林获得了龙门正宗的传戒法统，所以在玉皇山福星观自己开展的传戒活动中，蒋永林自称为"龙

---

① 福星观印：《杭州玉皇山福星观光绪乙酉坛登真箓》戒师部分，浙江省图书馆古籍部藏。

② 来裕恂编：《杭州玉皇山志》之《斋堂匾额楹联》，载王国平主编：《西湖文献集成》第21册，第801页。

③ 郭峰：《晚清杭州玉皇山福星观传戒研究——以光绪二十二年传戒为中心》，华中师范大学2013年历史学硕士学位论文。

门正宗第十九代弘道传戒律师蒋圆林"。

在本次传戒仪式中有辅助律师传戒的十二位传戒大师，他们的具体情况统计如下：

表3.1　诸位大师情况统计表①

职位	传戒法号	籍贯	出生年月	受戒宫观和时间
证盟妙道大师	朱明亨	浙江省嘉兴府平湖县	辛丑相（1841）四月十五日寅时建生	京都白云观壬申期（同治十一年〔1872〕北京白云观龙门正宗第十八代弘道传戒律师孟永才传戒）
监戒妙道大师	冯至安	江南（江苏省）江宁府上元县	庚寅相（1830）十月二十八日申时建生	浙江本山癸未期（光绪九年〔1883〕龙门正宗第二十代弘道传戒律师朱圆亨传戒）
保举妙道大师	陈至峻	浙江杭州府仁和县	乙酉相（1825）二月初九日戌时建生	浙江本山癸未期（光绪九年〔1883〕龙门正宗第二十代弘道传戒律师朱圆亨传戒）
演礼妙道大师	范至受	浙江绍兴府上虞县	辛丑相（1841）十一月初五日寅时建生	浙江本山癸未期（光绪九年〔1883〕龙门正宗第二十代弘道传戒律师朱圆亨传戒）

---

①　福星观印：《杭州玉皇山福星观光绪乙酉坛登真箓》戒师部分，浙江省图书馆古籍部藏。另外民国甲申年（1944）来裕恂编著的《杭州玉皇山志》中收录了当年传戒活动留下的还放在玉皇山福星观观内的匾额一块，上面也记载了辅助传戒的诸位大师的职位和传戒法号，内容和《杭州玉皇山福星观光绪乙酉坛登真箓》基本一致。

职位	传戒法号	籍贯	出生年月	受戒宫观和时间
纠仪妙道大师	褚明炳	浙江湖州府归安县	癸丑相（1853）八月十六日卯时建生	浙江本山壬午期（光绪八年〔1882〕龙门正宗第十九代弘道传戒律师蒋圆（永）林传戒）
提科妙道大师	吴至能	浙江金华府东阳县	庚戌相（1850）十一月十三日吉时建生	浙江本山癸未期（光绪九年〔1883〕龙门正宗第二十代弘道传戒律师朱圆亨传戒）
登录妙道大师	郑至珍	江西广信府贵溪县	乙卯相（1855）十一月二十三日子时建生	浙江本山癸未期（光绪九年〔1883〕龙门正宗第二十代弘道传戒律师朱圆亨传戒）
迎请妙道大师	陈明海	安徽省颍州府霍邱县	壬寅相（1842）正月十二日丑时建生	浙江本山壬午期（光绪八年〔1882〕龙门正宗第十九代弘道传戒律师蒋圆〔永〕林传戒）
纠察妙道大师	陈明融	浙江湖州府安吉县	乙酉相（1825）正月十四日申时建生	浙江本山壬午期（光绪八年〔1882〕龙门正宗第十九代弘道传戒律师蒋圆〔永〕林传戒）
道值妙道大师	姚至亮①	江湖州府乌程县	戊戌相（1838）六月十八日卯时建生	浙江本山癸未期（光绪九年〔1883〕龙门正宗第二十代弘道传戒律师朱圆亨传戒）

① 民国来裕恂编的《杭州玉皇山志》中收录的当年传戒活动留下的匾额中也记载了诸位大师信息，但是道值大师登记为"姚明亮"。参见来裕恂编：《杭州玉皇山志》之《斋堂匾额楹联》，载王国平主编：《西湖文献集成》第21册，第801页。

职位	传戒法号	籍贯	出生年月	受戒宫观和时间
引礼妙道大师	褚明松	浙江绍兴府萧山县	庚寅相（1830）二月初五日申时建生	浙江本山壬午期（光绪八年〔1882〕龙门正宗第十九代弘道传戒律师蒋圆〔永〕林传戒）
引礼妙道大师	郑明行	浙江绍兴府会稽县	癸卯相（1843）八月二十七日酉时建生	浙江本山壬午期（光绪八年〔1882〕龙门正宗第十九代弘道传戒律师蒋圆〔永〕林传戒）

从中可见，光绪十一年（1885）龙门正宗第十九代弘道传戒律师蒋圆（永）林传戒活动中的诸位大师除了朱圆亨一人外，其他十一人均是在玉皇山福星观本观受的戒律。其中监戒大师冯至安、保举大师陈至峻、演礼大师范至受、提科大师吴至能、登录大师郑至珍、道值大师姚明亮的受戒期登记为"浙江本山癸未期"，应该指的是玉皇山福星观光绪九年（1883）龙门正宗第二十代弘道传戒律师朱圆亨登坛传戒仪式活动；纠仪大师褚明炳、迎请大师陈明海、纠察大师陈明融、引礼大师褚明松、引礼大师郑明行的受戒期登记为"浙江本山壬午期"，应该指的是玉皇山福星观历史上的第一次传戒活动，即光绪八年（1883）龙门正宗第十九代弘道传戒律师蒋圆（永）林登坛传戒仪式活动。在传戒仪式上，一般由受过戒律、德高望重的八位高道担任辅助律师传戒的大师，他们各有分工、各负其责：引请（迎请）大师"率众三请登坛"，登录大师"专司词表经牒"，提科大师"忏悔过愆"，纠仪大师"稽察勤惰"，演礼大师"教习礼法"，保举大师"荐引入戒"，监戒大师"背律考行"，证盟大师"指

授教典"等①。这八位大师是不可或缺的。除了这八位基本大师之外，一般传戒还会有"纠察大师""道值大师""引礼大师"等协助传戒。其中保举大师一般由传戒所在的丛林宫观监院担任，其他大师可以由多人担任。

本次授戒活动中证盟大师传戒法号登记为"朱明亨"，系浙江嘉兴府平湖县人氏，辛丑相四月十五日寅时建生，京都白云观壬申期。此次传戒仪式的传戒律师为蒋圆林（蒋永林传戒法号）。朱圆亨在此传戒活动中使用的传戒法号为"朱明亨"，比蒋永林的传戒法号"蒋圆林"还低一个字辈，这应该是对其师徒关系的一种遵从。朱圆亨于同治十一年（1872）八月到十一月间受戒于北京白云观第十七代传戒律师孟永才。蒋永林之后，朱圆亨接任玉皇山福星观监院和方丈，其在光绪九年（1883）传戒活动中就任龙门正宗第二十代传戒律师②。

本次授戒活动中监戒大师的传戒法号登记为"冯至安"，在玉皇山福星观光绪二十二年（1896）传戒活动中证盟大师传戒法号登记为"冯明安"③。同时玉皇山福星观教团的领袖，即本次授戒的律师蒋永林有一名弟子巾冠法号为"冯圆安"。晚清《玉皇山庙志》上记载冯圆安为江宁府上元县人，在浙江杭州府仁和县的仓桥水德道院从事宗教活动④。从籍贯上看，此三人应

---

① 白云观印：《北京白云观癸酉坛登真箓》，载王卡等编：《三洞拾遗》，济南：黄山书社，2005年，第186页。

② 郭峰：《晚清杭州玉皇山福星观传戒研究——以光绪二十二年传戒为中心》，华中师范大学2013年历史学硕士学位论文。

③ 福星观印：《杭州玉皇山福星观光绪丙申坛登真箓》戒师部分，杭州市图书馆藏。

④ 卓炳森等辑：《玉皇山庙志》之《分支各师》，载王国平主编：《西湖文献集成》第25册，第1261页。

该为同一人。其为蒋永林弟子，"冯圆安"为其道号，光绪九年
（1883）在玉皇山福星观受戒于朱圆亨律师。冯圆安虽然为朱圆
亨同辈的师兄弟，但是因为受戒于他，所以根据字辈诗降一字辈
获得传戒法名"冯明安"。在光绪十一年（1885）的传戒活动
中，因为传戒律师为蒋永林（其传戒法号为"蒋圆林"），朱圆
亨也参加了传戒活动担任证盟大师，作为弟子的朱圆亨为表示师
徒之尊而再降一个字辈，传戒法号为"朱明亨"。自然，受戒于
朱圆亨的冯圆安等人也要再顺势再降一个字辈，所以传戒法名为
"冯至安"。而在光绪二十二年（1896）的授戒活动中传戒律师
为蒋永林，朱圆亨并未参与，故也就恢复了其原本的传戒法号
"冯明安"。

　　本次授戒活动保举大师传戒法名登记为"陈至峻"。从《杭
州玉皇山福星观光绪乙酉坛登真箓》中的记载可以得知其出生
于道光五年（1825）二月初九日戌时。"陈至峻"光绪九年
（1883）在玉皇山福星观受戒于龙门正宗第二十代弘道传戒律师
朱圆亨。"陈至峻"的巾冠法名应该为"陈明峻"。在玉皇山福
星观光绪十一年（1885）的授戒活动中，朱圆亨作为蒋永林的
弟子同时也担任证盟大师，所以朱圆亨的传戒法名降了一个字
辈，登记为"朱明亨"。陈明峻又受戒于朱圆亨，所以在朱圆亨
传戒法名降了一个字辈的情况下也降低了自己传戒法名的字辈为
"陈至峻"。在光绪十一年（1885）的传戒中他有一名弟子前来
参加授戒："龙门水字第四十四号。陈至莲，玉初子，年十三
岁，癸酉相十二月二十七日子时生，系浙江绍兴府上虞县人氏。

在本省杭州府钱塘县通玄观出家，度师陈明峻。"①　传戒活动中担任保举大师的一般为传戒丛林宫观的当家监院。在光绪二十二年（1896）龙门正宗第十九代弘道传戒律师蒋圆（永）林的传戒仪式中陈明峻依然担任保举大师一职，说明陈明峻在光绪十一年（1885）到二十二年（1896）间均为玉皇山福星观的监院②。根据晚清卓炳森辑的《玉皇山庙志》记载，玉皇山福星观山腰南天门上的题词为陈明峻所题写，内容为："南天门。望彻尘寰，远近江山悬一画；路通云汉，东西日月跳双丸。"这也反映了陈明峻在玉皇山福星观教团内有较高地位③。

　　本次授戒活动中纠仪大师传戒法名登记为"褚明炳"。在民国庄严居士所编写的《道统源流》一书中记载有一名为"褚圆炳"的道士"系蒋永林法传"④。而且《杭州玉皇山福星观光绪乙酉坛登真箓》中记载的"褚明炳"与《道统源流》记载的"褚圆炳"二人籍贯相同，年龄相仿，开展宗教活动的地点相重合，所以"褚明炳"与"褚圆炳"应该为同一人。"褚圆炳"应该为其巾冠法号，为蒋永林的弟子。褚圆炳以湖州弁山佑圣宫为自己的主要宗教场所，开展宗教活动，发展玉皇山福星观教团支派⑤。

---

①　福星观印：《杭州玉皇山福星观光绪乙酉坛登真箓》戒师部分，浙江省图书馆古籍部藏。

②　福星观印：《杭州玉皇山福星观光绪丙申坛登真箓》序言部分，杭州市图书馆藏。

③　卓炳森等辑：《玉皇山庙志》，载王国平主编：《西湖文献集成》第25册，第1253页；来裕恂编：《杭州玉皇山志》，载王国平主编：《西湖文献集成》第25册，第790页。

④　庄严居士：《道统源流》，第87页。

⑤　郭峰：《晚清杭州玉皇山福星观传戒研究——以光绪二十二年传戒为中心》，华中师范大学2013年历史学硕士学位论文。

　　本次授戒活动中道值大师传戒法名登记为"姚明亮"，之后姚明亮还在光绪二十二年（1896）第十九代蒋圆林律师传戒仪式中任监戒大师①。姚明亮曾经接替蒋永林弟子、后为玉皇山福星观监院的冯圆安任玉皇山福星观下院杭州城水德道院的主持②，可见姚明亮为玉皇山福星观道团的道士。从能够两次担任玉皇山福星观教团传戒活动的传戒大师这一情况来推断，姚明亮很有可能是蒋永林弟子或者徒孙。

　　从以上分析可以看出，本次传戒的辅助大师中除了朱圆亨外均全部受戒于玉皇山本山，而且证盟大师朱明亨、监戒大师冯至安、保举大师陈至峻和纠仪大师褚明炳可以确定是玉皇山福星观教团里出来的道士，剩下几位大师从字辈上看也可能是蒋永林的弟子或再传弟子。玉皇山福星观此时完成中兴，广收弟子，以杭州为中心重建在太平天国运动中被毁坏的宫观。此时是玉皇山福星观中兴后第二、三代弟子茁壮成长的时候，所以蒋永林之后的"圆""明""至"字辈成为辅助传戒的大师主体，同时也是本次参与传戒活动的戒子字辈主体。这和玉皇山福星观光绪二十二年（1896）传戒大师的情况基本一致③。

---

　　①　民国《杭州玉皇山志》和晚清《杭州玉皇山福星观光绪丙申坛登真箓》中记载其传戒法号为"姚明亮"，但《杭州玉皇山福星观光绪乙酉坛登真箓》中记载为"姚至亮"，根据其受戒于朱圆亨律师来推断，其传戒法名字辈应该为"明"。参见来裕恂编：《杭州玉皇山志》之《斋堂匾额楹联》，载王国平主编：《西湖文献集成》第25册，第801页；福星观印：《杭州玉皇山福星观光绪丙申坛登真箓》戒师部分，杭州市图书馆藏；福星观印：《杭州玉皇山福星观光绪乙酉坛登真箓》戒师部分，浙江省图书馆古籍部藏。

　　②　卓炳森等辑：《玉皇山庙志》之《分支各师》，载王国平主编：《西湖文献集成》第25册，第1261页。

　　③　郭峰：《晚清杭州玉皇山福星观传戒研究——以光绪二十二年传戒为中心》，华中师范大学2013年历史学硕士学位论文。

本次授戒一共有来自全国 10 个省份、7 个道派的 206 名戒子参加，他们的具体情况如下：

表 3.2　光绪十一年（1896）授戒戒子年龄统计表①

年龄	不清楚	10—19	20—29	30—39	40—49	50—59	60—69	70—79
人数	1	6	35	52	49	43	16	4

其中年龄最大的为 79 岁的 183 号戒子程石春，"清净己字第一百八十三号。程石春，阳和子，年七十九岁，丁卯相正月二十四日戌时生，系浙江嘉兴府嘉善县人氏。在本省杭州府钱塘县玉皇山福星观皈依，度师蒋灰林"②。"蒋灰林"为蒋永林清净派传戒法名，可见该名戒子为清净派，应该是为了受戒而再拜蒋永林为师。最小的为 13 岁的 44 号戒子陈至莲③。陈明峻为玉皇山福星观当家监院，也是本次授戒的保举大师，13 岁的陈至莲能顺利受戒并获得度牒，可见其出家应该较早，也是玉皇山福星观培养的下一代。本次传戒绝大多数为 20 岁到 60 岁之间的青壮年，可见传戒活动的确为道教培养了一批中坚力量。

本次传戒有来自全国 14 个省的戒子参加，他们又分别到 10 个不同的省份出家，具体情况如下：

---

①　福星观印：《杭州玉皇山福星观光绪乙酉坛登真箓》戒子部分，浙江省图书馆古籍部藏。

②　福星观印：《杭州玉皇山福星观光绪乙酉坛登真箓》戒子部分，浙江省图书馆古籍部藏。

③　福星观印：《杭州玉皇山福星观光绪乙酉坛登真箓》戒子部分，浙江省图书馆古籍部藏。

表 3.3　戒子出家（皈依）宫观所在地统计表①

省份	安徽省	福建省	河南省	湖北省	湖南省	江苏省	江西省	陕西省	四川省	浙江省
人数	9	2	1	9	4	3	4	1	2	171

其中人数最多的是浙江省，具体情况如下：

表 3.4　浙江省出家（皈依）戒子统计表②

府	杭州府	湖州府	温州府	台州府	绍兴府	宁波府	嘉兴府	金华府
人数	89	43	10	9	7	2	1	10

另外，本次传戒有来自全国 7 个不同宗派的戒子参加，具体情况如下：

表 3.5　戒子道派统计表③

道派	龙门	南无	清静	随山	尹喜	嵛山	遇山
人数	185	1	6	7	1	3	3

第二节　浙江省籍贯戒子分析

籍贯一般指的是户籍，在传统社会人员流动性不大的情况下

---

①　福星观印：《杭州玉皇山福星观光绪乙酉坛登真籙》戒子部分，浙江省图书馆古籍部藏。

②　福星观印：《杭州玉皇山福星观光绪乙酉坛登真籙》戒子部分，浙江省图书馆古籍部藏。

③　福星观印：《杭州玉皇山福星观光绪乙酉坛登真籙》戒子部分，浙江省图书馆古籍部藏。

一般是指的戒子出生地。但是出家人员一般不纳入户籍管理，具有一定的流动性，所以宗教人士在出家后一般是要放弃自己的户籍，出生地和出家地不一定重合。我们可以把《杭州玉皇山福星观光绪乙酉坛登真箓》上记载的戒子籍贯作为该戒子出家前的所在地来研究，这虽然有一定的误差，但是目前没有比《登真箓》更好、更详细的记载籍贯的资料，所以也具备很重要的参考价值。

本次传戒共有合格戒子 206 人，具体情况如下：

表 3.6　戒子籍贯统计表①

籍贯	安徽省	山东省	福建省	陕西省	广东省	四川省	河南省	浙江省	湖北省	直隶省	湖南省	江苏省	江西省	江南省
人数	6	1	1	2	2	1	4	154	10	3	5	4	7	6

其中有六名戒子的籍贯是江南或是江南省。这六名戒子是：

> 龙门宙子第六号。黄至浚，海岛子，年二十七岁，己未相正月三十日午时生，系江南徽州府休宁县人氏。在浙江杭州府仁和县白栗山福清宫出家，度师沈明道。

> 龙门玉字第四十五号。王至阳，纯虚子，年四十三岁，癸卯相十二月十二日亥时生，系江南江宁府上元县人氏。在浙江杭州府钱塘县葛岭道院出家，度师汪明秀。

> 龙门吊字第九十七号。郑理庭，祥和子，年十四岁，壬

①　福星观印：《杭州玉皇山福星观光绪乙酉坛登真箓》戒子部分，浙江省图书馆古籍部藏。

申相吉月吉日吉时生，系江南安庆府太湖县人氏。在浙江杭州府於潜县城隍庙出家，度师钱至声。

龙门慕字第一百六十二号。王理昭，震和子，年三十六岁，庚戌相十二月初一日吉时生，系江南扬州府高邮州人氏。在浙江杭州府钱塘县金鼓洞皈依，度师周至法。

龙门谈字第一百七十八号。陆圆珠，宝月子，年五十五岁，辛卯相正月二十六日酉时生，系江南苏州府长州县人氏。在浙江杭州府钱塘县吴山吕祖殿出家，度师长青子。

龙门靡字第一百八十一号。潘至玉，鸣岐子，年二十七岁，己未相十一月二十七日丑时生，系江南扬州府仪真县人氏。在浙江杭州府仁和县天后宫出家，度师郧明善[1]。

准确地说，他们当中三人为江苏省人，三人为安徽省人，但是为了还原《杭州玉皇山福星观光绪乙酉坛登真箓》原始的历史面貌，这里仍然用"江南"一省来分类，在本章后面相应的戒子籍贯分析部分会一并放入这些人员进行分析。

从中可以看出，本次授戒仪式中，浙江本省的戒子人数众多，占到了总人数的近百分之七十五。光绪二十二年（1896）授戒中合格的戒子籍贯分别登记为全国不同的十二个省份：直隶省1名、四川省2名、福建省2名、山东省3名、河南省3名、广东省5名、江西省5名、江苏省7名、湖南省7名、湖北省14

---

① 江南省原为明朝南京管辖区域。清王朝建立后，于顺治二年（1645）设立江南省，省府设立在江宁府，就是今天的南京。此时的江南省大致包括相当于今天的江苏省、安徽省和上海市两省一市的区域。到了顺治十八年（1661），又分江南省为江苏省（包括上海）和安徽省两部分。这六个戒子把籍贯登记为江南可能是他们的祖籍，也可能是泛指江南原来的区域。参见福星观印：《杭州玉皇山福星观光绪乙酉坛登真箓》戒子部分，浙江省图书馆古籍部藏。

名、安徽省 17 名、浙江省 277 名①。光绪十一年（1885）玉皇山福星观传戒仪式中有来自全国十三个省份的戒子前来受戒，比光绪二十二年（1896）授戒还多一个省份。同时也可以看出，戒子籍贯的分布在地理上是越靠近浙江的省份戒子越多，这种情况与光绪二十二年（1896）玉皇山福星观传戒情况类似。两次传戒相隔不过数十年，从戒子籍贯和出家地分布的情况看，玉皇山福星观教团的发展和影响范围基本没有太大的变化。

参加本次传戒仪式的戒子籍贯主要是浙江本省，有 154 人，人数占戒子总人数的近百分之七五。他们分别来自于浙江省的 10 个不同的府，详细情况见下表：

表 3.7　浙江省籍贯戒子情况统计表②

府	严州府	处州府	杭州府	湖州府	嘉兴府	金华府	宁波府	绍兴府	台州府	温州府	总计
人数	1	3	45	26	6	24	6	24	11	8	154

从中可见，浙江省籍贯的戒子主要来源于杭州府、绍兴府、金华府、湖州府等地。现在就每一个府的具体情况进行分析。

一　杭州府

玉皇山福星观观址就位于杭州城西南方向的清波门外、玉皇

---

① 福星观印：《杭州玉皇山福星观光绪丙申坛登真箓》戒子部分，杭州市图书馆藏。

② 福星观印：《杭州玉皇山福星观光绪乙酉坛登真箓》戒子部分，浙江省图书馆古籍部藏。

山上，同时杭州城也是浙江省省治所在地，为浙江省的政治、经济中心。所以杭州府籍贯的戒子有得天独厚的地理优势，同时杭州府本地也是玉皇山福星观教团发展的中心。本次授戒仪式中，杭州府籍贯的戒子人数最多，达45人，人数位居第二，占到浙江省籍贯戒子总人数的近百分之三十。与光绪二十二年（1896）玉皇山福星观传戒仪式中的38名杭州府籍贯戒子相比，人数更多，占总人数的比例更大。这批戒子的出家情况如下：

表3.8　杭州府籍贯戒子出家地统计表①

出家地	浙江杭州府	浙江湖州府	浙江嘉兴府	浙江绍兴府	安徽颍州府
人数	26	13	1	1	4

从中可见大多数杭州府籍贯戒子均在在杭州府的宫观出家，具体情况如下：

表3.9　杭州府籍贯戒子杭州府宫观出家情况统计表②

派别	姓名	年龄	出家（皈依）宫观	度师
龙门	邬明篪	三十六	大涤洞霄宫	朱圆亨
龙门	钱理登	十四	葛岭道院	楼至行
龙门	许圆惟	六十	文昌阁	长青子
龙门	倪圆亦	三十九	龙山文昌阁	长青子
龙门	王明觉	五十七	文昌阁	朱圆亨
龙门	金明和	五十一	龙山文昌阁	朱圆亨

---

①　福星观印：《杭州玉皇山福星观光绪乙酉坛登真篆》戒子部分，浙江省图书馆古籍部藏。

②　福星观印：《杭州玉皇山福星观光绪乙酉坛登真篆》戒子部分，浙江省图书馆古籍部藏。

派别	姓名	年龄	出家（皈依）宫观	度师
龙门	程明如	四十一	园花镇天仙府	朱圆亨
龙门	李合泗	四十五	吴山吕祖殿	郝本田
龙门	李合榆	五十一	吴山吕祖殿	郝本田
龙门	汪合真	四十六	吴山吕祖殿	郝本田
龙门	杜理成	五十二	许村西行宫	吴至能
龙门	汪教慧	十九	吴山吕祖殿	缪合仁
龙门	金圆鉴	五十三	真武殿	长青子
南无	金成慧	二十八	东林道院	张巧林
龙门	徐明方	四十四	文昌阁	倪圆亦
龙门	朱明寿	三十五	吴山吕祖殿	冯圆安
遇山	朱了慧	四十三	玉皇山	蒋义林
龙门	陆明正	四十五	通玄观	叶圆义
龙门	唐至升	三十七	明镜堂	潘明庆
清净	钱石音	四十九	吴山吕祖殿	蒋灰林
清净	袁石静	六十七	玉皇山福星观	蒋灰林
龙门	王明诚	五十三	观音洞	朱圆亨
龙门	朱明益	二十二	观音洞	朱圆亨
龙门	章明德	五十三	玉虚庵	朱圆亨
龙门	曹明慧	七十	武圣宫	朱圆亨
龙门	顾明升	三十七	高家庙	朱圆亨

从中我们可以看出，在出家宫观中，吕祖殿、葛岭道院、玉
皇山福星观、洞霄宫、观音洞、慈云岭等均为玉皇山福星观的下

院或者教团所在宫观①；在参加授戒的戒子度师中，蒋永林、朱圆亨、冯圆安等均为玉皇山福星观教团道士②，可见他们大多数为在玉皇山福星观教团的道士来参加本教团的授戒活动。值得注意的是有一名南无派的戒子金成慧，年二十八岁，在杭州东林道院出家，度师为张巧林；一名遇山派的戒子朱了慧在玉皇山皈依，拜蒋义（永）林为师；两名清净派的戒子钱石音和袁石静，分别在吴山吕祖殿和玉皇山福星观皈依，他们的度师均是蒋灰（永）林。这批戒子的年龄偏大，使用的是字辈诗中的首个字辈，从中可见他们应该是后拜蒋永林为师，来参加玉皇山福星观的传戒活动的。这些非龙门派的戒子均是杭州本地人，而且在杭州出的家，可见在晚清时期，他们依然艰难地生存在杭州社会之中，为求得发展而参加玉皇山福星观的传戒活动。

另外杭州府籍贯的戒子还有 13 人是在湖州府的宫观出家，具体情况如下：

表 3.10 杭州府籍贯戒子湖州府宫观出家情况统计表③

派别	姓名	年龄	出家（皈依）宫观	度师
龙门	周合静	三十九	金盖山纯阳宫	任本应
龙门	印本定	三十六	织里纯阳宫	张复诚
龙门	傅教达	五十一	金盖山立云坛	蒋合公

---

① 郭峰：《晚清杭州玉皇山福星观传戒研究——以光绪二十二年传戒为中心》，华中师范大学 2013 年历史学硕士学位论文。

② 郭峰：《晚清杭州玉皇山福星观传戒研究——以光绪二十二年传戒为中心》，华中师范大学 2013 年历史学硕士学位论文。

③ 福星观印：《杭州玉皇山福星观光绪乙酉坛登真箓》戒子部分，浙江省图书馆古籍部藏。

派别	姓名	年龄	出家（皈依）宫观	度师
龙门	姚教龄	六十四	金盖山立云坛	蒋合公
龙门	于教惠	五十二	金盖山立云坛	陈合聪
龙门	余合恒	五十	金盖山立云坛	俞本实
龙门	蒋合公	三十八	金盖山立云坛	俞本实
龙门	都复宽	四十七	金盖山纯阳宫	王来因
龙门	顾复畴	四十四	金盖山纯阳宫	王来因
龙门	马本瓶	三十五	双井岭纯阳宫	都复宽
龙门	谭本修	四十二	双井岭纯阳宫	李复新
龙门	金复正	五十五	双井岭纯阳宫	王来因
龙门	黄本性	三十八	织里纯阳宫	都复宽

　　从中可见，他们大多是在金盖山教团所属的双井岭纯阳宫出家。同时根据王圆贵的研究，"金盖山立云坛"也应该是金盖山教团下属的一个分支，不过他们大多为在家的全真龙门派道士，并未住观，因而为"坛"[1]。在浙江北部的湖州府等地区，清代由全真道高道闵一德（1748—1836）以湖州府金盖山古梅花观（纯阳宫）为中心开创了一个广泛分布在江南一带的教团[2]。从此次传戒活动可见，金盖山古梅花观教团积极参加玉皇山福星观教团的传戒活动，两个全真教团之间的互动还是很频繁的。

　　另外还有 4 名杭州府籍贯的戒子到安徽颍州府出家，具体情况如下：

---

　　① 王圆贵：《全真道在湖州地区的传承与演绎》，收入尹信慧主编：《茅山乾元观与江南全真道国际学术研讨会论文集》，第 276—288 页。
　　② 郭峰：《晚清杭州玉皇山福星观传戒研究——以光绪二十二年传戒为中心》，华中师范大学 2013 年历史学硕士学位论文。

表3.11 杭州府籍贯戒子安徽颍州府宫观出家情况统计表①

派别	姓名	年龄	出家(皈依)宫观	度师
龙门	金至仁	三十七	墩子庙	陈明海
龙门	周至易	四十	墩子庙	陈明海
龙门	吴至诚	四十七	墩子庙	陈明海
龙门	金至义	三十八	墩子庙	陈明海

从中可见,这批戒子的年龄集中在三十岁到五十岁之间的青壮年,均是到安徽省的颍州府墩子庙皈依,并且度师均为陈明海。陈明海为玉皇山福星观教团的道士,在玉皇山福星观光绪九年(1883)十月第二十代律师朱圆亨传戒仪式中担任迎请大师,可见其在玉皇山福星观历史上地位之高。"陈明海"应该为其授戒法名,其巾冠法名应该为"陈圆海",为蒋永林弟子。从戒子情况看,可知安徽省的颍州府墩子庙为玉皇山福星观教团的一个很重要的支派,蒋永林的弟子陈圆海在此招收弟子,并将其带回玉皇山福星观接受戒律。

另外还有两名杭州府籍贯的戒子分别在嘉兴府、绍兴府出家②,他们的度师均是玉皇山福星观蒋永林的弟子朱圆亨。这批戒子应该是朱圆亨在杭州本地招收的弟子,他们后来到嘉兴府和绍兴府重建宫观,发展教团势力。

---

① 福星观印:《杭州玉皇山福星观光绪乙酉坛登真箓》戒子部分,浙江省图书馆古籍部藏。
② 这两名戒子为:龙门昃字第十二号。沈明坚,玉泉子,年二十八岁,戊午相正月二十九日亥时生,系浙江杭州府海宁州人氏。在本省嘉兴府海盐县火神庙出家,度师朱圆亨;龙门难字第一百九十一号。李明慈,普化子,年六十七岁,己卯相二月十二日辰时生,系浙江杭州府海宁州人氏。在本省绍兴府斗子岩,玉虚庵皈依,度师朱圆亨。参见福星观印:《杭州玉皇山福星观光绪乙酉坛登真箓》戒子部分,浙江省图书馆古籍部藏。

由以上分析可见，玉皇山福星观教团发展的中心地带在杭州府以及周边地区，故在本地大力发展道教事业，广收弟子，并带回玉皇山福星观接受戒律。除此之外还有不少本地其他道派的弟子慕名到玉皇山福星观再拜蒋永林为师，参加玉皇山福星观的传戒活动。除了玉皇山福星观教团之外，还有在浙江北部一个以金盖山为中心的龙门派教团也在杭州府大量招收弟子，带回湖州府出家、修道，并参加玉皇山福星观教团的传戒活动，可见这两个教团之间的互动频繁。

二 湖州府

湖州府位于浙江省东南部，"据省治百八十里……领县七"。① 湖州府籍贯的戒子共有 26 人，他们大多在湖州府本地宫观出家，也有少数人到杭州府出家，是本次受戒合格弟子籍贯人数较多的一个府。具体情况见下表：

表 3.12 湖州府籍贯戒子出家地统计表②

出家地	湖州府	杭州府	总计
人数	23	3	26

从中可见这批戒子中有 23 人是在本地宫观出家，占到湖州府籍贯戒子的近百分之九十。他们的具体情况如下：

① 参见赵尔巽等撰：《清史稿》卷六十五志四十，地理十二《浙江》，第2132页。

② 福星观印：《杭州玉皇山福星观光绪乙酉坛登真箓》戒子部分，浙江省图书馆古籍部藏。

表 3.13 湖州府籍贯戒子本地宫观出家情况统计表①

派别	姓名	年龄	出家（皈依）宫观	度师
龙门	张明照	二十三	斗姥阁	褚圆炳
龙门	陈明通	二十九	斗姥阁	褚圆炳
龙门	施复春	五十五	凤凰山达云观	吕来卿
龙门	周复始	五十三	凤凰山达云观	吕来卿
龙门	孙明清	三十一	斗姥阁	褚圆炳
龙门	钱明高	四十九	斗姥阁	褚圆炳
龙门	范明慧	五十七	斗姥阁	褚圆炳
龙门	陆至炳	二十一	城山龙王殿	程明源
龙门	王至美	四十五	城山龙王殿	程明源
龙门	吕来卿	三十一	石城山五楼观	徐阳真
龙门	汤来吉	三十九	石城山五楼观	徐阳真
龙门	王来因	七十	金盖山纯阳宫	费阳熙
龙门	吕复顺	四十	凤凰山达云观	吕来卿
龙门	许复勤		凤凰山达云观	姚来荣
龙门	戴来珍	五十一	石城山	徐阳真
龙门	魏明阳	五十五	观音堂	叶圆义
龙门	沈至相	二十七	黄龙洞	姚明亮

---

① 福星观印：《杭州玉皇山福星观光绪乙酉坛登真箓》戒子部分，浙江省图书馆古籍部藏。

派别	姓名	年龄	出家（皈依）宫观	度师
龙门	王复一	六十五	金盖山纯阳宫	程来永
龙门	张明月	五十九	斗姥阁	褚圆炳
龙门	叶明朗	六十二	斗姥阁	褚圆炳
龙门	栢宗权	二十七	楼云观	陈理融
龙门	孟宗平	四十	楼云观	陈理融
龙门	沈成良	四十三	斗姥阁	蒋长青子

从中可见，沈成良度师"长青子"为蒋永林道号，但"沈成良"的字辈不符合龙门派的字辈诗，可见其应该是后来拜蒋永林为师的，也可见蒋永林在湖州府斗姥阁传道，招收弟子。斗姥阁还有一名蒋永林的弟子褚圆炳在此招收了7名湖州府籍贯的弟子前来接受戒律，可见此宫观已经成为玉皇山福星观一个很重要的分支。另外戒子度师中姚明亮也为蒋永林弟子。在光绪二十二年（1896）传戒仪式中湖州府籍贯的戒子共有70名，为当年传戒仪式龙门派戒子籍贯之最，其中就有蒋永林、褚圆炳、姚明亮、冯圆安等玉皇山福星观道士在此招收弟子前来授戒。可见湖州为玉皇山福星观教团发展的一个重要区域。

另外，有两名金盖山纯阳宫的弟子前来参加授戒仪式。在湖州地区，由全真高道闵一德以金盖山纯阳宫为中心开创出一个在浙江省北部地区发展的全真龙门派重要教团。根据当代道士王圆贵统计，该教团共有分支七十二个，可见其盛况[①]。本章龙门派

① 王圆贵：《全真道在湖州地区的传承与演绎》，收入尹信慧主编：《茅山乾元观与江南全真道国际学术研讨会论文集》，第276—288页。

戒子籍贯杭州府部分中也有 13 名该教团的道士到玉皇山福星观
参加授戒仪式，光绪二十二年（1896）传戒仪式中也有多达 13
名该教团的道士前来参加授戒仪式。从两次授戒仪式戒子的情况
看，该教团在晚清时期势力依然很强大，不仅在湖州地区招收弟
子，而且还在杭州等其他地区有所发展。同时他们均到玉皇山福
星观接受戒律，也可以看出他们对玉皇山福星观法脉的认可。两
个教团同属全真，他们之间通过传戒活动相互交流、良性互动。

另外还有三名戒子是到杭州府出的家，具体情况如下：

表 3. 14　湖州府籍贯戒子杭州府宫观出家情况统计表①

派别	姓名	年龄	出家宫观	度师
龙门	沈明福	二十六	仙人洞	杜圆海
龙门	陈明贤	三十二	洞霄宫	朱圆亨
龙门	郭真兴	四十五	洞霄宫	蒋全林

从中可见，在出家宫观中，仙人洞为玉皇山福星观教团道士
所属宫观，洞霄宫此时为玉皇山福星观下院，为玉皇山福星观太
平天国运动后重建②。度师中蒋全（永）林、朱圆亨均为玉皇山
福星观的高道，故这批道士均为玉皇山福星观教团的道士。其中
值得注意的是戒子"郭真兴"，他虽然登记为龙门派，但根据其
传戒法名和字辈诗，他应该是入了其他宗派，后到杭州府洞霄宫
中再拜蒋永林为师③。

---

①　福星观印：《杭州玉皇山福星观光绪乙酉坛登真箓》戒子部分，浙江省图书
馆古籍部藏。

②　参见本书第六章第二节大涤山洞霄宫部分。

③　龙门派字辈无"全""真"二字联用，根据字辈诗，可能为随山派和清净派。

三　金华府

金华府在浙江东北部，本次授戒仪式中，金华府籍贯的戒子人数多达 24 名。他们的出家情况具体如下：

表 3.15　金华籍贯戒子出家情况统计表①

出家地	金华府	杭州府	湖州府	嘉兴府	总计
人数	9	12	2	1	24

从中可见，金华府籍贯的戒子有 9 人在金华府本地出家，有 12 人是到省府杭州府出家，还有 2 人在湖州府、1 人在嘉兴府出家。其中，金华府出家的戒子具体情况如下：

表 3.16　金华籍贯戒子金华府宫观出家情况统计表②

派别	姓名	年龄	宫观	度师
龙门	郑明心	五十岁	祝圣庵	徐圆柒
龙门	刘明清	三十三	祝圣庵	徐圆柒
龙门	胡明声	三十四	祝圣庵	徐圆柒
遇山	施了尘	三十七	静岩庵	蒋义林
龙门	夏明奎	四十八	祝圣庵	徐圆柒
龙门	吴明珠	六十九	祝圣庵	徐圆柒

① 福星观印：《杭州玉皇山福星观光绪乙酉坛登真箓》戒子部分，浙江省图书馆古籍部藏。

② 福星观印：《杭州玉皇山福星观光绪乙酉坛登真箓》戒子部分，浙江省图书馆古籍部藏。

派别	姓名	年龄	宫观	度师
清净	王石清	五十八	净岩庵	蒋灰林
龙门	卢明碧	四十六	祝圣庵	徐圆柒
龙门	杜明琳	六十二	祝圣庵	徐圆柒

从中可见，这批戒子中有 7 人是在金华府的祝圣庵皈依，度师为徐圆柒。另外值得注意的是有一名遇山派戒子和一名清净派戒子在金华府静岩庵皈依，而且度师均是蒋永林，可见此时的静岩庵应该是玉皇山福星观教团在金华府的一个很重要的据点。这个宫观也有遇山派等非龙门派的道士长住，可见玉皇山福星观教团的的开放性。

另外还有多达 12 名戒子是到杭州府的宫观出家，具体情况如下：

表 3.17 金华籍贯戒子杭州府宫观出家情况统计表①

派别	姓名	年龄	出家（皈依）宫观	度师
龙门	吕至祥	二十八	观山真清观	郑明珍
龙门	何明玉	四十	洞霄宫	朱圆亨
龙门	何至诚	三十	大关福星道院	李明德
崌山	陈巧通	五十八	洞霄宫	蒋之林
龙门	陈理信	四十	观音洞	吴至能
龙门	李圆升	四十九	观音洞	长青子

---

① 福星观印：《杭州玉皇山福星观光绪乙酉坛登真箓》戒子部分，浙江省图书馆古籍部藏。

派别	姓名	年龄	出家（皈依）宫观	度师
嵛山	徐巧灿	四十二	洞霄宫	蒋之林
龙门	蒋守顺	五十九	城隍山吕祖殿	蒋信林
龙门	朱明禄	三十	吴山吕祖殿	冯圆安
龙门	任仁通	五十四	玉皇宫	蒋本林
遇山	徐了功	五十四	玉皇山	蒋义林
清净	李石性	五十八	观音洞	蒋灰林

这批戒子皈依宫观中，玉皇宫、洞霄宫、城隍山吕祖殿、观音洞等均是玉皇山福星观教团宫观；戒子度师中蒋永林、冯圆安、朱圆亨为玉皇山福星观教团高道①。值得注意的是，有两名嵛山派的戒子陈巧通和徐巧灿在洞霄宫出家，度师为蒋之林，即为蒋永林；一名清净派的戒子李石性在观音洞出家，度师为蒋灰林，也为蒋永林；一名遇山派的戒子徐了功在玉皇山皈依，度师为蒋义林，也为蒋永林。这批非龙门派戒子的年龄总体都比较偏大，推断他们应该是为了参加玉皇山福星观的传戒活动而到杭州拜蒋永林为师。其他道派的戒子拜蒋永林为师，并到杭州参加玉皇山福星观的传戒活动在光绪二十二年（1896）传戒仪式中也较为普遍②。金华府东阳县为玉皇山福星观高道蒋永林的家乡，从两次传戒留下的《登真箓》情况看，金华府成为玉皇山福星观教团传道的重要场所。如此多的其他门派的戒子拜蒋永林为

---

① 参见郭峰：《晚清杭州玉皇山福星观传戒研究——以光绪二十二年传戒为中心》，华中师范大学 2013 年历史学硕士学位论文。

② 福星观印：《杭州玉皇山福星观光绪乙酉坛登真箓》戒子部分，浙江省图书馆古籍部藏。

师，甚至改宗派入龙门派门下，参加玉皇山福星观的授戒仪式，可见玉皇山福星观教团和蒋永林在当地的影响力之大。

另外还分别有两名金华府籍贯的戒子到湖州府的宫观出家和有一名到绍兴府宫观出家，① 可见玉皇山福星观教团对浙江金华府地区有了一定影响。

四　绍兴府

绍兴府位于浙江省西北部，"距省治百四十里……领县八"②。本次授戒仪式中共有24名绍兴府籍贯的戒子参加，他们出家具体情况如下：

表3.18　绍兴府籍贯戒子出家地统计表③

出家地	绍兴府	杭州府	湖州府	总计
人数	7	15	2	24

从中可见，绍兴府籍贯的戒子在绍兴府本地宫观出家的只有7名戒子，另外还有15名戒子是到杭州府宫观出家，2名戒子是

① 这三名戒子分别是：龙门李字第五十九号。徐至乾，声光子，年三十八岁，戊申相正月二十七日辰时生，系浙江金华府东阳县人氏。在本省湖州府武康县城山龙王庙出家，度师程明源；龙门鳞字第六十九号。林至高，开祥子，年三十三岁，癸丑相九月二十三日子时生，系浙江金华府永康县人氏。在本省湖州府武康县城山龙王庙出家，度师程明源；龙门能字第一百七十四号。马理仁，景贤子，年三十六岁，庚戌相七月十七日巳时生，系浙江金华府东阳县人氏。在本省嘉兴府嘉兴县普福庵皈依，度师郑至行。参见福星观印：《杭州玉皇山福星观光绪乙酉坛登真箓》戒子部分，浙江省图书馆古籍部藏。

② 见赵尔巽等撰：《清史稿》卷六十五志四十，地理十二《浙江》，第2137页。

③ 福星观印：《杭州玉皇山福星观光绪乙酉坛登真箓》戒子部分，浙江省图书馆古籍部藏。

到湖州府宫观出家。其中绍兴府宫观出家的戒子具体情况如下：

表3.19　绍兴府籍贯戒子绍兴府宫观出家统计表①

派别	姓名	年龄	出家（皈依）宫观	度师
龙门	倪圆镇	四十七	仙桃山一灵观	长青子
龙门	谭圆森	四十八	塔坊基福圣道院	长青子
龙门	黄至诚	二十六	塔坊基福星道院	邵明珠
龙门	朱明真	三十四	仓圣殿	赵圆方
随山	胡守成	三十七	静圆观	蒋信林
龙门	汤圆明	六十九	石岩山挹兰亭	长青子
龙门	汤明学	五十八	吕祖殿	褚圆青

根据本书第一章节研究，"长青子"为本次传戒律师蒋永林的道号，其一人就分别在绍兴的仙桃山一灵观、塔坊基福圣道院、静圆观、石岩山招收了4名弟子。值得我们注意的是，有一名在静圆观皈依蒋永林的戒子胡守成非龙门派而为随山派。

另外绍兴府籍贯的戒子还有15人到杭州府出的家，具体情况如下：

①　本表中戒子谭圆森出家宫观"塔坊基福圣道院"和戒子黄至诚出家宫观"塔坊基福星道院"应该为同一个宫观，但是笔者并未查阅到有关"塔坊基福圣道院"和"塔坊基福星道院"的相关历史信息，因而不能断定宫观名为"福星"还是"福圣"。参见福星观印：《杭州玉皇山福星观光绪乙酉坛登真篆》戒子部分，浙江省图书馆古籍部藏。

表3.20　绍兴府籍贯戒子杭州府宫观出家统计表①

派别	姓名	年龄	出家（皈依）宫观	度师
龙门	钱至瑶	二十八	观音洞	周明传
龙门	谢至镇	四十三	宣荣观	俞明星
龙门	陈至莲	十三	通玄观	陈明峻
龙门	潘至生	四十	分金岭太平庵	彭明松
龙门	赵圆方	五十一	华林道院	江永固
龙门	周明梁	四十三	吴山吕祖殿	冯圆安
龙门	陈明德	五十二	城隍山吕祖殿	冯圆安
龙门	陈明长	四十九	吴山吕祖殿	冯圆安
龙门	方明养	六十八	吴山吕祖殿	冯圆安
龙门	楼明高	六十八	吴山吕祖殿	冯圆安
龙门	方明物	四十八	吴山吕祖殿	冯圆安
龙门	汪明卿	三十五	西湖葛岭道院	朱圆亨
清净	杨石仁	六十五	玉皇山	蒋灰林
龙门	邵明珠	三十七	洞霄宫	谭圆森
龙门	潘明录	三十八	洞霄宫	郭圆峰

　　从中可见，在戒子度师中，周明传、陈明峻、冯圆安、朱圆亨、蒋灰林（蒋永林）、谭圆森、郭圆峰均为玉皇山福星观教团道士，其中冯圆安一人就多达6名弟子；在戒子出家宫观中，观

---

　　① 福星观印：《杭州玉皇山福星观光绪乙酉坛登真箓》戒子部分，浙江省图书馆古籍部藏。

音洞、吴山吕祖殿、西湖葛岭道院、玉皇山、洞霄宫等均为玉皇山福星观教团所在的宫观。可见，这批绍兴府籍贯的戒子多是玉皇山福星观教团道士。值得注意的是，有一名清净派戒子杨石仁，年六十五岁，在玉皇山皈依蒋永林为师，其应该是到玉皇山福星观再拜蒋永林为师，以参加玉皇山福星观传戒活动。民国《杭州玉皇志》上记载时任玉皇山福星观监院、同时也是蒋永林得意弟子的朱圆亨曾经到诸暨开展过一系列的宗教活动①，光绪十一年（1885）传戒和光绪二十二年（1896）传戒均有朱圆亨在绍兴府招收的弟子前来参加授戒仪式②。在光绪二十二年（1896）传戒仪式中，共有 12 名绍兴府籍贯的戒子到玉皇山福星观参加授戒仪式③。可见绍兴府有众多的玉皇山福星观教团道士在此开展宗教活动，是玉皇山福星观教团发展的一个很重要的区域。

另外还有两名绍兴府籍贯的戒子到湖州府出家④。值得注意的是他们二人均是随山派弟子，在湖州府归安县的圣帝道院出家，而且度师为蒋信林，即为蒋永林。从中可见湖州府归安县的

---

① 来裕恂编：《杭州玉皇山志》之《法嗣》，载王国平主编：《西湖文献集成》第 21 册，第 904 页。

② 参见郭峰：《晚清杭州玉皇山福星观传戒研究——以光绪二十二年传戒为中心》，华中师范大学 2013 年历史学硕士学位论文。

③ 参见郭峰：《晚清杭州玉皇山福星观传戒研究——以光绪二十二年传戒为中心》，华中师范大学 2013 年历史学硕士学位论文。

④ 这两名戒子为：随山收字第二十二号。潘守信，得诚子，年三十三岁，癸丑相十月初九日戌时生，系浙江绍兴府新昌县人氏。在本省湖州府归安县圣帝道院出家，度师蒋信林；随山夜字第五十五号。潘守义，孝诚子，年四十岁，丙午相十二月初三日申时生，系浙江绍兴府新昌县人氏。在本省湖州府归安县圣帝道院出家，度师蒋信林。参见福星观印：《杭州玉皇山福星观光绪乙酉坛登真箓》戒子部分，浙江省图书馆古籍部藏。

圣帝道院是随山派在浙江的一个很重要的活动点，同时也可见玉皇山福星观教团的影响力和蒋永林的威望。

五　台州府

台州府位于浙江省西北部，本次传戒仪式中共有 11 名台州府籍贯的戒子前来接受戒律，其中有 10 人是在台州本府的宫观出家。情况如下：

表 3. 21　台州府籍贯戒子台州府宫观出家统计表①

派别	姓名	年龄	出家（皈依）宫观	度师
龙门	蔡至云	二十八	方严山玉蟾宫	季明融
龙门	李至芳	二十	八仙宫	李明清
龙门	林永清	二十三	桐柏宫	王教执
龙门	林圆勤	二十六	天皇洞	管永衡
龙门	姚明机	五十七	桐柏山崇道观	朱圆亨
龙门	梁教泰	五十一	百步宫	芦合庆
龙门	叶至森	十八	方岩山玉蟾宫	李明荣
龙门	管永衡	四十三	天皇洞	沈教亮
龙门	季明秀	三十四	方岩山玉蟾宫	陈圆蟾
龙门	张明应	三十四	方岩山玉蟾宫	陈圆蟾

---

①　福星观印：《杭州玉皇山福星观光绪乙酉坛登真箓》戒子部分，浙江省图书馆古籍部藏。

桐柏宫、桐柏山崇道观等宫观均属于浙江南部的委羽山大有宫教团。浙江南部温州、台州地区，乾隆年间全真高道杨来基以台州府委羽山大有宫为中心传播道统，广收弟子，逐渐在浙江省南部地区形成了一个以台州为中心的龙门派教团，他们中有较多人参加玉皇山福星观传戒活动。在光绪二十二年（1896）的传戒中，温州府就有 16 名在当地宫观出家的戒子到玉皇山福星观受戒，这些戒子也多属于这个龙门派教团①。可见这个两个教团之间互动非常频繁。从字辈上看，有"永""圆""明""至""理"五个字辈，可见玉皇山福星观的传戒活动为其他地区的教团、宫观培养了大量的中坚力量。这批戒子为后来浙江南部地区道教的发展作出了重要贡献。另外还有玉皇山福星观教团的朱圆亨在桐柏山崇道观招收了一名弟子，这名弟子有可能是在桐柏山崇道观出家后再拜入朱圆亨门下，同时也可能是朱圆亨到桐柏山崇道观开展过宗教活动。不管是哪种情况，可见玉皇山福星观教团与台州委羽山大有宫教团之间的互动频繁，也可见玉皇山福星观教团在浙江省南部的影响力之大。

另外台州府籍贯的戒子还有一人在杭州府所属的宫观出家：

> 龙门芥字第六十三号。郑明忠，心善子，年二十二岁，甲子相正月十七日申时生，系浙江台州府太平县人氏。在本省杭州府余杭县大涤山洞霄宫出家，度师朱圆亨②。

这名戒子的度师也为玉皇山福星观教团的道士朱圆亨，结合前文

---

① 参见郭峰：《晚清杭州玉皇山福星观传戒研究——以光绪二十二年传戒为中心》，华中师范大学 2013 年历史学硕士学位论文。

② 福星观印：《杭州玉皇山福星观光绪乙酉坛登真箓》戒子部分，浙江省图书馆古籍部藏。

分析，可见玉皇山福星观教团在浙江省南部的影响力之大。

六 温州府

温州府籍贯的戒子共有 8 人，其中 6 人在本府出家：

表 3.22 温州府籍贯戒子温州府宫观出家统计表①

派别	姓名	年龄	出家（皈依）宫观	度师
龙门	薛明德	二十一	发春观	薛圆顺
龙门	薛圆顺	七十	雪山紫香观	黄永春
龙门	陈至良	三十五	方岩山玉蟾宫	林明否
龙门	金理焕	三十一	白岩山杨府庵	周至静
龙门	鲍明中	二十二	发春观	薛圆顺
龙门	郑圆宗	四十五	雪山紫霄观	黄永春

另外温州府籍贯的戒子各有一人到杭州府和台州府下属的宫观出家：

> 龙门洪字第七号。赖至晫，晓尘子，年二十七岁，己未相十月初十日亥时生，系浙江温州府乐清县人氏。在本省台州府黄岩县宛羽山空明洞大有宫出家，度师汪明化。

> 龙门致字第三十五号。王理静，安宁子，年五十二岁，甲午相九月初三日申时生，系浙江温州府平阳县人氏。在本省杭州府余杭县仙宅庙出家，度师葛至法②。

---

① 福星观印：《杭州玉皇山福星观光绪乙酉坛登真箓》戒子部分，浙江省图书馆古籍部藏。

② 福星观印：《杭州玉皇山福星观光绪乙酉坛登真箓》戒子部分，浙江省图书馆古籍部藏。

七　嘉兴府

嘉兴府位于浙江省西北部，"距省治百八十里……领县七"①。本次授戒仪式中共有 6 名嘉兴府籍贯的戒子前来参加，具体情况如下：

表 3.23　嘉兴府籍贯戒子统计表②

派别	姓名	年龄	出家地	出家宫观	度师
龙门	柏明瑶	四十七	杭州府海宁州	天仙府	朱圆亨
龙门	王至心	五十一	江南苏州府吴江县	窿寿院	吴明玄
龙门	李至诚	三十三	江南苏州府吴江县	窿寿院	吴明玄
崭山	陆巧耕	五十八	湖州府乌程县	观音堂	蒋功林
清净	程石春	七十九	杭州府钱塘县	玉皇山福星观	蒋灰林
龙门	潘至惠	二十九	杭州府海宁州	龙山武圣宫	宋明莱

从中可见，这批嘉兴府籍贯的戒子均不是在本地宫观出家。他们有 3 人是在杭州府出家，出家宫观为玉皇山福星观等玉皇山福星观教团宫观；度师中除了宋明莱之外，蒋永林、朱圆亨均为玉皇山福星观教团道士，可见这批嘉兴府籍贯到杭州府的戒子多属于玉皇山福星观教团弟子。另外还有 2 人是在江苏省苏州府吴江县窿寿院出家。值得注意的是一名崭山派戒子陆巧耕，年五十

① 参见赵尔巽等撰：《清史稿》卷六十五志四十，地理十二《浙江》，第 2130 页。
② 福星观印：《杭州玉皇山福星观光绪乙酉坛登真箓》戒子部分，浙江省图书馆古籍部藏。

八岁，在本省湖州府乌程县的观音堂出家，度师蒋功林，即为蒋永林；一名清净派的戒子程石春年七十九岁，在杭州府钱塘县的玉皇山福星观皈依，度师蒋灰林，即为蒋永林。

在光绪二十二年（1896）的传戒仪式中，嘉兴府籍贯的戒子有 10 名是到杭州出的家，其中绝大部分戒子是到玉皇山福星观教团所属的宫观出家，如杭州府金鼓洞、洞霄宫等宫观；嘉兴府籍贯的戒子度师中也多是玉皇山福星观教团所属的道士，如本次传戒律师蒋永林、传戒大师姚至星等①。光绪二十二年（1896）传戒仪式中还有两名嘉兴府籍贯的戒子是在嘉兴府本地的火德庙出家，值得注意的是这两名戒子的度师是光绪二十二年（1896）传戒大师之一的蒋永林弟子沈明坚②，嘉兴府是沈明坚的故乡③。

从两次传戒的资料可见，玉皇山福星观教团的道士在嘉兴府本地扎下根，有多名玉皇山福星观出来的高道在嘉兴府开展宗教活动，他们开创了以嘉兴县火德庙为中心的玉皇山福星观教团分支，在当地招收弟子，并且将他们带到玉皇山福星观接受戒律。同时蒋永林也在当地招收非龙门派的戒子，可见他在当地的影响力之大。

---

① 郭峰：《晚清杭州玉皇山福星观传戒研究——以光绪二十二年传戒为中心》，华中师范大学 2013 年历史学硕士学位论文。
② 郭峰：《晚清杭州玉皇山福星观传戒研究——以光绪二十二年传戒为中心》，华中师范大学 2013 年历史学硕士学位论文。
③ 福星观印：《杭州玉皇山福星观光绪丙申坛登真篆》戒子部分，杭州市图书馆藏。

八 处州府

处州府位于浙江省西北部，本次传戒仪式中共有3名嘉兴府籍贯的戒子来前来接受戒律，情况如下：

> 随山姜字第六十四号。马守元，妙善子，年五十岁，丙申相六月十五日未时生，系浙江处州府缙云县人氏。在本省杭州府钱塘县玉皇山灵官殿出家，度师蒋信林。

> 随山海字第六十五号。胡守分，安意子，年四十六岁，庚子相八月二十日卯时生，系浙江处州府缙云县人氏。在本省杭州府钱塘县玉皇山灵官殿出家，度师蒋信林。

> 随山才字第一百六十七号。姚守修，诚意子，年四十九岁，丁酉相七月二十五日子时生，系浙江处州府缙云县人氏。在本省杭州府钱塘县玉皇山皈依，度师蒋信林①。

从中可以看出，处州的戒子均是随山派，而且均是到杭州玉皇山福星观道教教团的宫观出家，拜蒋永林为师。光绪二十二年（1896）传戒仪式中戒子也均是到杭州玉皇山福星观道教教团的宫观出的家②，可见玉皇山福星观教团在处州府当地的影响力还不太够，玉皇山福星观教团没有在处州府当地拥有宫观和分支。

---

① 福星观印：《杭州玉皇山福星观光绪乙酉坛登真箓》戒子部分，浙江省图书馆古籍部藏。

② 郭峰：《晚清杭州玉皇山福星观传戒研究——以光绪二十二年传戒为中心》，华中师范大学2013年历史学硕士学位论文。

九　宁波府

宁波府位于浙江省西北部，在本次授戒仪式中共有 6 名宁波府籍贯的弟子前来参加，具体情况如下：

表 3.24　宁波府籍贯戒子出家情况表①

出家地	杭州府	宁波府	总计
人数	4	2	6

其中杭州府出家的 4 名戒子具体情况如下：

表 3.25　宁波府籍贯戒子杭州府宫观出家情况统计表②

派别	姓名	年龄	出家宫观	度师
龙门	傅宗旋	二十一	仙洞山玉皇宫	王理亨
龙门	沈理源	三十七	黄天堂	倪至孝
龙门	李明高	五十九	洞霄宫	谭圆峰
龙门	王圆浚	六十	玉皇山灵观殿	长青子

李明高度师为谭圆峰，谭圆峰为绍兴府人，度师为蒋永林，也在本次传戒活动中受戒。王圆浚度师为蒋永林。另外还有两名

---

① 福星观印：《杭州玉皇山福星观光绪乙酉坛登真箓》戒子部分，浙江省图书馆古籍部藏。

② 福星观印：《杭州玉皇山福星观光绪乙酉坛登真箓》戒子部分，浙江省图书馆古籍部藏。

戒子是在宁波府本地宫观出家①，一名戒子的度师为蒋永林弟子方圆根，另外一名戒子度师为蒋永林。光绪二十二年（1896）传戒仪式中有 23 名宁波府籍贯的戒子前来参加传戒，其中最多的是方圆根的弟子，多达 11 名，而且均是在此时玉皇山福星观的下院渊德观出的家②。蒋永林较为重视道教在宁波地区的发展，曾经亲自到宁波府的渊德观主持工作，扶持其发展。通过传戒戒子的情况看，玉皇山福星观在宁波府有较大的影响力，为宁波府当地的宫观培养了一批中坚力量，宁波府也成为玉皇山福星观在浙江南部的一个很重要的分支。

十　严州府

本次授戒仪式中有一名严州府籍贯的戒子参加传戒仪式：

> 龙门四字第一百四十九号。高明德，绵延子，年四十二岁，甲辰相四月二十四日酉时生，系浙江严州府分水县人氏。在本省杭州府钱塘县吴山吕祖殿皈依，度师冯圆安③。

从中可见，该名戒子在杭州府钱塘县吴山吕祖殿出家，度师为蒋永林徒孙冯圆安，可见其为玉皇山福星观教团道士。并未见玉皇

---

① 这两名戒子为：龙门必字第一百七十一号。方圆根，基庆子，年四十一岁，乙巳相三月吉吉时生，系浙江宁波府镇海县人氏。在本省本府本县渊德观出家，度师长青子；龙门维字第二百三号。王圆月，满光子，年六十九岁，丁丑相吉月吉日吉时生，系浙江宁波府镇海县人氏。在本省本府本县渊德观皈依，度师蒋长青。参见福星观印：《杭州玉皇山福星观光绪乙酉坛登真箓》戒子部分，浙江省图书馆古籍部藏。

② 参见本文第六章第五节镇海渊德观部分。

③ 福星观印：《杭州玉皇山福星观光绪乙酉坛登真箓》戒子部分，浙江省图书馆古籍部藏。

山福星观教团的道士在严州府当地拥有宫观和分支，可见其在当地的影响不大。

第三节　其他省籍贯戒子分析

本次授戒还有来自全国 12 个省份的戒子，现就其情况进行一一分析。

一　湖北省

本次授戒仪式中湖北省籍贯的戒子共有 10 名戒子参加，具体情况如下：

表 3.26　籍贯戒子情况统计表①

派别	姓名	年龄	籍贯	出家地			出家（皈依）宫观	度师
龙门	傅圆发	三十六	德安府	江南	宁国府	宣城县	龙王山	田永修
龙门	吴永松	二十七	德安府	四川	泸州		碧山庙	刘教成
龙门	石圆霖	四十六	武昌府	浙江	杭州府	钱塘县	隆恩院	王永桂
龙门	余教淮	二十九	黄州府	本省	本府	本县	黄帝观	罗合雯
龙门	费诚丹	三十三	武昌府	本省	本府	本州	华岩庵	黄宗和

---

① 福星观印：《杭州玉皇山福星观光绪乙酉坛登真箓》戒子部分，浙江省图书馆古籍部藏。

派别	姓名	年龄	籍贯	出家地			出家（皈依）宫观	度师
尹喜	谢心曼	五十五	宜昌府	本省	荆州府	江陵县	开元观	杨玄峰
龙门	孙明道	四十一	黄州府	安徽	宁国府	宣城县	金钗山三天洞	陈圆海
龙门	唐圆海	二十六	汉阳府	本省	本府	本县	老天符庙	张永松
龙门	高诚明	三十八	黄州府	本省	本府	本县	关帝庙	倪宗德
龙门	黄诚德	五十九	武昌府	本省	本府	本州	陈真观	黄宗和

从中可见，湖北省籍贯的戒子中有 9 人为龙门派，1 人为尹喜派。他们的籍贯主要在武汉周边地区，但是出家地却分布很广，两人在安徽省宁国府宣城县的龙王山和金钗山三天洞出家；一人在四川省的泸州碧山庙出家；一人在浙江省杭州府钱塘县的隆恩院出家；剩下的在湖北省省内出家。值得注意的是有一名尹喜派戒子谢心曼，年五十五岁，为湖北省宜昌府人，在湖北省荆州府江陵县的开元观出家，度师杨玄峰。光绪二十二年（1896）玉皇山福星观传戒仪式中有 3 名戒子是在杭州玉皇山福星观教团所属的宫观皈依，戒子度师中，冯圆安和金至孝等也多为玉皇山福星观教团的高道①。可见，玉皇山福星观教团在湖北省具有不小的影响力，多名湖北省籍贯的戒子不远千里到杭州玉皇山福星观所属的宫观出家，并且认同和参加玉皇山福星观教团的传戒活动。

---

① 郭峰：《晚清杭州玉皇山福星观传戒研究——以光绪二十二年传戒为中心》，华中师范大学 2013 年历史学硕士学位论文。

二 江西省

本次授戒仪式中江西省籍贯的戒子共有 7 名戒子参加，详细情况如下表：

表 3.27 江西省籍贯戒子具体情况统计表①

派别	姓名	年龄	籍贯		出家地			出家宫观	度师
龙门	萧崇法	四十八	九江府	德化县	本省	本府	本县	莲花庵	李信德
龙门	冷崇兴	二十三	南昌府	武宁县	湖北		兴国州	真仙庵	向信心
随山	杨希钧	六十	抚州府	东乡县	福建	建宁府	崇安县	武彝山凝灵观	毛益进
龙门	陈宗泽	三十三	九江府	瑞昌县	本省	本府	本县	狮子山金仙洞	丁理恬
龙门	丁理恬	四十五	九江府	瑞昌县	本省	南康府	星子县	匡庐山木瓜洞	杨至阴
龙门	李高清	二十五	吉安府	吉水县	湖北	汉阳府	汉阳县	天符庙	廖崇德
龙门	曹嗣智	三十一	南康府	都昌县	本省	饶州府	鄱阳县	虎峰山关王庙	吴高冬

从中可见，江西省籍贯戒子中有 5 人是龙门派，一人是随山派。其中四人是在江西省本地宫观出家；两人是在湖北省出的家；一人是在福建省建宁府崇安县的武彝山凝灵观出的家。值得

---

① 福星观印：《杭州玉皇山福星观光绪乙酉坛登真篆》戒子部分，浙江省图书馆古籍部藏。

注意的是有一名随山派的戒子杨希钧，年六十岁，在福建建宁府崇安县的武彝山凝灵观出家，度师为毛益进。光绪二十二年（1896）玉皇山福星观传戒仪式中有两名戒子是到杭州玉皇山福星观教团所属的宫观皈依，光绪二十二年（1896）授戒仪式中度师朱圆亨、冯圆安等人均为玉皇山福星观教团所属的高道①。从两次传戒仪式中有不少江西省籍贯戒子参加的情况可以看出，玉皇山福星观教团在江西还是有一定影响力。

二　江苏省

本次授戒仪式中江苏省籍贯的戒子共有 4 人参加，详细情况如下表：

表 3.28　江苏省籍贯戒子情况统计表②

派别	姓名	年龄	籍贯		出家地		出家宫观	度师
龙门	李合逊	三十八	常州府	无锡县	浙江	杭州府	钱塘县	吴山吕祖殿	郝本田
龙门	鲍合存	四十	杨州府	江都县	浙江	杭州府	钱塘县	吴山吕祖殿	郝本田
龙门	顾合良	四十二	常州府	武进县	浙江	杭州府	钱塘县	吴山吕祖殿	郝本田
龙门	陈教扬	三十九	常州府	阳湖县	浙江	杭州府	钱塘县	吴山吕祖殿	李合益

①　郭峰：《晚清杭州玉皇山福星观传戒研究——以光绪二十二年传戒为中心》，华中师范大学 2013 年历史学硕士学位论文。
②　福星观印：《杭州玉皇山福星观光绪乙酉坛登真箓》戒子部分，浙江省图书馆古籍部藏。

从中可见，他们四人均是到杭州府钱塘县的吴山吕祖殿出家，其中三人度师为郝本田，一人度师为李合益。吴山吕祖殿为玉皇山福星观教团所在的宫观，可见他们也均为玉皇山福星观教团道士，应该是玉皇山福星观教团在江苏招收的弟子并带到杭州府出家。

光绪二十二年（1896）传戒仪式中，江苏省籍贯的戒子只有1名戒子是在江西省本省的宫观皈依，其他的5名江苏省籍贯戒子均是到玉皇山福星观教团所属的吴山吕祖殿等宫观皈依，前来受戒的戒子度师也多是玉皇山福星观教团培养出来的高道，如朱圆亨等人。如此多的江苏籍贯的戒子到浙江省杭州市的玉皇山福星观所属的宫观出家，可能是江苏省南部地区距离位于浙江省北部地区的杭州府很近，地理距离上流动较为方便；也有可能是玉皇山福星观教团在江苏省南部地区较有影响力，有多名玉皇山福星观教团所属的高道籍贯为江苏省，因此他们也在江苏省开展宗教活动，传播玉皇山福星观教团的道统。虽然两次传戒仪式留下的《登真箓》中我们未见有玉皇山福星观教团的道士在江苏省形成以某个玉皇山福星观教团所属的宫观为中心的玉皇山福星观教团分支，但是玉皇山福星观教团在江苏省南部地区拥有不小的影响力是无可争辩的。

四　湖南省

本次授戒仪式中湖南省籍贯的戒子共有5人参加，具体情况如下：

表 3.29　湖南省籍贯戒子统计表①

派别	姓名	年龄	籍贯		出家地			出家宫观	度师
龙门	郭理达	三十七	长沙府	湘潭县	本省	盐州府	衡山县	龙王庙	吴至净
龙门	甘明露	四十九	长沙府	湘阴县	浙江	台州府	天台县	桐柏宫	褚圆度
龙门	张永立	三十	长沙府	浏阳县	本省	本府	本县	斗姥阁	李教镇
龙门	彭教妙	四十	长沙府	善化县	本省	本府	本县	岳麓山云麓宫	何合藏
龙门	唐永智	三十七	长沙府	湘潭县	本省	本府	善化县	云麓宫	彭教妙

　　从中可见，5 名湖南省籍贯的戒子中有 4 人是在本地宫观出家，集中在长沙府周边地区，有一人是在浙江省桐柏宫出家。光绪二十二年（1896）玉皇山福星观传戒仪式中湖南省籍贯的戒子中有 2 名是到杭州出家，其中一名戒子度师为光绪二十二年（1896）的传戒大师冯圆安。湖南省本省出家的有 5 名戒子，均集中在长沙府。可见玉皇山福星观的影响力确实已经波及千里之外的湖南省，并且多集中在长沙附近。

五　直隶省

　　本次授戒仪式中直隶省籍贯的戒子共有 3 人参加，具体情况

---

① 福星观印：《杭州玉皇山福星观光绪乙酉坛登真箓》戒子部分，浙江省图书馆古籍部藏。

如下：

> 龙门退字第一百二十一号。林合定，慧通子，年五十三
> 岁，癸巳相十二月二十二日吉生，系直隶顺天府宛平县人
> 氏。在浙江杭州府钱塘县吴山吕祖殿出家，度师郝本田。
>
> 龙门体字第一百二十四号。王合新，悟激子，年二十三
> 岁，癸亥相十二月二十五日吉时生，系直隶河间府献县人
> 氏。在浙江杭州府钱塘县吴山吕祖殿出家，度师郝本田。
>
> 龙门归字第一百二十七号。魏合明，通激子，年五十四
> 岁，壬辰相三月初十日吉时生，系直隶顺天府武清县人氏。
> 在浙江杭州府钱塘县吴山吕祖殿出家，度师郝本田①。

从中可见，这三名直隶省籍贯的戒子均为龙门派，而且都是到千里之外的浙江省杭州府钱塘县吴山吕祖殿出家，度师为郝本田，吴山吕祖殿为玉皇山福星观教团宫观。

　　光绪二十二年（1896）传戒仪式中有一名直隶省籍贯的戒子在直隶本省的宫观出家并到玉皇山福星观接受戒律②。一般情况下，直隶省的宫观离京师白云观距离非常近，同时白云观为龙门派律宗祖庭，有崇高的威望，所以周边的道士大多愿意到白云观接受授戒。玉皇山福星观光绪十一年（1885）和光绪二十二年（1896）两次授戒仪式中，虽然只有 4 名直隶省籍贯的戒子参加，但也可见玉皇山福星观教团的影响力到达了直隶省，玉皇山福星观教团的道士在直隶省招收弟子带回玉皇山福星观教团宫

---

　　① 福星观印：《杭州玉皇山福星观光绪乙酉坛登真箓》戒子部分，浙江省图书馆古籍部藏。

　　② 郭峰：《晚清杭州玉皇山福星观传戒研究——以光绪二十二年传戒为中心》，华中师范大学 2013 年历史学硕士学位论文。

观出家，接受玉皇山福星观的授戒仪式。

六 河南省

本次授戒仪式中河南省籍贯的戒子共有 4 人参加，具体情况如下：

> 龙门黄字第四号。王永灵，畅元子，年二十岁，丙寅相十月十五日午时生，系河南南阳府南阳县人氏。在本省本府本县真武观出家，度师孙教宽。

> 龙门余字第二十六号。席教真，果然子，年三十七岁，己酉相十二月二十四日午时生，系河南汝宁府信杨州人氏。在安徽省宁国府广德州祖师殿出家，度师黄合志。

> 龙门羽字第七十一号。方圆松，盘鹤子，年三十六岁，庚戌相正月十三日午时生，系河南省光州商城县人氏。在湖广黄州府麻城县朝阳观出家，度师董永鹏。

> 龙门景字第二百一号。叶宗良，仁忠子，年五十八岁，戊子相三月初一日子时生，系河南汝宁府信杨州人氏。在浙江湖州府长兴县楼云观出家，度师陈理融①。

从中可见，河南省籍贯的戒子中，有一人是在河南省南阳县的真武观出的家；一人是在安徽省宁国府广德州的祖师殿出的家；一人是在湖北省黄州府麻城县朝阳观出的家；一人是在浙江省湖州府长兴县的楼云观出的家。

---

① 福星观印：《杭州玉皇山福星观光绪乙酉坛登真箓》戒子部分，浙江省图书馆古籍部藏。

光绪二十二年（1896）玉皇山福星观传戒仪式中有 3 名河南省籍贯的戒子均是信阳县人，他们不是在河南省的宫观出家，而是不远千里到浙江省杭州府杭州市周边的玉皇山福星观教团所属的宫观皈依，他们的度师杨明法和冯圆安等多为玉皇山福星观教团出来的高道①。从光绪十一年（1885）和光绪二十二年（1896）两次授戒仪式留下的《登真箓》来看，玉皇山福星观教团所属的道士应该在河南当地开展过宗教活动，在此招收弟子，并带回杭州出家，可见玉皇山福星观教团在河南有一定影响力。

七　安徽省

本次授戒仪式中安徽省籍贯的戒子共有 6 名，具体情况如下：

> 龙门夏至香，列字第十五号。年二十一岁，乙丑相正月十七日酉时生，系安徽省庐州府无为县人氏。在本省颍州府霍邱县墩子庙玉皇宫出家，度师陈明海。

> 龙门汪至豪，冈字第四十八号。年三十三岁，癸丑相二月二十五日丑时生，系江南安徽省徽州府休宁县人氏。在浙江杭州府钱塘县通玄观出家，度师陈明峰。

> 龙门汪明忍，帝字第七十六号。年二十岁，丙寅相十一月十三日午时生，系江南安徽省安庆府望江县人氏。在浙江杭州府钱塘县城隍山吕祖殿出家，度师冯圆安。

---

① 郭峰：《晚清杭州玉皇山福星观传戒研究——以光绪二十二年传戒为中心》，华中师范大学 2013 年历史学硕士学位论文。

龙门邓理添，有字第九十三号。年四十岁，丙午相正月十五日亥时（生），系安徽省凤阳府寿州县人氏。在浙江杭州府钱塘县金鼓洞出家，度师周至法。

龙门赵明兴，虞字第九十四号。年五十七岁，己丑相六月十一日丑时生，系江南安徽省安庆府怀宁县人氏。在浙江杭州府于潜县观山真清观出家，度师强圆林。

龙门钱至声，道字第一百八号。年二十八岁，戊午相十二月三十日午时生，系江南安徽省安庆府怀宁县人氏。在浙江杭州府于潜县城隍庙出家，度师杨明喜①。

从中可见，安徽省籍贯的戒子均为龙门派，其中有一人是在安徽省颍州府霍邱县的墩子庙玉皇宫出家，度师为陈明海。另外还有5名是到浙江省杭州府出的家，出家宫观中通玄观、城隍山吕祖殿、金鼓洞、城隍庙均为玉皇山福星观教团所在宫观；度师中冯圆安、周至法也玉皇山福星观教团的道士。

光绪二十二年（1896）玉皇山福星观授戒仪式中共有19名安徽省籍贯的戒子前来受戒，其中到杭州府玉皇山福星观教团所属宫观皈依的安徽省籍贯戒子共有6人②。从光绪十一年（1885）和光绪二十二年（1896）两次授戒仪式留下的《登真箓》来看，玉皇山福星观教团的影响已经到达了安徽省。

---

① 福星观印：《杭州玉皇山福星观光绪乙酉坛登真箓》戒子部分，浙江省图书馆古籍部藏。

② 郭峰：《晚清杭州玉皇山福星传戒研究——以光绪二十二年传戒为中心》，华中师范大学2013年历史学硕士学位论文。

八　陕西省

本次授戒仪式中陕西省籍贯的戒子共有 2 名，如下：

> 龙门位字第九十号。冯圆龙，负图子，年六十一岁，乙
> 酉相八月二十七日午时生，系陕西汉中府南镇县人氏。在本
> 省长安府曜州太白山七星洞出家，度师陈永寿。

> 龙门罪字第一百号。胡明辉，执中子，年五十八岁，戊
> 子相五月初一日午时生，系陕西西安府商州镇安县人氏。在
> 安徽省宁国府宣城县金钗山出家，度师陈圆海①。

从中可见，他们二人均为龙门派，一人在陕西省长安府曜州太白
山七星洞出家；一人在安徽省宁国府宣城县金钗山出家。位字第
九十号的戒子冯圆龙不远千里从中国内陆腹地的陕西省长安府到
东南沿海的浙江省杭州市玉皇山福星观参加其传戒仪式活动，可
见，玉皇山福星观教团的影响力到达了陕西省。

九　山东省

本次授戒仪式中山东省籍贯的戒子只有 1 名，如下：

> 龙门霜字第四十号。刁明玉，芳乐子，年三十八岁，戊
> 申相八月十三日卯时生，系山东曹州府云城县人氏。在江南

---

① 福星观印：《杭州玉皇山福星观光绪乙酉坛登真篆》戒子部分，浙江省图书
馆古籍部藏。

徐州府铜山县水牛山玉皇庙出家，度师赵圆秀①。

从中可见，这名山东省籍贯的戒子是到江苏省徐州府铜山县水牛山玉皇庙出的家，度师为赵圆秀。光绪二十二年（1896）授戒仪式中也没有山东省籍贯的戒子或者山东省的宫观道士来玉皇山福星观参加传戒。玉皇山福星观教团在山东省的情况还需要更多资料来分析。

十　广东省

本次授戒仪式中广东省籍贯的戒子有 2 名，如下：

> 龙门竹字第一百三十二号。刘教问，悟心子，年二十五岁，辛丑相四月二十九日吉时生，系广东韶州府曲江县人氏。在浙江杭州府钱塘县吴山吕祖殿出家，度师李台益。
>
> 龙门重字第六十二号。李理广，大观子，年十九岁，丁卯相四月十四日巳时生，系广东嘉应州人氏。在福建建宁府建阳县白塔山群仙观出家，度师洛至祥②。

从中可见，光绪十一年（1885）授戒仪式中有两名广东省籍贯的戒子参加，他们一人是在福建省建宁府建阳县的白塔山群仙观出的家，度师为洛至祥；一人是到浙江省杭州府钱塘县吴山吕祖殿出的家，度师为李台益。此时杭州府钱塘县吴山吕祖殿为玉皇

---

① 福星观印：《杭州玉皇山福星观光绪乙酉坛登真箓》戒子部分，浙江省图书馆古籍部藏。

② 福星观印：《杭州玉皇山福星观光绪乙酉坛登真箓》戒子部分，浙江省图书馆古籍部藏。

山福星观教团所属宫观。光绪二十二年（1896）玉皇山福星观授戒仪式中广东省籍贯的戒子共有五名，这五名戒子均不是在广东省本地的宫观出家，其中有三人是到玉皇山福星观教团下属的宫观杭州观音洞出家，一名戒子的度师还是蒋永林①。可见玉皇山福星观两次传戒中并没有广东当地宫观的道士过来参加，但是玉皇山福星观教团的道士到广东省招收弟子并带到杭州出家，参加传戒活动，这就可以看出玉皇山福星观教团道士在广东还是开展过一些宗教活动，有一定的影响力。

十一 福建省

本次授戒仪式中福建省籍贯的戒子只有 1 名，如下：

> 龙门皇字第八十号。邹至正，迎旭子，年五十岁，丙申相十一月初一日辰时生，系福建建宁府浦城县人氏。在浙江杭州府钱塘县通玄观出家，度师何明德②。

从中可见这名戒子是到浙江省杭州府钱塘县通玄观出的家，度师为何明德。光绪二十二年（1896）玉皇山福星观传戒仪式中福建省籍贯的戒子也只有两人，他们均不是在福建省当地的宫观出家，而是一人到邻近广东省的浙江省温州府平阳县广福仙宫皈依，一人是到杭州府的宫观皈依③。从光绪十一年（1885）和光

---

① 郭峰：《晚清杭州玉皇山福星观传戒研究——以光绪二十二年传戒为中心》，华中师范大学 2013 年历史学硕士学位论文。
② 福星观印：《杭州玉皇山福星观光绪乙酉坛登真箓》戒子部分，浙江省图书馆古籍部藏。
③ 郭峰：《晚清杭州玉皇山福星观传戒研究——以光绪二十二年传戒为中心》，华中师范大学 2013 年历史学硕士学位论文。

绪二十二年（1896）两次玉皇山福星观授戒仪式来看，玉皇山福星观教团虽然没有宫观或者道士到福建省开展宗教活动，但是玉皇山福星观教团的影响力到达了福建是可以确定的。

十二 四川省

本次授戒仪式中四川省籍贯的戒子只有 1 名，如下：

> 龙门衣字第八十七号。刘教成，宗信子，年三十八岁，戊申相四月二十八日亥时生，系四川崇庆府将军县人氏。在本省泸州碧山庙出家，度师何合林①。

从中可见，这名四川省籍贯的戒子是在四川省泸州碧山庙出的家，度师为何合林。光绪二十二年（1896）玉皇山福星观传戒仪式中，四川籍贯的戒子共有 2 名，这两名戒子的籍贯地和出家地位于四川东北部②。从两次传戒情况来看，共有 3 名四川籍贯非玉皇山福星观教团的道士前来接受玉皇山福星观教团的传戒活动。这也表明玉皇山福星观教团的影响到达了千里之外的四川省。

第四节 龙门派戒子分析

本次传戒有来自全国七个不同宗派的戒子参加，其中龙门派

---

① 福星观印：《杭州玉皇山福星观光绪乙酉坛登真箓》戒子部分，浙江省图书馆古籍部藏。

② 郭峰：《晚清杭州玉皇山福星观传戒研究——以光绪二十二年传戒为中心》，华中师范大学 2013 年历史学硕士学位论文。

185 人、随山派 7 人、清静派 6 人、崳山派 3 人、遇山派 3 人、南无派 1 人、尹喜派 1 人。可见，龙门派弟子是前来参加授戒仪式的主力，其次是同属全真道分支的清净等派。现在本章节就对《杭州玉皇山福星观光绪乙酉坛登真箓》中反映的道派的情况进行一一分析。

此次授戒仪式中龙门派人数最多，占到了总人数的近百分之九十，戒子籍贯和出家地的具体情况统计如下：

表 3.30　龙门派戒子籍贯情况统计表①

籍贯	浙江	湖北	江西	安徽	江南②	湖南	河南	江苏	直隶	广东	陕西	山东	四川	福建	总计
人数	135	9	6	6	6	5	4	4	3	2	2	1	1	1	185

---

① 福星观印：《杭州玉皇山福星观光绪乙酉坛登真箓》戒子部分，浙江省图书馆古籍部藏。

② 这六名戒子为：龙门宙子第六号。黄至浚，海岛子，年二十七岁，己未相正月三十日午时生，系江南徽州府休宁县人氏。在浙江杭州府仁和县白栗山福清宫出家，度师沈明道；龙门玉字第四十五号。王至阳，纯虚子，年四十三岁，癸卯相十二月十二日亥时生，系江南江宁府上元县人氏。在浙江杭州府钱塘县葛岭道院出家，度师汪明秀；龙门吊字第九十七号。郑理庭，祥和子，年十四岁，壬申相吉月吉日吉时生，系江南安庆府太湖县人氏。在浙江杭州府於潜县城隍庙出家，度师钱至声；龙门慕字第一百六十二号。王理昭，震和子，年三十六岁，庚戌相十二月初一日吉时生，系江南扬州府高邮州人氏。在浙江杭州府钱塘县金鼓洞皈依，度师周至法；龙门谈字第一百七十八号。陆圆珠，宝月子，年五十五岁，辛卯相正月二十六日酉时生，系江南苏州府长州县人氏。在浙江杭州府钱塘县吴山吕祖殿出家，度师长青子；龙门靡字第一百八十一号。潘至玉，鸣岐子，年二十七岁，己未相十一月二十七日丑时生，系江南扬州府仪真县人氏。在浙江杭州府仁和县天后宫出家，度师郦明善。参见福星观印：《杭州玉皇山福星观光绪乙酉坛登真箓》戒子部分，浙江省图书馆古籍部藏。

表 3.31　龙门派戒子出家地情况统计表①

出家地	浙江	湖北	江西	安徽	江南	湖南	河南	江苏	直隶	广东	陕西	山东	四川	福建	总计
人数	152	8	4	9	0	4	1	3	0	0	1	0	2	1	185

其中可见，直隶的 3 名戒子②是到杭州吴山吕祖庙出的家；广东的 2 名戒子③中一名是到福建出的家，一名到浙江杭州吕祖庙出的家；山东的 1 名戒子④是到江苏出的家。可见晚清时期道士还是有一定流动性。由丁戒子人数众多，本节以戒子宗派为中心对其逐一分析。

龙门派戒子中，籍贯登记为浙江府的戒子多达 135 人，占到了龙门派戒子总人数的近百分之七十三，也占到了前来参加授戒

---

　　① 福星观印：《杭州玉皇山福星观光绪乙酉坛登真箓》戒子部分，浙江省图书馆古籍部藏。

　　② 这三名戒子为：龙门遐字第一百二十一号。林合定，慧通子，年五十三岁，癸巳相十二月二十二日吉生，系直隶顺天府宛平县人氏。在浙江杭州府钱塘县吴山吕祖殿出家，度师郝本田；龙门体字第一百二十四号。王合新，悟激子，年二十三岁，癸亥相十二月二十五日吉时生，系直隶河间府献县人民。在浙江杭州府钱塘县吴山吕祖殿出家，度师郝本田；龙门归字第一百二十七号。魏合明，通激子，年五十四岁，壬辰相三月初十日吉时生，系直隶顺天府武清县人民。在浙江杭州府钱塘县吴山吕祖殿出家，度师郝本田。参见福星观印：《杭州玉皇山福星观光绪乙酉坛登真箓》戒子部分，浙江省图书馆古籍部藏。

　　③ 这两名戒子为：龙门重字第六十二号。李理广，大观子，年十九岁，丁卯相四月十四日巳时生，系广东嘉应州人氏。在福建建宁府建阳县白塔山群仙观出家，度师洛至祥；龙门竹字第一百三十二号。刘教问，悟心子，年二十五岁，辛丑相四月二十九日吉时生，系广东韶州府曲江县人氏。在浙江杭州府钱塘县吴山吕祖殿出家，度师李台益。参见福星观印：《杭州玉皇山福星观光绪乙酉坛登真箓》戒子部分，浙江省图书馆古籍部藏。

　　④ 这名戒子为：龙门霜字第四十号。刁明玉，芳乐子，年三十八岁，戊申相八月十三日卯时生，系山东曹州府云城县人氏。在江南徐州府铜山县水牛山玉皇庙出家，度师赵圆秀。参见福星观印：《杭州玉皇山福星观光绪乙酉坛登真箓》戒子部分，浙江省图书馆古籍部藏。

戒子总人数的百分之六十五。值得注意的是，还有 17 名其他省份的戒子从外省到浙江省出家。具体情况如下：

表 3.32　浙江籍贯龙门派戒子情况统计表①

籍贯	杭州府	绍兴府	金华府	湖州府	台州府	温州府	宁波府	嘉兴府	严州府	总计
人数	41	20	18	26	11	8	6	4	1	135

从中可见，浙江省籍贯的戒子主要集中在杭州、湖州、绍兴等府。因为戒子人数众多，本章节就每一个府的情况进行详细分析。

一　杭州府

登记为杭州府籍贯的戒子有 41 名，他们的出家地情况具体如下：

表 3.33　杭州府籍贯龙门派戒子出家地情况统计表②

出家地	浙江杭州府	浙江湖州府	浙江嘉兴府	浙江绍兴府	安徽颍州府	总计
人数	21	14	1	1	4	41

本次授戒仪式中，共有 41 名杭州府籍贯的戒子前来参加授戒，比光绪二十二年（1896）玉皇山授戒仪式中还多 9 人，而光绪二十二年（1896）授戒也有多人参加。这批戒子中有 21 人

---

① 福星观印：《杭州玉皇山福星观光绪乙酉坛登真箓》戒子部分，浙江省图书馆古籍部藏。

② 福星观印：《杭州玉皇山福星观光绪乙酉坛登真箓》戒子部分，浙江省图书馆古籍部藏。

就是在杭州府出的家，占到了总人数的百分之五十强。浙江杭州
府出家的戒子多在玉皇山福星观教团所在宫观和度师处出家，情
况如下：

表3.34 杭州府籍贯戒子出家地浙江杭州府情况统计表①

派别	姓名	年龄	出家宫观	度师
龙门	邬明簏	三十六	大涤洞霄宫	朱圆亨
龙门	钱理登	十四	葛岭道院	楼至行
龙门	许圆惟	六十	文昌阁	长青子
龙门	倪圆亦	三十九	龙山文昌阁	长青子
龙门	王明觉	五十七	文昌阁	朱圆亨
龙门	金明和	五十一	龙山文昌阁	朱圆亨
龙门	李合泗	四十五	吴山吕祖殿	郝本田
龙门	李合榆	五十一	吴山吕祖殿	郝本田
龙门	汪合真	四十六	吴山吕祖殿	郝本田
龙门	杜理成	五十二	许村西行宫	吴至能
龙门	汪教慧	十九	吴山吕祖殿	缪合仁
龙门	金圆鉴	五十三	真武殿	长青子
龙门	徐明方	四十四	文昌阁	倪圆亦
龙门	朱明寿	三十五	吴山吕祖殿	冯圆安
龙门	陆明正	四十五	通玄观	叶圆义
龙门	唐至升	三十七	明镜堂	潘明庆
龙门	王明诚	五十三	观音洞	朱圆亨

---

① 福星观印：《杭州玉皇山福星观光绪乙酉坛登真箓》戒子部分，浙江省图书
馆古籍部藏。

派别	姓名	年龄	出家宫观	度师
龙门	朱明益	二十二	观音洞	朱圆亨
龙门	章明德	五十三	玉虚庵	朱圆亨
龙门	曹明慧	七十	武圣宫	朱圆亨
龙门	顾明升	三十七	高家庙	朱圆亨

度师"长青子"为蒋永林的道号[1]，冯圆安、朱圆亨为蒋永林弟子。度师郝本田所在宫观吴山吕祖庙、度师楼至行所在的葛岭道院此时为玉皇山福星观道团所在宫观[2]。徐明方的度师倪圆亦也参加了本次传戒，倪圆亦的度师为蒋永林，故也为玉皇山福星观道团道士。叶圆义为蒋永林弟子[3]。吴至能本次传戒还有一名戒子陈理信在本省杭州府钱塘县的观音洞出家，观音洞也为玉皇山福星观教团宫观[4]，可见其也为玉皇山福星观教团弟子。除了戒子唐至升无考之外，其余20人全部为玉皇山福星观教团道士[5]。从字辈上看，杭州府籍贯龙门派的戒子和度师字辈有"本""合""教""永""圆""明""至"七个字辈，人数集中在"教""永""圆"三个字辈上。其与光绪二十二年（1896）传戒杭州府籍贯龙门派戒子字辈相比刚刚靠前一个字辈。从光绪

---

① 参见本书第一章第二节玉皇山福星观"中兴之师"蒋永林部分。

② 参见郭峰：《晚清杭州玉皇山福星观传戒研究——以光绪二十二年传戒为中心》，华中师范大学2013年历史学硕士学位论文。

③ "叶圆义，杭州府富阳县人，系蒋永林之徒。其圆义之徒何明德，分在杭城白马庙巷内通玄观。又周明月在黄天荡圣帝殿，均募重建。"参见卓炳森等辑：《玉皇山观志》，载王国平主编：《西湖文献集成》第25册，第1258页。

④ 郭峰：《晚清杭州玉皇山福星观传戒研究——以光绪二十二年传戒为中心》，华中师范大学2013年历史学硕士学位论文。

⑤ "唐至升"，度师为"潘明庆"，根据字辈和年龄看很有可能是玉皇山福星观教团道士，但还需要更多史料支撑。

十一年（1885）到光绪二十二年（1896），两次传戒活动相隔刚好10年。这十年间，玉皇山福星观教团也成长起来一代人，从字辈上看就是光绪二十二年（1896）传戒仪式中"本"字辈的消失，"合"和"教"老字辈道士的减少，相应的是"明""至"年轻一代字辈弟子的增加。玉皇山福星观自身教团的发展在传戒仪式中很好地体现出来。

另外，还有14名杭州府籍贯的戒子到湖州府出家，并有湖州府宫观的弟子到玉皇山福星观参加传戒活动，具体情况如下：

表3.35　杭州府籍贯戒子到湖州府出家情况统计表①

派别	姓名	年龄	出家宫观	度师
龙门	周合静	三十九	金盖山纯阳宫	任本应
龙门	印本定	三十六	织里纯阳宫	张复诚
龙门	傅教达	五十一	金盖山立云坛	蒋合公
龙门	姚教龄	六十四	金盖山立云坛	蒋合公
龙门	于教惠	五十二	金盖山立云坛	陈合聪
龙门	余合恒	五十	金盖山立云坛	俞本实
龙门	蒋合公	三十八	金盖山立云坛	俞本实
龙门	都复宽	四十七	金盖山纯阳宫	王来因
龙门	顾复畴	四十四	金盖山纯阳宫	王来因
龙门	马本瓶	三十五	双井岭纯阳宫	都复宽

---

① 福星观印：《杭州玉皇山福星观光绪乙酉坛登真箓》戒子部分，浙江省图书馆古籍部藏。

派别	姓名	年龄	出家宫观	度师
龙门	谭本修	四十二	双井岭纯阳宫	李复新
龙门	金复正	五十五	双井岭纯阳宫	王来因
龙门	黄本性	三十八	织里纯阳宫	都复宽
龙门	程明如	四十一	园花镇天仙府	朱圆亨

　　从中可知金盖山立云坛共有 5 人来受戒，傅教达、姚教龄的度师为蒋合公，蒋合公的度师为余本实，师徒一起到玉皇山福星观受戒。"双井岭纯阳宫""织里纯阳宫"与"金盖山纯阳宫"为同一个宫观，共有 8 人前来受戒，马本瓶和都复宽为师徒关系，他们均来源于湖州金盖山教团①。另外，玉皇山福星观教团的朱圆亨有一名戒子来自于湖州园花镇天仙府，可见玉皇山福星观教团的势力已经到达湖州。

　　另外在安徽颍州府出家的 4 名戒子均在安徽颍州府霍邱县墩子庙皈依，度师为陈明海②，陈明海为玉皇山福星观教团道士③。绍兴府和嘉兴府皈依的各 1 名杭州籍贯戒子度师均为玉皇山福星

---

①　参见本书第四章第二节浙江省籍贯戒子分析部分。

②　这四名戒子为：龙门化字第一百三十七号。金至仁，循本子，年三十七岁，己酉相八月十五日戌时生，系浙江杭州府新城县人氏。在安徽颍州府霍邱县墩子庙皈依，度师陈明海；龙门被字第一百三十八号。周至易，开乐子，年四十岁，丙午相十二月十五日午时生，系浙江杭州府新城县人氏。在安徽颍州府霍邱县墩子庙皈依，度师陈明海；龙门草字第一百三十九号。吴至诚，敬行子，年四十七岁，己亥相七月初一日子时生，系浙江杭州府新城县人氏。在安徽颍州府霍邱县墩子庙皈依，度师陈明海；龙门木字第一百四十号。金至义，信行子，年三十八岁，戊申相九月十四日酉时生，系浙江杭州府新城县人氏。在安徽颍州府霍邱县墩子庙皈依，度师陈明海。参见福星观印：《杭州玉皇山福星观光绪乙酉坛登真箓》戒子部分，浙江省图书馆古籍部藏。

③　参见本书第四章第一节光绪十一年（1885）传戒整体情况部分。

观教团道士朱圆亨①，可见玉皇山福星观教团势力到达这些地区。

综上所述，杭州府籍贯的戒子主要隶属于玉皇山福星观教团和湖州金盖山教团，玉皇山福星观教团的戒子主要是在杭州府玉皇山福星观所下设的当地宫观皈依，这些宫观大多由玉皇山福星观教团培养出来的道士在太平天国运动后重建或者新建，所招收的弟子前来玉皇山福星观参加授戒，可见其在战后发展较为顺利。湖州金盖山教团为浙江北部另一个重要的全真龙门派教团，也有大量杭州籍贯的弟子到此出家，并以该教团的戒子身份回到杭州参加授戒，可见该教团的影响之大。另外值得注意的是，有大量杭州籍贯的戒子跟随玉皇山福星观教团的道士到杭州府之外的地方发展，这一批戒子跟随自己的度师在当地重建宫观，发展道教事业，是玉皇山福星观教团势力向外扩张的一个表现。

二 绍兴府

籍贯登记为绍兴府的龙门派戒子共有 20 名，其中有 14 名绍兴府籍贯的戒子是到杭州府出的家，有 6 人是在本地出的家，他们的出家地情况如下：

---

① 这两名戒子为：龙门难字第一百九十一号。李明慈，普化子，年六十七岁，己卯相二月十二日辰时生，系浙江杭州府海宁州人氏。在本省绍兴府斗子岩玉虚庵皈依，度师朱圆亨；龙门昃字第十二号。沈明坚，玉泉子，年二十八岁，戊午相正月二十九日亥时生，系浙江杭州府海宁州人氏。在本省嘉兴府海盐县火神庙出家，度师朱圆亨。参见福星观印：《杭州玉皇山福星观光绪乙酉坛登真箓》戒子部分，浙江省图书馆古籍部藏。

表 3.36　绍兴府籍贯戒子出家地情况统计表①

出家地	杭州府	绍兴府
人数	14 人	6 人

其中绍兴府籍贯到杭州府宫观出家的 14 名戒子具体情况如下：

表 3.37　绍兴府籍贯戒子杭州府宫观出家情况统计表②

派别	姓名	年龄	出家宫观	度师
龙门	钱至瑶	二十八	观音洞	周明传
龙门	谢至镇	四十三	宣荣观	俞明星
龙门	陈至莲	十三	通玄观	陈明峻
龙门	潘至生	四十	分金岭太平庵	彭明松
龙门	赵圆方	五十一	华林道院	江永固
龙门	周明梁	四十三	吴山吕祖殿	冯圆安
龙门	陈明德	五十二	城隍山吕祖殿	冯圆安
龙门	陈明长	四十九	吴山吕祖殿	冯圆安
龙门	方明养	六十八	吴山吕祖殿	冯圆安
龙门	楼明高	六十八	吴山吕祖殿	冯圆安
龙门	方明物	四十八	吴山吕祖殿	冯圆安
龙门	汪明卿	三十五	西湖葛岭道院	朱圆亨
龙门	邵明珠	三十七	洞霄宫	谭圆森
龙门	潘明录	三十八	洞霄宫	郭圆峰

---

① 福星观印：《杭州玉皇山福星观光绪乙酉坛登真箓》戒子部分，浙江省图书馆古籍部藏。
② 福星观印：《杭州玉皇山福星观光绪乙酉坛登真箓》戒子部分，浙江省图书馆古籍部藏。

其中度师周明传、陈明峻、冯圆安、朱圆亨、郭圆峰为玉皇山福星观教团弟子，度师谭圆森所在宫观洞霄宫为玉皇山福星观教团宫观①。戒子彭明松、江永固、俞明星还需要考证。从字辈上看，这批戒子多"明""至"字辈，年龄多集中在三十到五十岁之间的青壮年，可见其应该为玉皇山福星观教团新兴一代弟子。绍兴府籍贯的戒子到杭州府出家多是到玉皇山福星观教团的宫观，成为玉皇山福星观教团的道士。另外杭州玉皇山福星观教团在绍兴府也有较大的影响，时任玉皇山福星观监院和玉皇山福星观第二十代传戒律师的朱圆亨曾经就到绍兴府的诸暨县进行过传教活动。

另外还有 6 名绍兴府籍贯的戒子在本地出家，具体情况如下：

表 3.38　绍兴府籍贯戒子绍兴府宫观出家情况统计表②

派别	姓名	年龄	出家宫观	度师
龙门	倪圆镇	四十七	仙桃山一灵观	长青子
龙门	谭圆森	四十八	塔坊基福圣道院	长青子
龙门	黄至诚	二十六	塔坊基福星道院	邵明珠
龙门	朱明真	三十四	仓圣殿	赵圆方

① 参见郭峰：《晚清杭州玉皇山福星观传戒研究——以光绪二十二年传戒为中心》，华中师范大学 2013 年历史学硕士学位论文。

② 表中戒子谭圆森出家宫观"塔坊基福圣道院"和戒子黄至诚出家宫观"塔坊基福星道院"应该为同一个宫观，但是笔者并未查阅到有关"塔坊基福圣道院"和"塔坊基福星道院"的相关历史信息，因而不能断定宫观名为"福星"还是"福圣"。参见福星观印：《杭州玉皇山福星观光绪乙酉坛登真箓》戒子部分，浙江省图书馆古籍部藏。

派别	姓名	年龄	出家宫观	度师
龙门	汤明学	五十八	吕祖殿	褚圆青
龙门	汤圆明	六十九	石岩山挹兰亭	长青子

从中可见，戒子倪圆镇、谭圆森、汤圆明的度师为"长青子"，即蒋永林，戒子黄至诚出家宫观为蒋永林所在的"塔坊基福星道院"，所以也为玉皇山福星观教团道士。朱明真和汤明学还需要考证①。蒋永林所招收的这批绍兴府籍贯戒子很有可能是其在绍兴府传道时招收的，也有可能是这批戒子为了寻求玉皇山福星观的帮助和参加玉皇山福星观的传戒活动而再拜蒋永林为师。不管是哪种情况，均可见玉皇山福星观教团和蒋永林在绍兴府本地的影响力。其他前来参加授戒的绍兴府籍贯的戒子也多是在绍兴府有玉皇山福星观教团道士常住的宫观皈依，从光绪十一年（1885）《杭州玉皇山福星观光绪乙酉坛登真箓》中可见绍兴府为玉皇山福星观教团发展的一个很重要地区。

三 金华府

金华府是本次龙门派受戒弟子人数较多的地方之一，共有18名龙门派金华府籍贯的戒子，具体情况如下：

---

① 福星观印：《杭州玉皇山福星观光绪乙酉坛登真箓》戒子部分，浙江省图书馆古籍部藏。

表 3.39　金华府籍贯戒子出家地情况统计表①

出家地	杭州府	金华府	湖州府	总计
人数	8	8	2	18

可见，18 名籍贯金华府的戒子中，有 8 人是到杭州府出的家，2 人是在湖州府出的家，8 人是在金华府本地出的家。其中在杭州府出家的 8 名戒子具体情况如下：

表 3.40　金华府籍贯戒子杭州府所属宫观出家情况统计表②

派别	姓名	年龄	出家宫观	度师
龙门	吕至祥	二十八	观山真清观	郑明珍
龙门	何明玉	四十	洞霄宫	朱圆亨
龙门	何至诚	三十	大关福星道院	李明德
龙门	陈理信	四十	观音洞	吴至能
龙门	李圆升	四十九	观音洞	长青子
龙门	蒋守顺	五十九	城隍山吕祖殿	蒋信林
龙门	朱明禄	三十	吴山吕祖殿	冯圆安
龙门	任仁通	五十四	玉皇宫	蒋本林

从中可见，戒子度师中"长青子"为蒋永林道号，朱圆亨、李明德、吴至能、冯圆安均为玉皇山福星观教团的道士，出家宫观中洞霄宫、观音洞、城隍山吕祖殿、玉皇宫等也为玉皇山福星

---

① 福星观印：《杭州玉皇山福星观光绪乙酉坛登真箓》戒子部分，浙江省图书馆古籍部藏。

② 福星观印：《杭州玉皇山福星观光绪乙酉坛登真箓》戒子部分，浙江省图书馆古籍部藏。

观教团所属宫观。可见参加本次授戒仪式的金华府籍贯戒子均是玉皇山福星观教团的道士，他们应该是玉皇山福星观到金华府招收的一批弟子，再带回到杭州府的宫观出家，参加玉皇山福星观教团的传戒活动。值得注意的是有一名戒子任仁通，虽然登记为"龙门派"，但是其度师蒋永林却登记为"蒋本林"，而且他本人的传戒法号也不符合龙门派的字派诗，可见他应该是先入了其他道派，后拜入蒋永林门下，改宗为龙门。

有八名金华府籍贯龙门派戒子就在金华府本地的宫观出家。具体情况如下：

表 3.41　金华府籍贯戒子金华府所属宫观出家情况统计表①

派别	姓名	年龄	出家宫观	度师
龙门	郑明心	五十	祝圣庵	徐圆柒
龙门	刘明清	三十三	祝圣庵	徐圆柒
龙门	胡明声	三十四	祝圣庵	徐圆柒
龙门	夏明奎	四十八	祝圣庵	徐圆柒
龙门	马理仁	三十六	普福庵	郑至行
龙门	吴明珠	六十九	祝圣庵	徐圆柒
龙门	卢明碧	四十六	祝圣庵	徐圆柒
龙门	杜明琳	六十二	祝圣庵	徐圆柒

另外，还有两名金华府籍贯龙门派的戒子到湖州府所属宫观出家，具体情况如下：

①　福星观印：《杭州玉皇山福星观光绪乙酉坛登真箓》戒子部分，浙江省图书馆古籍部藏。

表 3. 42　金华府籍贯戒子湖州府所属宫观出家情况统计表①

派别	姓名	年龄	出家宫观	度师
龙门	徐至乾	三十八	城山龙王庙	程明源
龙门	林至高	三十三	城山龙王庙	程明源

四　湖州府

　　湖州府籍贯的龙门派戒子共有 26 人，为本次受戒龙门派戒子中人数较多的地方，其中有 3 人是在杭州府出的家，23 人是到湖州府本地出的家。具体情况如下：

表 3. 43　湖州府籍贯戒子出家情况统计表②

出家地	杭州府	湖州府	总计
人数	3	23	26

　　杭州府出家的戒子情况如下：

表 3. 44　湖州府籍贯戒子杭州府所属宫观出家情况统计表③

派别	姓名	年龄	出家宫观	度师
龙门	沈明福	二十六	仙人洞	杜圆海
龙门	陈明贤	三十二	洞霄宫	朱圆亨
龙门	郭真兴	四十五	洞霄宫	蒋全林

　　① 福星观印：《杭州玉皇山福星观光绪乙酉坛登真箓》戒子部分，浙江省图书馆古籍部藏。

　　② 福星观印：《杭州玉皇山福星观光绪乙酉坛登真箓》戒子部分，浙江省图书馆古籍部藏。

　　③ 福星观印：《杭州玉皇山福星观光绪乙酉坛登真箓》戒子部分，浙江省图书馆古籍部藏。

可见，这三人中，朱圆亨为玉皇山福星观监院，蒋永林弟子。另外，还有23名湖州府籍贯的龙门派戒子在湖州府本地宫观出家，具体情况如下：

表3.45 湖州府籍贯戒子湖州府所属宫观出家情况统计表①

派别	姓名	年龄	出家宫观	度师
龙门	张明照	二十三	斗姥阁	褚圆炳
龙门	陈明通	二十九	斗姥阁	褚圆炳
龙门	施复春	五十五	凤凰山达云观	吕来卿
龙门	周复始	五十三	凤凰山达云观	吕来卿
龙门	孙明清	三十一	斗姥阁	褚圆炳
龙门	钱明高	四十九	斗姥阁	褚圆炳
龙门	范明慧	五十七	斗姥阁	褚圆炳
龙门	陆至炳	二十一	城山龙王殿	程明源
龙门	王至美	四十五	城山龙王殿	程明源
龙门	吕来卿	三十一	石城山五楼观	徐阳真
龙门	汤来吉	三十九	石城山五楼观	徐阳真
龙门	王来因	七十	金盖山纯阳宫	费阳熙
龙门	吕复顺	四十	凤凰山达云观	吕来卿
龙门	许复勤		凤凰山达云观	姚来荣

① 福星观印：《杭州玉皇山福星观光绪乙酉坛登真箓》戒子部分，浙江省图书馆古籍部藏。

派别	姓名	年龄	出家宫观	度师
龙门	戴来珍	五十一	石城山	徐阳真
龙门	魏明阳	五十五	观音堂	叶圆义
龙门	沈至相	二十七	黄龙洞	姚明亮
龙门	王复一	六十五	金盖山纯阳宫	程来永
龙门	张明月	五十九	斗姥阁	褚圆炳
龙门	叶明朗	六十二	斗姥阁	褚圆炳
龙门	栢宗权	二十七	楼云观	陈理融
龙门	孟宗平	四十	楼云观	陈理融
龙门	沈成良	四十三	斗姥阁	蒋长青子

　　从中可以看出，沈成良度师"长青子"为蒋永林道号，但"沈成良"的字辈不符合龙门派的字辈诗，可见其应该是后来拜蒋永林为师的，也可见蒋永林在湖州府斗姥阁传道，招收弟子。斗姥阁还有一名蒋永林的弟子褚圆炳在此招收了7名湖州府籍贯的弟子前来接受戒律，可见此宫观已经成为玉皇山福星观一个很重要的分支。另外戒子度师中姚明亮也为蒋永林弟子。在光绪二十二年（1896）传戒仪式中湖州府籍贯的戒子共有70名，为当年传戒仪式龙门派戒子籍贯之最，其中就有蒋永林、褚圆炳、姚明亮、冯圆安等玉皇山福星观道士在此招收弟子前来授戒，可见湖州府为玉皇山福星观教团对外扩展的一个重要地区，玉皇山福星观教团所属的道士姚明亮、褚圆炳等在湖州府当地以斗姥阁、吕祖庙宫观为核心扩建宫观，招收弟子，传播道统。

　　另外，有两名金盖山纯阳宫的弟子前来参加授戒仪式。在湖州地区，由高道闵一德（1748—1836）以金盖山古梅花观为中心开创出一个广泛分布在江南一带的教团。根据当代道士王圆贵统计，该教团共有分支七十二个，可见其盛况①。本书龙门派戒子籍贯杭州府部分中也有 13 名该教团的道士到玉皇山福星观参加授戒仪式，光绪二十二年（1896）传戒仪式中也有多达 13 名该教团的道士前来参加授戒仪式。从两次授戒仪式戒子的情况看，该教团在晚清时期势力依然很强大，不仅在湖州地区招收弟子，而且还在杭州等其他地区发展。同时他们均到玉皇山福星观接受戒律，也可以看出他们对玉皇山福星观法脉的认可。两个教团同属全真，他们之间通过传戒活动相互交流、良性互动。

五　台州府

本次授戒共有 11 名台州府籍贯的戒子前来参加，具体情况如下：

表 3.46　台州府戒子籍贯统计表②

出家地	台州府	温州府	杭州府	总人数
人数	6	4	1	11

从中可见，台州府籍贯的戒子主要是在台州府本地出家。具体情况如下：

---

① 王圆贵：《全真道在湖州地区的传承与演绎》，收入尹信慧主编：《茅山乾元观与江南全真道国际学术研讨会论文集》，第276—288页。

② 福星观印：《杭州玉皇山福星观光绪乙酉坛登真箓》戒子部分，浙江省图书馆古籍部藏。

表 3.47　台州府籍贯戒子台州府所属宫观出家情况统计表①

派别	姓名	年龄	出家宫观	度师
龙门	李志芳	二十	八仙宫	李明清
龙门	林永清	二十三	桐柏宫	王教执
龙门	林圆勤	二十六	天皇洞	管永衡
龙门	姚明机	五十七	桐柏山崇道观	朱圆亨
龙门	梁教泰	五十一	百步宫	卢合庆
龙门	管永衡	四十三	天皇洞	沈教亮

度师中朱圆亨为玉皇山福星观教团道士，其所招收弟子的宫观桐柏山崇道观为玉皇山福星观中兴之师蒋永林出家的宫观。戒子林圆勤在玉皇山福星观光绪二十二年（1896）传戒仪式中担任大师②，可见玉皇山福星观教团在台州有较大的影响力。

另外，还有 4 名台州府籍贯的戒子是在温州府的宫观出家。具体情况如下：

表 3.48　台州府籍贯戒子温州府所属宫观出家情况统计表③

派别	姓名	年龄	出家宫观	度师
龙门	蔡至云	二十八	方岩山玉蟾宫	季明融
龙门	叶至森	十八	方岩山玉蟾宫	李明荣
龙门	季明秀	三十四	方岩山玉蟾宫	陈圆蟾
龙门	张明应	三十四	方岩山玉蟾宫	陈圆蟾

---

①　福星观印：《杭州玉皇山福星观光绪乙酉坛登真箓》戒子部分，浙江省图书馆古籍部藏。

②　郭峰：《晚清杭州玉皇山福星观传戒研究——以光绪二十二年传戒为中心》，华中师范大学 2013 年历史学硕士学位论文。

③　福星观印：《杭州玉皇山福星观光绪乙酉坛登真箓》戒子部分，浙江省图书馆古籍部藏。

除此之外，还有一名戒子是在杭州府出的家①，度师为朱圆亨。结合光绪二十二年（1896）传戒历史可知，台州府此时有以羽山洞为中心的全真道龙门派教团，他们在浙江南部广收弟子，扩建宫观，羽山洞、羊角宫等丛林宫观均是其教团所属的著名宫观。此教团与玉皇山福星观教团一样，法脉均发源于全真派南宗祖庭桐柏宫。而蒋永林就在台州府的桐柏山出家，玉皇山福星观教团回到台州招收弟子参加传戒，可见其教团势力的发展之快。另外，从台州本地教团的道士参加玉皇山福星观的传戒活动也可以看出其他教团认同玉皇山福星观教团的法脉道统。两个道团通过传戒活动相互交流和认可，其他的宗教活动就更为频繁了。

六　温州府

玉皇山福星观光绪十一年（1885）授戒活动中登记为温州府籍贯的戒子共有 8 名。这八名戒子的具体情况如下表：

表 3.49　温州府籍贯戒子统计表②

出家地	温州府	台州府：	杭州府	总计
人数	6	1	1	8

---

①　龙门芥字第六十三号。郑明忠，心善子，年二十二岁，甲子相正月十七日申时生，系浙江台州府太平县人氏。在本省杭州府余杭县大涤山洞霄宫出家，度师朱圆亨。参见福星观印：《杭州玉皇山福星观光绪乙酉坛登真箓》戒子部分，浙江省图书馆古籍部藏。

②　福星观印：《杭州玉皇山福星观光绪乙酉坛登真箓》戒子部分，浙江省图书馆古籍部藏。

可见，温州府籍贯的戒子主要在本地宫观出家。其具体情况如下：

表 3.50　温州府籍贯戒子温州府所属宫观出家情况统计表①

派别	姓名	年龄	出家宫观	度师
龙门	薛明德	二十一	发春观	薛圆顺
龙门	薛圆顺	七十	雪山紫香观	黄永春
龙门	陈至良	三十五	方岩山玉蟾宫	林明否
龙门	金理焕	三十一	白岩山杨府庵	周至静
龙门	鲍明中	二十二	发春观	薛明顺
龙门	郑圆宗	四十五	雪山紫霄观	黄永春

本次受戒弟子中有薛圆顺，在《委羽洞天邱祖龙门宗谱》卷二中有记载。从中可知，薛圆顺宗师为浙江平阳万全下薛人，生于乙卯（1855）十月初三日亥时，羽化于丙戌（1886）七月二十八日亥时。在永嘉县的紫香观出家（同一个资料也记载其出家于委羽山大有宫），道号为"福禄子"，后在发春观开展宗教活动。他的墓在吴源山，为平阳龙门派的始祖②。根据《平阳县志》记载，薛圆顺一生共有 11 名弟子较为显著，最著名的是薛明德，另外有 9 人是晚清平阳县县辖范围内的人，对平阳县的道士事业做出了巨大的贡献③。薛圆顺的高徒薛明德也参加了本

---

①　福星观印：《杭州玉皇山福星观光绪乙酉坛登真箓》戒子部分，浙江省图书馆古籍部藏。

②　王松渠编：《委羽洞天邱祖龙门宗谱》卷二之《世系图七房一十三》《世系图七房六十六》。

③　平阳县志编纂委员会编纂：《平阳县志》，上海：汉语大词典出版社，1993年，第758页。

次玉皇山福星观的授戒仪式。

浙江南部温州、台州地区，乾隆年间全真高道杨来基以台州府黄岩的委羽山大有宫为中心传播道统，后在晚清时期逐渐在浙江南部地区形成一个强大的全真龙门派教团，他们较多地参与了玉皇山福星观传戒活动，与玉皇山福星观教团互动频繁。在光绪二十二年（1896）传戒中，温州府就有16名在当地宫观出家的戒子到玉皇山福星观受戒，这些戒子也多属于这个龙门派教团。可见这两个教团之间互动非常频繁。从字辈上看，有"永""圆""明""至""理"五个字辈，可见玉皇山福星观的传戒活动为其他地区的教团、宫观培养了大量的中坚力量。这批戒子为后来浙江南部地区道教的发展做出了重要贡献。

七 宁波府

玉皇山福星观光绪十一年（1885）授戒活动中登记为宁波府籍贯的戒子共有6名，他们的详细情况如下表：

表 3.51 宁波府籍贯戒子出家情况统计表①

出家地	杭州府	宁波府	总计
人数	4	2	6

其中杭州府出家的4名戒子具体情况如下：

---

① 福星观印：《杭州玉皇山福星观光绪乙酉坛登真箓》戒子部分，浙江省图书馆古籍部藏。

表 3.52　宁波府籍贯戒子杭州府所属宫观出家情况统计表①

派别	姓名	年龄	出家宫观	度师
龙门	傅宗旋	二十一	仙洞山玉皇宫	王理亨
龙门	沈理源	三十七	黄天堂	倪至孝
龙门	李明高	五十九	洞霄宫	谭圆森
龙门	王圆浚	六十	玉皇山灵观殿	长青子

李明高度师为谭圆峰，谭圆峰为绍兴府人，度师为蒋永林，也在本次传戒活动中受戒。王圆浚度师为蒋永林。另外还有两名戒子是在宁波府本地宫观出家②，一名戒子的度师为蒋永林弟子方圆根，另外一名戒子度师为蒋永林。光绪二十二年（1896）传戒仪式中有 23 名宁波府籍贯的戒子前来参加传戒，其中最多的是方圆根的戒子，多达 11 名，而且均是在此时玉皇山福星观的下院渊德观出的家。蒋永林较为重视道教在宁波地区的发展，曾经亲自到宁波府的渊德观主持工作，扶持其发展。通过传戒戒子的情况看，玉皇山福星观在宁波府有较大的影响力，为宁波府当地的宫观培养了一批中坚力量。宁波府也成为玉皇山福星观在浙江南部的一个很重要的分支。

---

① 福星观印：《杭州玉皇山福星观光绪乙酉坛登真箓》戒子部分，浙江省图书馆古籍部藏。

② 这两名戒子为：龙门必字第一百七十一号。方圆根，基庆子，年四十一岁，乙巳相三月吉吉时生，系浙江宁波府镇海县人氏。在本省本府本县渊德观出家，度师长青子；龙门维字第二百三号。王圆月，满光子，年六十九岁，丁丑相吉月吉日吉时生，系浙江宁波府镇海县人氏。在本省本府本县渊德观皈依，度师蒋长青。参见福星观印：《杭州玉皇山福星观光绪乙酉坛登真箓》戒子部分，浙江省图书馆古籍部藏。

八 嘉兴府

嘉兴府籍贯戒子共有 4 人，具体情况如下：

表 3.53 嘉兴府籍贯戒子出家地情况统计表①

派别	姓名	年龄	出家地	出家宫观	度师
龙门	栢明瑶	四十七	杭州府	天仙府	朱圆亨
龙门	王至心	五十一	苏州府	窿寿院	吴明玄
龙门	李至诚	三十三	苏州府	窿寿院	吴明玄
龙门	潘至惠	二十九	杭州府	龙山武圣宫	宋明莱

从中可见，四名嘉兴府籍贯戒子中，有 2 人是到杭州府出的家，其中一人的度师是玉皇山福星观监院朱圆亨。光绪二十二年（1896）玉皇山福星观传戒仪式中共有 15 名嘉兴府籍贯戒子参加，度师多为玉皇山福星观教团道士，出家宫观也多为玉皇山福星观所属的宫观②，可见玉皇山福星观教团在嘉兴府已经拥有较大的影响力。

九 严州府

另外还有一名严州府籍贯的戒子参加传戒仪式：

① 福星观印：《杭州玉皇山福星观光绪乙酉坛登真篆》戒子部分，浙江省图书馆古籍部藏。

② 福星观印：《杭州玉皇山福星观光绪乙酉坛登真篆》戒子部分，浙江省图书馆古籍部藏。

> 龙门四字第一百四十九号。高明德，绵延子，年四十二
> 岁，甲辰相四月二十四日酉时生，系浙江严州府分水县人
> 氏。在本省杭州府钱塘县吴山吕祖殿皈依，度师冯圆安①。

从中可见，该名戒子在杭州府钱塘县吴山吕祖殿出家，度师为蒋
永林徒孙冯圆安，可见其为玉皇山福星观教团道士。

另外还有江西省、安徽省、湖南省、河南省、江苏省、直隶
省、广东省、陕西省、山东省、四川省和福建省龙门派的戒子前
来接受戒律，因为其情况基本与该省籍贯部分相同，此处不再一
一论述。

第五节　其他宗派戒子分析

本次授戒还有其他六个宗派的戒子前来参加，现就其具体情
况进行一一分析：

一　南无派

玉皇山福星观光绪十一年（1885）授戒活动中只有 1 名南
无派的戒子前来参加。情况如下：

> 南无赖字第一百四十一号。金成慧，通诚子，年二十八
> 岁，戊午相九月二十三日戌时生，系浙江杭州府海宁州人

---

① 福星观印：《杭州玉皇山福星观光绪乙酉坛登真箓》戒子部分，浙江省图书
馆古籍部藏。

氏。在本省本府本州东林道院出家，度师张巧林①。

该名戒子是浙江省杭州府海宁州人，并且在浙江省杭州府海宁州东林道院出家，度师为张巧林，可见东林道院为南无派道士所在宫观。

光绪二十二年（1896）玉皇山福星观授戒仪式中也有 3 名南无派的戒子前来参加，他们出家的宫观为玉皇山福星观教团所在宫观，度师即为蒋永林②。南无派相传为全真派祖师王重阳的弟子谭处端创立。南无派与相传为全真派祖师王重阳的弟子丘处机创建的龙门派同属全真道。从两次玉皇山福星观南无派戒子的情况看，南无派的弟子拜龙门派的蒋永林为师，参加玉皇山福星观的授戒活动，明显是向玉皇山福星观的龙门派教团靠拢，这增加了玉皇山福星观教团的影响力。玉皇山福星观教团也通过授戒活动为南无派的生存提供了土壤，同时也向我们展示了晚清时期南无派顽强地生存在浙江省的史实。

二　清净派

本次授戒清净派的戒子共有 6 名，具体情况如下：

清净己字第一百八十三号。程石春，阳和子，年七十九岁，丁卯相正月二十四日戌时生，系浙江嘉兴府嘉善县人氏。在本省杭州府钱塘县玉皇山福星观皈依，度师蒋灰林。

---

① 福星观印：《杭州玉皇山福星观光绪乙酉坛登真篆》戒子部分，浙江省图书馆古籍部藏。
② 参见本书第四章随山派戒子分析部分。

清净长字第一百八十四号。钱石音，声化子，年四十九岁，丁酉相七月十五日卯时生，系浙江杭州府钱塘县人氏。在本省本府本县吴山吕祖殿皈依，度师蒋灰林。

清净信字第一百八十五号。王石清，净笃子，年五十八岁，戊子相七月二十日午时生，系浙江金华府东阳县人氏。在本省本府本县静岩庵皈依，度师蒋灰林。

清净可字第一百八十七号。袁石静，安然子，年六十七岁，己卯相吉月吉日吉时生，系浙江杭州府钱塘县人氏。在本省本府本县玉皇山福星观皈依，度师蒋灰林。

清净器字第一百八十九号。李石性，悟空子，年五十八岁，戊子相七月二十日午时生，系浙江金华府东阳县人氏。本省杭州府钱塘县观音洞出家，度师蒋灰林。

清净丝字第一百九十五号。杨石仁，大吉子，年六十五岁，辛巳相十一月二十二日未时生，系浙江绍兴府萧山县人氏。在本省杭州府钱塘县玉皇山皈依，度师蒋灰林①。

从中可见，这六名清净派戒子中，只有王石清一人在浙江金华府东阳县静岩庵皈依，度师为蒋灰林，蒋灰林即为蒋永林。其余五人均是到杭州府玉皇山福星观所属的教团宫观，诸如玉皇山、观音洞等出家，度师均为蒋永林。可见，这批清净派的戒子是蒋永林为了授戒仪式而招收的其他宗派的弟子。

光绪二十二年（1896）玉皇山福星观授戒仪式中共有33名清静派戒子到玉皇山福星观接受戒律，其中蒋永林一人就招收了

---

① 福星观印：《杭州玉皇山福星观光绪乙酉坛登真箓》戒子部分，浙江省图书馆古籍部藏。

30 名①。根据记载，清净派曾经盛行于金元时期的北方，明清之际随着道教整体的衰微而逐渐衰败②。从光绪十一年（1885）和二十二年（1896）玉皇山福星观授戒仪式留下的《登真箓》中可见，至少在晚清时期的江南地区，清净派依然较为活跃，拥有自己独立经营的宫观和较多的弟子。清净派在发展过程中，不断与同属于全真道的龙门派合流，通过玉皇山福星观教团的传戒活动来为自己的生存寻找更为广阔的平台，同时玉皇山福星观教团也通过招收清净派的弟子和让清净派的弟子前来参加授戒仪式扩大自己教团的影响。这对两个道派来说是双赢的结果，更为重要的是道派的合流和通过传戒活动的交流能够让道教整体不至于湮灭无闻。

三　随山派

玉皇山福星观光绪十一年（1885）授戒活动中共有 7 名随山派的戒子前来参加传戒活动。详细的情况如下：

> 随山收字第二十二号。潘守信，得诚子，年三十三岁，癸丑相十月初九日戌时生，系浙江绍兴府新昌县人氏。在本省湖州府归安县圣帝道院出家，度师蒋信林。

> 随山结字第三十八号。杨希钧，持正子，年六十岁，丙戌相十月初八日辰时生，系江西抚州府东乡县人氏。在福建

---

① 郭峰：《晚清杭州玉皇山福星观传戒研究——以光绪二十二年传戒为中心》，华中师范大学 2013 年历史学硕士学位论文。

② 吴枫、宋一夫主编：《中华道学通典》，海口：南海出版公司，1994 年，第 1279 页。

建宁府崇安县武彝山凝灵观出家，度师毛益进。

　　随山夜字第五十五号。潘守义，孝诚子，年四十岁，丙午相十二月初三日申时生，系浙江绍兴府新昌县人氏。在本省湖州府归安县圣帝道院出家，度师蒋信林。

　　随山姜字第六十四号。马守元，妙善子，年五十岁，丙申相六月十五日未时生，系浙江处州府缙云县人氏。在本省杭州府钱塘县玉皇山灵官殿出家，度师蒋信林。

　　随山海字第六十五号。胡守分，安意子，年四十六岁，庚子相八月二十日卯时生，系浙江处州府缙云县人氏。在本省杭州府钱塘县玉皇山灵官殿出家，度师蒋信林。

　　随山贞字第一百六十三号。胡守成，守正子，年三十七岁，己酉相八月十三日卯时生，系浙江绍兴府山阴县人氏。在本省本府本县静圆观皈依，度师蒋信林。

　　随山才字第一百六十七号。姚守修，诚意子，年四十九岁，丁酉相七月二十五日子时生，系浙江处州府缙云县人氏。在本省杭州府钱塘县玉皇山皈依，度师蒋信林①。

从中可见，这七名随山派的戒子有六人为浙江人，一人为江西人。其中一人在福建省建宁府崇安县武彝山凝灵观出的家，度师为毛益进；一人在浙江省绍兴府的静圆观皈依，度师为蒋永林；二人在浙江省湖州府归安县圣帝道院出的家，度师也为蒋永林；其余三人均在杭州府玉皇山福星观教团所属的宫观诸如玉皇山出家，度师也为蒋永林。光绪二十二年（1896）传戒仪式中共有

---

　　① 福星观印：《杭州玉皇山福星观光绪乙酉坛登真箓》戒子部分，浙江省图书馆古籍部藏。

五名随山派的戒子前来参加，其中有多名戒子从福建省建宁府崇安县武彝山凝云观前来参加授戒，并且，当时的武彝山凝云观以随山派为主。从两次授戒留下的《登真箓》可以看出随山派向同时期兴盛且同属全真教的龙门派积极靠拢、合流，玉皇山福星观的传戒为其生存提供了一定平台。另外，以福建省建宁府崇安县武彝山凝云观为中心的随山派依然顽强地生存在江南地区。

四 尹喜派

本次授戒仪式中有一名尹喜派的戒子前来参加，情况如下：

> 尹喜生字第四十二号。谢心曌，光明子，年五十五岁，辛卯相四月二十日丑时生，系湖北宜昌府归州人氏。在本省荆州府江陵县开元观出家，度师杨玄峰①。

尹喜派全称为尹喜楼观派，为早期道教派别之一，相传兴起于西北地区，尊尹喜为祖师。这名尹喜派的戒子为湖北宜昌府归州人，在湖北省荆州府江陵县开元观出家，可见开元观应该是一个尹喜派弟子所在的宫观。戒子和度师的字派为"玄""心"，与《诸真宗派总簿》中记载的尹喜派字辈诗一致②。尹喜派入清后就较少有文献，《杭州玉皇山福星观光绪乙酉坛登真箓》中的记载为我们保留了一个在湖北传承的古老道派。尹喜派不属于全真支派，也来参加玉皇山福星观的传戒活动，可见其也认同龙门派

---

① 福星观印：《杭州玉皇山福星观光绪乙酉坛登真箓》戒子部分，浙江省图书馆古籍部藏。

② 道教内部各字派诗歌参见王卡：《诸真宗派源流校读记》，收入熊铁基、麦子飞主编：《全真道与老庄学国际学术研讨会论文集》（上册），第66页。

的传戒仪式，并通过参加传戒活动来更好地发展自己。玉皇山福星观在此也没有门户之见，接纳了这些不属于全真分支的道派。

五 崳山派

本次授戒仪式中共有三名崳山派的戒子前来参加。情况如下：

> 崳山出字第四十六号。陈巧通，绪三子，年五十八岁，戊子相十月初九日酉时生，系浙江金华府东阳县人氏。在本省杭州府余杭县洞霄宫出家，度师蒋之林。
>
> 崳山制字第八十二号。徐巧灿，恪恭子，年四十二岁，甲辰相正月初七日辰时生，系浙江金华府东阳县人氏。在本省杭州府余杭县洞霄宫出家，度师蒋之林。
>
> 崳山烈字第一百六十四号。陆巧耕，勤行子，年五十八岁，戊子相十二月二十六日辰时生，系浙江嘉兴府桐乡县人氏。在本省湖州府乌程县观音堂皈依，度师蒋功林①。

从中可见，他们均是浙江本省人，其中有一人是在浙江省湖州府乌程县观音堂皈的依，度师蒋功林，很有可能就是蒋永林；有两人是在浙江省杭州府余杭县洞霄宫出的家，度师为蒋之林，即为蒋永林。

光绪二十二年（1896）玉皇山福星观授戒仪式中共有两名

---

① 福星观印：《杭州玉皇山福星观光绪乙酉坛登真箓》戒子部分，浙江省图书馆古籍部藏。

崳山派的戒子前来参加，他们均是在玉皇山福星观出的家[①]，度师均为"蒋永林"。通过光绪十一年（1885）和光绪二十二年（1896）两次传戒仪式留下的《登真箓》可见，这批参加授戒的崳山派弟子应该是在其他道观中先加入了崳山派，后再到浙江省玉皇山福星观教团所属的宫观中改拜龙门派的蒋永林为师，并来参加玉皇山福星观的传戒活动，获得度牒等信物。从中可以看出，晚清时期崳山派依然还在江南地区顽强地生存，并通过传戒活动试图与同属全真道的龙门派玉皇山福星观教团合流，玉皇山福星观的传戒活动为崳山派提供了一个生存的平台。

六　遇山派

玉皇山福星观光绪十一年（1885）授戒活动中共有三名遇山派的戒子前来参加，详细的情况如下：

> 遇山毁字第一百五十九号。施了尘，静禄子，年三十七岁，己酉相三月初八日巳时生，系浙江金华府东阳县人氏。在本省本府本县静岩庵皈依，度师蒋义林。

> 遇山男字第一百六十五号。徐了功，得善子，年五十四岁，壬辰相五月十五日辰时生，系浙江金华府东阳县人氏。在本省杭州府钱塘县玉皇山皈依，度师蒋义林。

> 遇山效字第一百六十六号。朱了慧，葆光子，年四十三岁，癸卯相十二月初七日子时生，系浙江杭州府海宁州人

---

① 郭峰：《晚清杭州玉皇山福星观传戒研究——以光绪二十二年传戒为中心》，华中师范大学 2013 年历史学硕士学位论文。

氏。在本省本府钱塘县玉皇山皈依，度师蒋义林①。

从中可见，这三名清净派的戒子均是浙江本省人。一人在浙江金华府东阳县静岩庵皈依，度师为蒋义林，即为蒋永林。两人在浙江杭州府钱塘县玉皇山皈依，度师也为蒋永林。光绪二十二年（1896）玉皇山福星观授戒仪式中共有七名遇山派的戒子前来参加，而且多是浙江本省人，在玉皇山福星观教团所属宫观出家②。结合两次授戒留下的《登真箓》来看，多数遇山派戒子原来即拜入遇山派，后又多在玉皇山福星观教团所属宫观中改拜蒋永林为师。这为我们展现了遇山派在江南地区发展的轨迹，同时也可看出遇山派与龙门派合流的趋势以及玉皇山福星观教团为遇山派提供了生存平台。

第六节　余　论

由以上分析可见，玉皇山福星观的授戒活动是玉皇山福星观教团内部发展的一种很重要的方式。同时也是玉皇山福星观教团与江南其他道教教团和宗派相互交流和互动的有效平台。

从玉皇山福星观教团本身来说，第一，传戒活动是玉皇山福星观教团培养自身教团道士的一种很重要的方式。自从全真道龙门派第七代传戒律师王常月开创公开授戒仪式后，接受戒律和参

---

①　郭峰：《晚清杭州玉皇山福星观传戒研究——以光绪二十二年传戒为中心》，华中师范大学 2013 年历史学硕士学位论文。
②　郭峰：《晚清杭州玉皇山福星观传戒研究——以光绪二十二年传戒为中心》，华中师范大学 2013 年历史学硕士学位论文。

加传戒活动就是一名全真道道士成道的重要一步。通过传戒仪式的戒子会获得度牒、《登真箓》等入道凭证，也是官方认可的道士凭证。通过对光绪十一年（1885）玉皇山福星观传戒留下的《登真箓》分析就可以看出，来参加玉皇山福星观当年传戒仪式的多是玉皇山福星观教团本身的弟子。这些弟子拜玉皇山福星观教团的道士为师，出家为道，甚至不远千里到外省去重建宫观，传播道统。之后他们又重新回到玉皇山福星观接受戒律，完成入道的关键一步。第二，传戒活动对玉皇山福星观教团内部起到了凝聚作用。玉皇山福星观教团并未形成一个严密的宗教组织，他们主要的联系是师徒关系，并以师徒关系在江南形成了一个松散的龙门派分支，而传戒活动中通过授戒建立起来的传戒"法脉"和"道统"为教团提供了另外一个发展的平台。第三，传戒活动是玉皇山福星观扶持其他弱小宫观的一种重要的方法。通过对玉皇山福星观附属的宫观分析就可发现，玉皇山福星观的传戒活动为这些弱小宫观培养了大量的道士，这些接受了戒律的道士无疑是其所在宫观的中坚力量。第四，传戒活动是玉皇山福星观扩大影响的很重要方式。全真宫观传统上分为子孙庙、丛林宫观和子孙丛林宫观。子孙庙是财产私有，可以师徒相承，规模相对较小，不能开展公开传戒活动的道观；丛林宫观则是财产道众公有，规模较大，主要宫观职位必须公开推举，可以公开开展传戒活动的宫观；子孙丛林宫观则介于两者之间，一般由子孙庙通过开展传戒活动发展而来。玉皇山福星观是由子孙庙发展而来的子孙丛林宫观，无疑开展传戒活动是提升玉皇山福星观在道教内部地位的重要方式。通过对光绪十一年（1885）玉皇山福星观传戒留下的《登真箓》分析就可以看出，有来自全国 12 个省份的

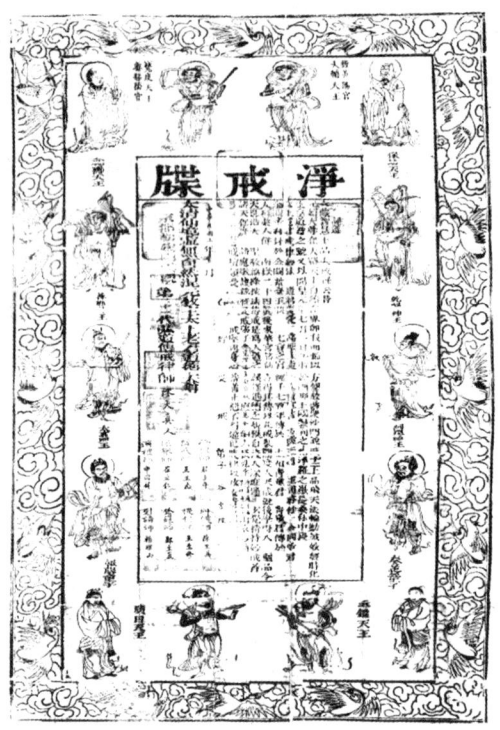

图 3.2　北京白云观传戒活动中发给考核合格戒子的净戒牒①

———————

① 根据李养正主编的《新编北京白云观志》记载，净戒牒的固定格式为："自太上降授科仪，即成道教之传统。戒律精严，乃全真道徒言行准则。学道者当首务积善、定念、修德、理身。学道不持戒，无缘登真箓。汝今既为太上老君弟子，当行戒律。护持清净，防非止恶。以爱国爱教之精神，继承发扬道教优良传统。兹有求戒弟子法名□，道号□，（俗名□）出生一九□○年□月□日系□省（市）□县□乡人。于一九　年□月□日在□宫观受戒。幸遇胜缘，获登戒名，自愿遵守不犯。经审查合格，发给戒牒。天仙正宗第□十代□弘教传戒律师上□下□大律师、证盟大师□、监戒大师□、保举大师□、演礼大师□、纠仪大师□、提科大师□、登录大师□、引请大师□，道戒字第□号，公元一九□○年□月□日。"图片参见中国版画全集编辑委员会编：《中国版画全集第 2 卷：民俗版画》，北京：紫禁城出版社，2008 年，第 24 页；李养正编著：《新编北京白云观志》，北京：宗教文化出版社，2003 年，第 265 页。

八个不同宗派的道士到玉皇山福星观来参加传戒活动，充分说明玉皇山福星观的影响力已经遍及中国的东南地区，这些参加传戒活动的戒子肯定了玉皇山福星观教团在道教界内部的地位和玉皇山福星观丛林宫观的身份。

从参加玉皇山福星观传戒活动的戒子角度来看，第一，参加玉皇山福星观的传戒活动是自身入道的关键一步，不仅在仪式中得到了学习，同时也获得了官方认可的度牒、净戒牒、《登真箓》等物。第二，通过玉皇山福星观的传戒活动来维持自身道派的发展。由光绪十一年（1885）传戒留下的《登真箓》可见，本次授戒仪式中有来自八个道派的戒子参加，他们大多是同属于全真道的支派，如随山派、清净派、遇山派等，同时还有一些不属于全真道支派的其他道教宗派参加，诸如尹喜派等。道教在千年发展历史上有无数的道派湮灭在历史长河中，又有无数的新道派应势崛起。尹喜派等"古老"道派参加玉皇山福星观所属的后崛起的龙门"新近"道派的公开传戒活动无疑是适应时代需要的一种转变，这种转变某种程度上在近代道教整体衰微的背景下减轻了这些古老道派衰败的压力，玉皇山福星观的传戒活动为他们的生存提供了新的平台。第三，不同的教团通过传戒活动进行交流和互动。以浙江省内的教团为例，在浙江省南部地区有委羽山大友宫教团，在浙江省北部有古梅花观教团，而浙江省内还有新近崛起的玉皇山福星观教团，他们同属于全真龙门派。通过对光绪十一年（1885）传戒留下的《登真箓》分析可见，委羽山大友宫教团和古梅花观教团都有大量的戒子到玉皇山福星观接受戒律，这三个教团通过传戒活动交流频繁，同时三个教团的戒子籍贯和出家宫观均有交叉，甚至一个宫内有不同教团的道士，可见他们在开展宗教活动过程中并没有门户之见，而是相互交流甚至支持。这种抱团的态度和行动无疑能够让处于弱势的道教更好地应对衰微的时代背景。

当然，对传戒活动应对近代道教衰败所起的作用不能无限地夸大。我们还要更为详细地研究，尤其是地方政府和社会对道教传戒活动的接受程度等还需要更多的资料。但是仅仅从对道教内部情况的研究来看，传戒活动的确起到了提升道士整体素质、整合教团内部力量和扩大道教在社会上影响的基本作用，所以在近代大型的丛林宫观均有较为频繁的传戒活动展开并视其为传播道统的一种很重要的方式。

第四章 推行道教：玉皇山福星观对接管各院和下院的扶持

　　本书中"下院"又叫"分院"，指的是由玉皇山福星观修建、维持并自始至终直接管理的附属宫观；"接管各院"指的是因道粮不足、教务废弛、恶霸相侵等自身原因而无法维持正常的宗教活动，主动依附玉皇山福星观的附属宫观①。民国《杭州玉皇山志》中把其分别称之为"主管分院"和"接管各院"，历史上大型的丛林宫观均有大量的附属宫观，比如北京白云观等。这些附属宫观与丛林宫观之间的关系不同于传统丛林宫观与子孙庙之间存在的授戒上道统的依附关系，更多的是经济上、政治上的一种依附关系。这些附属宫观与丛林宫观之间的关系复杂多变、若即若离，随着丛林宫观与附属宫观的发展而变化，但是大致上可以总结为两种情况：一是宫观本身遇到经济、安全等自身无法解决的问题而寻求丛林宫观的帮助，这种帮助一旦完成或者不再

---

　　① 丛林宫观（包括子孙丛林）与其他宫观的关系与互动并无系统研究，"主管"和"下院"既有联系又有区别，故需要对其进行简单说明。

必须，附属宫观往往脱离<u>丛林宫观</u>而独立；另一种是由<u>丛林宫观</u>自身出于发展等原因主动修建并一直维持的宫观，这种宫观从一开始即从属于<u>丛林宫观</u>，关系更为密切。本章就通过对玉皇山福星观民国年间接管和主管的宫观进行详细讨论来探讨他们之间的互动关系。玉皇山福星观民国年间接管的宫观有：金鼓洞、抱朴道院、元妙观、伍公庙、仁和朱天庙、火神庙、武康升元庙、余杭天柱观、余杭洞霄宫、镇海渊德观等，主管分院有杭州玉皇山福星观上海分院。现对以上宫观情况分别进行讨论。

第一节　仁和仓桥朱天庙

仁和仓桥朱天庙，又名水德道院，位于仁和县仓桥河上，河上架木筑室，以供朱天君[①]。近现代画家、诗人，生于浙江省嘉兴市的吴藕汀（1913—2005），在其《孤灯夜话》中对"朱天君"进行了详细的考证，认为近代"朱天君"由道教神仙转化为明朝末代皇帝崇祯，"朱天君原为道家三十六天将之一，信奉天君，最早由绍兴一带传来嘉兴……今之塑像，并无戒刀、金锤、皂袋，但披发赤足，手执金环、木棍，与《三教搜神大全》所云除'蚕眉巨眼'外，不大相同……传朱大天君乃明代遗民借以纪念崇祯皇帝，似可信也。当时庄烈帝于三月十九日殉国，此时路梗，消息传至江南绍兴一带已是一月有余。噩耗传来，浙人不忘故国，随即寄托在朱大天君身上，表示哀悼，以防满人之

---

① 来裕恂编：《杭州玉皇山志》卷十八《主管》，载《西湖文献集成》第21册，第931页。

耳目。据云四月二十四日的几天中，即是消息传到之时，故而以四月二十六日为天君生日，为祈祷之辰。观其塑像，颇有附会崇祯皇帝之处：披发赤足，为其缢死时之神态，金环即投环自缢之意。旧时传其出宫时手持木棍，准备与敌人一拼性命，也殊相合。木雕神像更身穿黄袍，一切供奉之香烛等物，均用黄色，更可以反映崇敬帝王矣"①。

图 4.1　今天余杭塘河三官堂的朱天君塑像②

---

① 吴藕汀：《孤灯夜话》，北京：中华书局，2013 年，第 277—278 页。
② 该图片由韩松涛拍摄于 2011 年 8 月，收入孔令宏、韩松涛：《民国杭州道教》，第 127 页。

　　"朱天君"信仰在浙江一带十分普遍，且仪式过程相当隆重，尤其是杭州市及其周边地区。近现代书法家、生于浙江杭县（今余杭）的马叙伦（1885－1970）在其《石屋余沉》中记载："杭俗祀朱天甚虔，持斋一个月。"① 陈建一主编的《杭州评话研究》中记载20世纪40年代前后杭州城在每年的农历四月二十三、二十四这两天要举办规模较大的"朱天会书"②："四月廿三日通宵都有会书听，书台前男女老少都有，有的听书听通宵，几乎听到入迷的程度……当时设过'朱天会书'的寺庙，有琵琶街的龙吟庵、菜市桥的萧王庙、下仓桥的朱天庙，以及关帝庙、水德禅院、上仓桥、柴垛桥、章家桥、草桥门等处。这些地方不是平时也说书的'寺庙书场'，而只在'朱天会书'的庙会日子临时设台说书，男女老少一律免费听书，增加庙会的热闹气氛。"③

　　仁和仓桥朱天庙的早期历史已经不可考④。民国《杭州玉皇山志》记载："该庙素来为全真派道士主管，前蒋祖之徒有冯圆安者，在仁和仓桥水德道院为主持，其后姚明亮、朱宗成更迭充当住持。"⑤ 晚清《玉皇山庙志》上《分支各师》中也记载了蒋

---

　　① 马叙伦:《石屋余沉》，收入周谷城主编:《民国丛书》第三编，第87册，上海：建文书店，1948年，第77页。

　　② 说书的一种。

　　③ 陈建一主编:《杭州评话研究》，杭州：浙江摄影出版社，2009年，第198页。

　　④ 笔者翻阅了明嘉靖《仁和县志》和清康熙《仁和县志》，均无"朱天庙"和"水德道院"的记载。地方志中无记载也可能和"朱天庙"中"朱天君"影射崇祯皇帝有关。参见沈朝宣撰:《仁和县志》，收入《中国方志丛书》华中地方·第五五九号；赵世安修，顾豹文、邵远平纂:《仁和县志》，收入《中国地方志集成》浙江府县志辑·第34册，上海：上海书店出版社，1993年。

　　⑤ 来裕恂编:《杭州玉皇山志》卷十八《主管》，载《西湖文献集成》第21册，第931页。

永林的徒子徒孙与水德道院有密切的关系：

> 分支各师：
>
> ……
>
> 高圆光，吉安府庐陵县人。其徒杨明喜，□□县人。在武林门内水德道院。现募建。
>
> 冯圆安，江宁府上元县人。在仁和仓桥水德道院①。

"武林门"，丁丙《武林坊巷志》中引用《万历钱塘志》和《康熙钱塘志》说："北城一门，曰武林，有水门。旧名余杭，俗呼北关。内属仁和，外属钱塘。"②"武林门内"应该就是指仁和县，可见所募建的"水德道院"即为"仁和仓桥水德道院"。笔者在晚清之前的地方文献中并未查阅到有关水德道院的相关资料，因此蒋永林的弟子"高圆光"和徒孙"杨明喜"应该为水德道院的建造者③。杨明喜作为度师，在玉皇山福星观光绪十一年（1885）的传戒中有一名弟子钱至声参加了传戒："龙门道字第一百八号。钱至声，奇生子，年二十八岁，戊午年十二月三十日午时生，系江南安徽省安庆府怀宁县人氏。在浙江杭州府于潜县城隍庙出家，度师杨明喜。"④从中可以看出，杨明喜并不是只在水德道院，也在其他地方收徒，同时也印证了杨明喜为玉皇

---

① 卓炳森编：《玉皇山庙志》，载《西湖文献集成》第25册，第1261页。

② 丁丙：《武林坊巷志》第7册，第712页。

③ "高圆光，吉安府庐陵县人。其徒杨明喜，□□县人。在武林门内水德道院。现募建。"王国平主编的《西湖文献集成》中收录的《玉皇山庙志》断句如此，应该为今天所加。但"现募建"的主语不明，可能指的是"高圆光"，也可能指的是"杨明喜"，但不管是"高圆光"还是"杨明喜"均是玉皇山福星观教团道士。

④ 福星观印：《杭州玉皇山福星观光绪乙酉坛登真篆》戒子部分，浙江省图书馆古籍部藏。

山福星观教团道士蒋永林徒孙的身份。冯圆安为蒋永林的弟子，光绪九年（1883）受戒于玉皇山福星观朱圆亨律师，在光绪二十二年（1896）授戒仪式中任证盟大师①，可见仁和仓桥水德道院原本即为玉皇山福星观教团分支之一。

在光绪二十二年（1896）玉皇山福星观传戒留下的《古杭州玉皇山福星观丙申坛登真箓》中记载了三名来自杭州府仁和仓桥水德道院出家的戒子。内容如下：

> 龙门宙字第六号。姚至星，昭监子，年四十岁，丁巳相二月十八日吉时建生，系浙江省仁和县人氏。在本县仁和仓桥水德道院出家，度师赵明祥。

> 龙门唐字第九十六号。陈理发，生群子，年十八岁，己卯相七月三十日吉时建生，系浙江嘉兴府嘉兴县人氏。在杭州府仁和仓桥水德道院出家，度师姚至星。

> 龙门黎字第一百十五号。周理缘，普光子，年三十六岁，辛酉相十二月初四日吉时建生，系浙江绍兴府诸暨县人氏。在浙江杭州府仁和仓桥水德道院出家，度师姚至星②。

从中可见，仁和仓桥水德道院在晚清还是比较兴盛，有多名弟子到玉皇山福星观受戒。戒子陈理发、周理缘的度师为姚至星，姚至星也来参加授戒，度师为赵明祥。这四人是师徒关系，均是浙江本地人，从字辈上看有"明""至""理"，加上"高圆光"和"冯圆安"的"圆"字辈共有四个字辈，可见玉皇山福星观

---

① 郭峰：《晚清杭州玉皇山福星观传戒研究——以光绪二十二年传戒为中心》，华中师范大学 2013 年历史学硕士学位论文。

② 福星观印：《杭州玉皇山福星观光绪丙申坛登真箓》戒子部分，杭州市图书馆藏。

教团的支派在水德道院得到传承和发展。

但是到了民国时期，仁和仓桥水德道院发展较为困难。《杭州市政府民国十九年三月份工作报表》中收录了《西北里委员会呈请收回武林门水德道院地址祈鉴核》的报表，可见民国十九年（1930）之前水德道院已经被地方政府收为公有，但因为没有查阅到详细的档案，收归公有的具体原因不明①。民国《杭州玉皇山志》中也记载："（仁和仓桥水德道院）后于某年不戒于火，恢复无期。"于是民国二十年（1931），仁和里人及道众公推玉皇山福星观李理山方丈接管该庙②。李理山接管后对该庙进行了一系列的建设，"将仓桥河左首地基挑平，瓦砾畚除，建筑楼房一幢，供天解星君，称为天解殿。楼上为拜忏之坛，楼下香客游息之所。河上架木为梁，不筑屋舍，只通两边行走之路。其右首为朱天庙，亦仅楼房一栋，实限于地基，无可扩充也"③。

在何善蒙著的《民国杭州民间信仰》中，其根据杭州市档案馆藏民国杭州档案资料整理的《民国杭州寺庙汇总表》里面收录了一所朱天庙和一所水德道院的资料。其内容如下：

　　名称：朱天庙，主持：尼永福，备考4；

　　名称：水德道院，地址：屏风街，主持：孙宗良，僧道

---

① 《市政月刊》，杭州，1930年，第4期，第49页。

② 来裕恂编：《杭州玉皇山志》卷十八《主管》，载《西湖文献集成》第21册，第931页。

③ 来裕恂编：《杭州玉皇山志》卷十八《主管》，载《西湖文献集成》第21册，第931页。

人数：1①。

"朱天庙"位置不详，不可考。"屏风街"即位于武林门边，所以推断此"水德道院"即为本章所指的"仁和仓桥水德道院"，可见此时的水德道院明显衰败，只有道士暨主持孙宗良一人。

从以上分析可以看出，仁和仓桥朱天庙，又名水德道院，位于仁和县仓桥河上，河上架木筑室为庙。最初是由玉皇山福星观教团支派，即蒋永林徒子徒孙高圆光、冯圆安、杨明喜等募集资金建设。晚清时期该庙较为兴盛，有多名弟子参加玉皇山福星观的授戒仪式。民国时期逐渐衰败，后又不幸失火，无力维持，被收归公有。民国二十年（1931）又重新请时任玉皇山福星观方丈的李理山道长主持，恢复宗教场所，在玉皇山福星观的支持下水德道院才重新恢复一些建筑。同时值得注意的是该庙在道教内部一般称为"水德道院"，但是在地方文献和文人笔记中较多称之为"朱天庙"；民国时期的建筑也是两栋房屋，一栋是朱天庙，一栋是天解殿。这种名称和建筑上的区别正好说明晚清民国时期道教在地方社会生存和发展的过程中努力调和与地方民众和民间信仰之间的关系。一方面，朱天君信仰在浙江有较为深厚的民众基础，在社会底层的道教要获得地方社会的支持必须迎合地方民众的基本信仰；另一方面，道教又要维护自己作为宗教的道统，使其不至于混入民间信仰之中而迷失自我，所以该宫观的道

---

① 任振泰主编，杭州市地方志编纂委员会编辑的《杭州市志》收录的《1950年杭州道教宫观情况》中也记载了水德道院的资料："名称：水德道院，地址：屏风街，主持：孙宗良，僧道人数：1。"其所记和《民国杭州寺庙汇总表》记载一样，应该是来源于同一份档案。参见何善蒙：《民国杭州民间信仰》，杭州：杭州出版社，2012年，第267—268页；任振泰主编，杭州市地方志编纂委员会编辑：《杭州市志》第9卷，北京：中华书局，1997年，第441页。

士通过参加玉皇山福星观的授戒仪式，获得正式的道士身份，以在朱天庙旁边供奉"天解星君"等形式来强化自我认同。也正是因为仁和仓桥朱天庙有这样的双重属性，所以其在日益衰败和危难之际才获得了地方民众（里人）和玉皇山福星观的双重帮助，使宫观在民国时期得到恢复，其宫观和道统延续到了中华人民共和国成立初期。

第二节　大涤山洞霄宫

大涤山洞霄宫，为江南名观，在江南道教历史上有着重要的地位。南宋邓牧撰、元孟宗宝辑的《洞霄图志》中对其南宋之前的历史有详细的介绍：

> 兹山为大涤元（玄）盖洞天天柱福地，在杭州余杭县南一十八里。郡志云：汉武帝元封三年始建宫坛，于大涤洞前投龙简，为祈福之所，经一千五百余年矣。唐高宗弘道元年本山潘先生奉敕面南建天柱观，四维壁封，千步禁樵，为长生之林。中宗朝赐观庄一所，后有法师改北向。乾宁二年，钱武肃王与间丘先生相度山势，复改为旧向，今宫基是。光化二年录图表奏，诏旨褒嘉，见《天柱观记》。钱氏纳土时，尝改天柱宫。宋真宗祥符五年，因陈文惠公尧佐奏，改洞霄宫，赐仁和县田一十五顷，悉蠲租税，并赐钟磬法具等，岁度童行一人，应天庆等节设醮，本州岛应办支费，青词，朱表，学士院撰，进呈讫，内降修奉。仁宗天圣四年，诏道院详定天下名山洞府二十处，杭州洞霄宫大涤洞

为第五，仍命每岁投龙简，遇祈祷封降御香，遣中使或郎官
入山。政和二年，住持都监何士昭以宫宇圮，诣汴京陈乞，
奉旨赐度牒三百道，两浙转运司经理。后因方腊之变废于兵
火。高宗南渡，绍兴二十五年发帑出金重建①。

从中可以看出，洞霄宫所在大涤山为道教福地，从汉武帝开始历
来为官方和道教界所重视。南宋以来，洞霄宫多次覆灭又多次重
建，奚柳芳在《洞霄宫遗址考实》中统计了宋元之间见于记载
的洞霄宫重建就有建炎、咸淳、至元、至正四次②。吴亚魁在
《江南全真道教（修订版）》中对洞霄宫明朝之后的发展进行了
详细的考证：明末洞霄宫衰败，到清康熙元年（1662）有道士
孙道元、吴象严到洞霄宫修建宫坛，重振洞霄宫道教。乾隆乙丑
年（1745）全真华山派道士贝本恒到洞霄宫主持观务，但乾隆
辛未（1751）冬，其又毁于火灾，后虽然全力恢复，但已不复
昔日风采③。

---

① 邓牧撰，孟宗宝辑：《洞霄图志》，收入《中国方志丛书》华中地方·第五
五九号，第26—27页。《四库全书》也收录了《洞霄图志》一书，文字略有差异。

② 奚柳芳：《洞霄宫遗址考实》，《浙江师范学院学报》（社会科学版）1985年
第1期。

③ 吴亚魁：《江南全真道教（修订版）》，上海：上海古籍出版社，2012年，
第277—289页。

图4.2　洞霄宫图①

清嘉庆年间，陆顺豪在其《游洞霄宫记》中详细记载了嘉庆五年（1800）时期的洞霄宫。原文如下：

> 余杭山水之胜最浙右，而洞霄之胜又最余杭……登桥而望，来贤岩已在目中。循乳山而行，又一折而西北，夹路皆平壤，翠筱如云，一望无际，皆昔宫殿基，其间废础无虑千百。自元同桥行五六百跬，已抵宫矣。历石级而上，从前殿平屋入而登殿。殿中间供玉皇像，像非塑，乃铜铸者。左东岳，右文帝，两旁王朱二天君，则皆塑矣。额曰："洞天福地。"正书古劲，是宋理宗淳祐七年赐书。按是额昔在外

① 张吉安等修，朱文藻等纂：《余杭县志》，收入《中国方志丛书》华中地方·第五十六号，第19页。

门，今仅存门址，当由门废而徙于此，则此殿非宋创，审矣。殿左隅一巨钟，亦铜铸，其音悠长，非凡钟可及。殿之左曰龙王殿，右为土地祠，神前木主云诸葛武侯，盖相传武侯为是山土地神云。又有郭许二真君像，与侯像并肩，若三元。然右偏为三贤祠，有嵌壁一碣，刻重建三贤祠记，冯应榴撰并书。有版雕"洞霄宫"三大字，正书，精劲可观，不知何年移徙于此，但置之壁间地上，可惜！殿之左，一小堂，中供孙贝二真人像。左偏有小楼四五间，颇雅洁，楼上供斗姥三元岂祖诸像。推窗而望，群山送青，宛然排闼而来，不待折柬招也①。

从中可见，洞霄宫嘉庆年间虽然比不上全盛时期，但依然还是很兴旺。许圣元著的《洞霄宫》中根据大涤山本地居民口述史和地方文献考证认为，洞霄宫在近代彻底衰败是由1847年夏的天灾洪水和1860年太平天国运动的破坏造成的②。

太平天国运动后关于洞霄宫的情况资料较少，晚清卓炳森编辑的《玉皇山庙志》中记载了玉皇山福星观支持洞霄宫的情况。其文如下：

> ……各处绅耆仰慕来请（蒋永林），往余杭、临安二县

---

① 张吉安等修，朱文藻等纂：《余杭县志》，收入《中国方志丛书》华中地方·第五十六号，第210—211页。

② 原文如下："公元1847年夏，在大涤洞往西高坡上，近黄山岗约100米，从山坡钻出两股地下水，越来越大，势头很猛，冲向天空。回落下来，形成山洪，往大涤洞方向直奔下来。与此同时，在方丈三清殿后山冈腰，又钻出一股山洪，冲进大殿……公元1860年九月十八日，几股长毛队伍，蜂拥围攻斜阳村，烧杀抢掠、无恶不作。整个村庄上千人口，毕竟都是平民百姓，哪里抵挡得住……洞霄宫、项家头、冯家庙当时同一坛庙，总共有八百多人口，亦被长毛杀得只剩下四十人。"参见许圣元：《洞霄宫》，第231—232页。

之洞霄宫、杭城之佑圣观、镇海县渊德观、嘉兴之玄妙观、四乡之东岳庙，整顿规模，后均派徒分往住管。

……光绪元年八月，师（蒋永林）往洞霄宫大涤洞，圆亨接理福星观监院，现往诸暨牌头镇斗子岩龙王殿为住持①。

从中可见，洞霄宫在太平天国运动兵燹中受到了几乎毁灭性的破坏，战后首先给予支援的应该是刚刚复兴的玉皇山福星观。民国《杭州府志》中也记载："光绪十三年夏，余杭洞霄宫道士蒋永林于旧殿址掘土，得金牌一。"民国《杭州玉皇山志》在引用民国《杭州府志》中该条史料后增添一句："案：本观方丈蒋祖师，其时兼管洞霄宫方丈。"② 此时玉皇山福星观的中兴之师蒋永林于光绪元年（1875）八月亲自前往洞霄宫主持工作，可见其对洞霄宫的重视。福星观教团对洞霄宫的支持应该一直持续到民国，但具体细节不得而知。笔者在光绪十一年（1885）《杭州玉皇山福星观光绪乙酉坛登真箓》和光绪二十二年（1896）《杭州玉皇山福星观光绪丙申坛登真箓》中找到了大涤洞霄宫出家的道士到玉皇山福星观参加授戒的珍贵史料，可以为我们提供一些线索。其内容如下：

杭州玉皇山福星观光绪乙酉坛登真箓

龙门冬字第二十三号。邹明篪，仙云子，年三十六岁，庚戌相六月二十五日戌时生，系浙江杭州府仁和县人氏。在

① 卓炳森等辑：《玉皇山庙志》，载王国平主编：《西湖文献集成》第25册，第1258页。
② 来裕恂编：《杭州玉皇山志》卷八《匾联》，载王国平主编：《西湖文献集成》第21册，第958页。

本省本府余杭县大涤洞霄宫出家，度师朱圆亨。

龙门阳字第三十二号。何明玉，秀石子，年四十岁，丙午相二月二十六日吉时生，系浙江省金华府东阳县人氏。在浙江省杭州府钱塘县洞霄宫出家，度师朱圆亨。

崟山出字第四十六号。陈巧通，绪三子，年五十八岁，戊子相十月初九日酉时生，系浙江省金华府东阳县人氏。在浙江省杭州府余杭县洞霄宫出家，度师蒋之林。

龙门芥字第六十三号。郑明忠，心善子，年二十二岁，甲子相正月十七日申时生，系浙江省台州府太平县人氏。在浙江省杭州府余杭县大涤山洞霄宫出家，度师朱圆亨。

崟山制字第八十二号。徐巧灿，恪恭子，年四十二岁，甲辰相正月初七日辰时生，系浙江金华府东阳县人氏。在本省杭州府余杭县洞霄宫出家，度师蒋之林。

龙门问字第一百七号。李明高，铭鼎子，年五十九岁，丁亥相四月二十日戌时生，系浙江宁波府鄞县人氏。在本省杭州府余杭县县洞霄宫出家，度师谭圆森。

龙门莫字第一百七十五号。陈明贤，碧溪子，年三十二岁，甲寅相十一月初二日亥时生，浙江湖州府归安县人氏。在本省杭州府余杭县洞霄宫出家，度师朱圆亨。

龙门忘字第一百七十六号。郭真兴，盛果子，年四十五岁，辛丑相三月初三日吉时生，系浙江湖州府归安县人氏。在本省杭州府余杭县洞箫宫出家，度师蒋全林。

龙门染字第一百九十六号。邵明珠，宝珍子，年三十七岁，己酉相十一月十三日戌时生，系浙江绍兴府萧山县人氏。在杭州府余杭县洞霄宫出家，度师谭圆森。

龙门诗字第一百九十七号。潘明录，福宸子，年三十八岁，戊申相三月初七日酉时生，系浙江绍兴府新昌县人氏。在本省杭州府余杭县洞霄宫出家，度师郭圆峰①。

杭州玉皇山福星观光绪丙申坛登真箓

龙门冬字第二十三号。杨圆合，离明子，年三十三岁，甲子相八月十一日亥时建生，系浙江省嘉兴府石门县人氏。在杭州府余杭县洞霄宫出家，度师蒋长青子。

龙门成字第二十七号。蔡圆金，德仁子，年五十二岁，乙巳相十一月二十一日丑时建生，系浙江金华府东阳县人氏。在余杭县洞霄宫出家，度师蒋长青子。

龙门露字第三十七号。戴明玉，坚固子，年三十三岁，甲子相吉月吉日吉时建生，系浙江省温州府玉环州人氏。在本省余杭县洞霄宫出家，度师潘圆信。

龙门水字第四十四号。周明真，修心子，年四十八岁，己酉相七月十八日戌时建生，系浙江省绍兴府新昌县人氏。在本省杭州府洞霄宫出家，度师潘圆信。

龙门国字第九十二号。杨圆和，年三十七岁，庚申相正月二十六日子时建生，系浙江嘉兴府石门县人氏。在杭州府余杭县洞霄宫出家，度师蒋长青子。

龙门坐字第一百五号。任明山，乐安子，年四十四岁，癸丑相三月十九日吉时建生，系浙江杭州府钱塘县人氏。在余杭县洞霄宫出家，度师朱圆亨。

---

①　福星观印：《杭州玉皇山福星观光绪乙酉坛登真箓》戒子部分，浙江省图书馆古籍部藏。

遇山惟字第一百五十四号。秦了世，年五十一岁，十二月十二日午时建生，系浙江省杭州府海宁州人氏。在浙江省杭州府余杭县洞霄宫出家，度师蒋义林。

龙门养字第一百五十六号。李圆松，福田子，年四十岁，丁巳相九月初一日丑时生，系浙江温州府玉环县人氏。在杭州府余杭县洞霄宫出家，度师蒋永林。

遇山男字第一百六十五号。贾然明，年六十二岁，闰六月十六日卯时建生，系浙江省杭州府海宁州人氏。在浙江省杭州府钱塘县洞霄宫出家，度师蒋了然。

龙门景字第二百一号。王至南，离欲子，年五十二岁，乙巳相十月三十日戌时生，系浙江省台州府临海县人氏。在杭州府余杭县洞霄宫出家，度师石明荣。

遇山藏字第二十四号。莫了埃，忽尘子，年四十七岁，己酉相七月十九日卯时建生，系杭州府海宁州人氏。在本县洞霄宫皈依，度师蒋义林。

遇山闰字第二十五号。莫了栖，年五十岁，二月二十二日辰时建生，系浙江省杭州府海宁州人氏。在浙江省杭州府洞霄宫出家，度师蒋义林。

遇山余字第二十六号。叶然之，年四十九岁，五月初七日巳时建生，系浙江省杭州府海宁州人氏。在浙江省杭州府洞霄宫出家，度师莫了埃。

遇山成字第二十七号。吴然中，年五十三岁，十月十五日子时建生，系浙江省嘉兴府嘉兴县人氏。在浙江省杭州府余杭县洞霄宫出家，度师莫了埃。

清静翔字第七十二号。莫通兴，生阳子，年五十四岁，

> 癸卯相闰七月廿三日辰时建生，系浙江杭州府仁和县喜和坊人氏。在余杭县洞霄宫皈依，度师蒋真林①。

可见，晚清时期从洞霄宫到玉皇山福星观参加授戒仪式的戒子很多，此时洞霄宫应该较为兴盛。其中度师"蒋义林""蒋之林""蒋真林""蒋长青子"均是此时玉皇山福星观的方丈蒋永林一人②。"长青子"为蒋永林道号，蒋永林使用"长青子"作为度师法名招收了三名弟子，分别是"杨圆合""蔡圆金"和"杨圆和"。这三名戒子均是龙门"圆"字辈的弟子，而蒋永林的传戒法名也为龙门派"蒋圆林"的"圆"字辈，四人同辈，故传戒法名蒋永林登记为"蒋长青子"。这样辈分不乱，同时也反映这三人原来应该不为蒋永林弟子，是后来到洞霄宫后再拜蒋永林为师。"蒋义林"为蒋永林在招收遇山派弟子的时候使用的传戒法名，共招收了三名遇山派的戒子"莫了埃""莫了栖"和"秦了世"，从《登真箓》的记载来推断，他们应该是拜了遇山派的道士为师，后又参加玉皇山福星观的传戒活动而改拜玉皇山福星观方丈龙门派的蒋永林为师。此时的蒋永林发扬海纳百川的高尚道风，没有要求这批戒子改派为龙门，而是自己在《登真箓》中的度师法名上登记使用遇山派的字辈"义"而为"蒋义林"。遇山派的"莫了埃"也带来了自己的弟子"吴然中"和"叶然

---

① 　福星观印：《杭州玉皇山福星观光绪丙申坛登真箓》戒子部分，杭州市图书馆藏。

② 　参见郭峰：《晚清杭州玉皇山福星观传戒研究——以光绪二十二年传戒为中心》，华中师范大学 2013 年历史学硕士学位论文。另外忘字第一百七十六号戒子郭真兴的度师蒋全林也很有可能就是蒋永林，但需要更多资料论证。

之"参加传戒①。"蒋之林"为蒋永林在招收崳山派弟子的时候使用的传戒法名,共招收了两名崳山派的戒子"陈巧通""徐巧灿",其应该是先入崳山派,后改拜蒋永林为师②。"蒋全林"为蒋永林在招收清净派弟子的时候使用的传戒法名,共招收了一名清净派的戒子"莫通兴",其应该是先入清净派,后改拜蒋永林为师③。另外蒋永林还招收了一名龙门派的弟子"李圆松"。除了蒋永林之外,蒋永林弟子朱圆亨也在洞霄宫招收了五名戒子;蒋永林弟子谭圆森招收了两名戒子;蒋永林弟子郭圆峰招收了一

---

① 遇山派的字派诗为:"自元来正志,冲寿成仙丹。忠靖得礼义,了然见朝天。致虚端笃悟,本理淳全玄。清微通大化,真常合妙言。崇教和法永,守仁有功夫。恭敬明智慧,圣体立遐龄。宏应演音信,高复现祥光。诚慈惟黄贵,全木会相逢。云升龙虎交,嗣希世用行。荣茂乾坤秀,莲开衍宝兴。"见王卡《诸真宗派源流校读记》,收入熊铁基、麦子飞主编:《全真道与老庄学国际学术研讨会论文集》(上册),第66页。

② 崳山派的字派诗为:"清静无为道,至诚有姓名。金玉功知巧,通此加地仙。玄冲宗义德,茂演教宏元。中和真法永,智慧保神全。恭敬成希盛,璞福世康宁。莲开丹书鉴,广大复圆融。旅泰万古续,常义现荣阳。洁渊威锦量,行满卯惟祥。未修空妙瑞,阐言守忠良。虞悟容之回,朴极献对馥。"见王卡《诸真宗派源流校读记》,收入熊铁基、麦子飞主编:《全真道与老庄学国际学术研讨会论文集》(上册),第67页。

③ 清静派为全真派分支,相传为王重阳弟子孙不二所创。"第六十四清净派:清静散人孙仙姑,名不二,号清静散人。山东登州府宁海州人。宋徽宗宣和己亥(1119)正月初五日圣诞,乃丹阳祖师之妻。后于十二月二十九日飞升。元世祖敕封清静渊真顺德真人,武宗加封清静渊真玄虚顺化元君。留传:全真通玄理,大道德无为。性合灰尸解,只此百功夫。虚静明常应,宏仁守至诚。嗣教宗元化,悟本自遐龄。保命登云会,妙中演洞清。超升广智慧,三界永康宁。长存修万古,行满法光明。勤用生利益,金木续乾坤。丹书祥速现,普照瑞龙麟。高上神霄太,炼成运相逢。第六十五又清净派,又曰曹仙姑清静派。曹仙姑留传:发个冲天志,修行有何难。太加炼形去,妙理至奥玄。"本书采用的是王卡先生在《诸真宗派源流校读记》中整理的字派诗。见王卡《诸真宗派源流校读记》,收入熊铁基、麦子飞主编:《全真道与老庄学国际学术研讨会论文集》(上册),第67—68页。

名戒子①。另外度师潘圆信也有两名戒子参加传戒，根据字辈，潘圆信也很有可能是蒋永林的弟子。

　　由此可见，此时的洞霄宫基本处于玉皇山福星观的扶持之下，玉皇山福星观的两任方丈均在此招收弟子。而且除了全真龙门派外，此时的洞霄宫还有清净派、遇山派、嵛山派的弟子。可见此时洞霄宫对同道的开放态度，这样一方面利于洞霄宫自身的发展，另一方面也给其他全真支派提供了发展的平台。晚清时期的洞霄宫应该是玉皇山福星观一个很重要的据点，玉皇山福星观给予洞霄宫很大的支持，两次传戒也给洞霄宫培养了大批人才。

　　民国十年（1921）洞霄宫发生了当家（一般为监院）的内部恶劣争斗以至于发生命案②。晚清民国时期，道教本身就处于不利的社会背景之下。民国十二年（1923），余杭学界看上了洞霄宫广阔的田地山场，准备将该院田地山场收归学校，后经交涉，该县地方绅董乃请李理山接收管理③。许圣元著的《洞霄

---

　　①　朱圆亨、谭圆森、郭圆峰均为蒋永林弟子。参见郭峰：《晚清杭州玉皇山福星观传戒研究——以光绪二十二年传戒为中心》，华中师范大学 2013 年历史学硕士学位论文。

　　②　具体过程回忆如下："杭州玉皇山来的毛姓道士，道行清高，众人推举，由他当家。两三个月后，他带得此地道众很多，人员复杂，不愿久居，欲想离开。有个天台山来的何道士，要夺做当家，希望他快点走掉。哪知众道友、长工还有村民，觉得毛师父很好，挽留他，他只得留下来继续当家。这可气坏了何道士。他就偷偷跑到余杭一个小庙，请来一个滕道士，一日天未亮，拿了一把钩刀，守在毛师父住房门口，何道士叫门，毛师父一开门，滕道士举起一刀，用力将毛师父的头皮劈成两半。未等他们移尸灭迹，被起床做早课的众道徒发现，当场抓住凶手。大家用绳子将滕道士绑了起来，先吊在宫里村土地庙里，激起村民众怒。自不量力的何道士，从方丈出来，到宫里为滕道士作保，被村民将他和道士一起，捆绑起来，送官法办……洞霄宫人员流失，长工们走散，170 多亩田，只得出租，几百亩山无人经营看管。"参见许圣元：《洞霄宫》，第 237—238 页。

　　③　来裕恂编：《杭州玉皇山志》卷十八《主管》，载《西湖文献集成》第 21 册，第 940 页。

宫》一书中对此事有更详细的记载："利欲熏心的权贵们将洞霄宫的田、地、山、场，全部没收，有的划归学校做校产，引起当地百姓和宗教界震惊和不安，舆论纷纷和强烈不满。后经宫里村董事许锡山和余杭地方绅董，即地方上有财有势的人和退职官员、督学等头面人物出场申诉，民国十二年（1923）经政府核定，遂将洞霄宫由杭州玉皇山接收管理。在这个事件的解决过程中，李理山道长通过多方努力，做了许多工作，先后化（花）去两千多块白洋，才使洞霄宫归属有主。"①

民国时期，洞霄宫还保留有名胜大涤山、石室洞、归云洞等；古迹还保留有药圃、汉宫坛、升天坛、虚皇坛、超然馆、通明馆、白鹿山房、集虚书院、经阁、书楼、讲室、翠蛟亭、草堂、采芝亭、谷口亭、清音亭、聚仙亭、通真门、九锁山门、三清殿、吴大阁、郭真君祠、开山祖师朱法师闾丘先生祠、钱武肃王祠、陈文惠苏文忠祠、潘阆墓、钟楼、碑亭等②。这些与洞霄宫全盛时期的宫观建筑和下院数量相比较明显呈衰败态势③。

_____

① 许圣元：《洞霄宫》，第238页。许圣元在该部分资料后标注其来源于《杭州玉皇山志》，但笔者在《杭州玉皇山志》中查阅到的关于玉皇山福星观接收洞霄宫部分并未如《洞霄宫》记载得如此详细，应该有许圣元收集到的部分口述史料和演义部分。

② 来裕恂编：《杭州玉皇山志》，载《西湖文献集成》第21册，第937—939页。

③ 吴亚魁以《洞霄图志》、万历《余杭县志》为材料考证洞霄宫盛壮时期"有通真门、九锁山门、外门、双牌门、三门、虚皇坛、三清殿、吴天阁、璇玑殿、佑圣殿、祠山张帝祠、龙王仙宫祠、云堂、旦过寮、诸亭、白鹿山房、廨院二所、法堂、方丈、库院、斋堂、道院等宫内建置；至道宫、龙德通仙宫、元清宫、冲天观、洞晨观、元阳观、冲真观、龙德观、元同观、明星宫、洞阳观、岳祠道院、清真道院、凝真道院、若虚道院、通明道院、益清道院、紫清庵、碧壶庵、溪山庵、闲隐庵、学院庵、太平庵、集虚书院等洞霄下院或称接待宫观；还有汉宫坛、升天坛等宫外庄院20余处"。参见吴亚魁：《江南全真道教（修订版）》，第278—279页。

虽然洞霄宫在道众、地方乡绅、李理山的帮助下变为玉皇山福星观的下院，免于湮没，但其发展一直没有太大起色。1937年的《十日戏剧》有洞霄宫衰落潦倒，里面道士偷偷将宫观中器物变卖挥霍的报道："（洞霄宫）现在炉不绕烟，烛奴无焰，衰落得不堪言状了。那三块金牌，在丙寅秋季被宫中道士，拆毁两块，取下金字，兑钱挥霍，幸而一块被此间姓费的一个绅士，出钱买去……"① 1936年一个笔名叫苍虬的人游览了大涤山洞霄宫，真实记录了当时的具体情况，为我们全面了解民国时期的大涤山洞霄宫留下了珍贵的文字资料：

> 余以二十五年春往游……乡长傅君为函介于洞霄宫代监院潘养浩君，并为觅导者……抵洞霄宫，山门已紧闭，叩门而入，代监院潘君出迎，殊错愕。余出傅君函示之，并告以游览意，始欣然，呼役做面为馔。盖此山虽著于古而湮于今，久无筇屐至矣。余携有《余杭县志》一册，摘山中诸洞壑名问之，岁远年移，多半不知其处。
>
> **洞霄宫观月**　晚八时潘君自携灯导余宿院楼，是夕适值月望。春初新霁，霜气尤严，山房观月，令人神骨俱清。年冬尝随众游昱岭关，一日往还五百里，望两天目，未能登临。归遂见诸梦寐，苍茫神游，高峰插云，问之，人曰："此天目山也。"恍惚间又至一高峰，独立峰颠，见万峰皆出其下，曰天柱峰。余大呼奇景，赋诗两句而醒，遂足成之。题曰《梦游诗》，兹录如下："偶得游仙枕，便飞云外

---

① 小道士：《金字牌就是急脚递，余杭洞霄宫有三牌》，《十日戏剧》1937年第1卷，第13期，第9页。

筇。招摇用天目，苍翠蹑玲珑。客路三更月，松声第一峰。（以上二句梦中得）。青莲天姥夜，情与孰为浓。"古记云，天目山东有天柱，盖天目天柱，原为一脉。余先已梦游至此，今夕观月，弥觉骨冷神清。志云："此山清净，大可洗涤尘心，故名大涤。"今乃益信。

翌晨七时起，晨餐毕，八时携筇挟日记簿出院，代监院潘君亲携仗为导，辞之不获。山石冒霜如雪，寒气冽冽，人行翠竹中，里余，至金竹（筑）坪。有小道院，近亦归洞霄宫管理，天柱之腰也。更前行，壁益峻，日炙霜融石滑，从荆榛中奋而至巅，天柱有三峰，今所陟乃中峰也。旧志称下擢地纪，上承天维，故名。又云绝顶有石柱，高丈余，围两合抱，今不见。此峰在大涤西南，高与相并，黄山耸秀于西，九锁山攒拱东北，等天柱，则九锁、大涤、黄山之翠可塞，无须更登彼三峰也。由峰侧西下入丛竹，为梅鹿庵旧址。遂于此拾竹黄束炬，行近一里而至大涤洞。

大涤洞　洞在洞霄宫西北半里，传内有日月分精，金堂玉室，与茅山之华阳，洞庭之林屋，遂道往来。元同先生入游，自华阳而归，所见龙鳞异境，花木鲜繁，有石悬空若鼓，扣之□□，名曰石鼓。潘君在洞口燃炬引余人，其间顶平如砥，两旁崖石委曲，宽约六七尺。石色如苍玉而带黑，纵横白文如界，又似飞云片片，有唐宋人留题，半湮没难辨。行里余，一石若柱倒悬，号曰隔凡。过柱一穴如窦，内阔丈余，有圆井无底，惟闻琅琅之声，乃宋时遣使投壁祈祷之处，以炬探之，炬作碧色，不敢进矣。及出洞，潘君以有事返宫，易谢道人宗兴来为导。半里过双龙潭，复陟冈降阿，三里余而至仙人洞。

仙山洞　洞北向。初入穹如，宽三四丈，高四五丈，若室之有厅然。再入旷如，宽广十余丈，高二十余丈，若室之有堂然。有户西出，下石阶十余武，有穴宨如，宽三丈余，若室之有闽然。旧设木橛犹在，昔盖有人处之。更回至石堂，有户东出，历阶横斜而上数十武，有穴宏如，宽广四丈余，若室之有楼阁然。是洞也，高厂轩朗，幽邃深密，厅堂闽塌楼阁皆备，加以布置，适合一室家之用，诚潜修圣地。

鸣凤洞　洞在宫外一里道旁，钱武肃王时，因凤凰来鸣，因以名洞。龙蜕洞在鸣凤洞相对山崖中，宋皇祐初，羽人于洞间获龙蜕骨，因名。归云洞在栖真洞左偏半里，即栖真之后门，是数洞者，各有岩窦之胜，然问之潘君，则不能指其处。乾隆至今仅二百年，尝未尽泯，然余未能久住，一一按图以寻也。

……余是日晨起，首谒三贤祠，在宫门之内东向，享堂已圮，仅余前楹，而石斋先生书碑一方，亦驳蚀不能读。宫址上院属临安界，下院属余杭界，仅隔数武耳。洞霄宫宇之盛，非累世不能复，然三贤数椽之祠，亟宜先葺之以为名山光，余此行实为三贤名迹故也。山尝杭徽公路孔道，由汪家埠下车仅五里，而今之游人不知，亦可怪也。苟作天目之游者，于此仅一下车之劳，而可览历史上数千年之名迹，岂非最便利之事（……洞霄宫虽散，骤然至五六客亦可宿）。余愤振古名迹，弃置道旁；且今日国势孱弱，士气不振，正尝讲求忠定、晦庵、石斋之学，以为康济匡救之具，而三贤在浙讲学之地，何忍任其沦没。特撰此记，以告好古览胜之

士。闻正监院即杭州玉皇山李紫东兼任。李君甚才，必有兴
复之记。代监院潘君，金华人，款待甚殷，送余出宫，沿途
指余以元同桥、擢衣亭诸故迹。元同桥者，昔元同真人与钱
武肃王度地而建。擢衣亭者，宋高宗临幸，从臣朝罢，于此
擢衣。潘君又告余山中有异物，曰无骨箸，捣药禽，惜此行
未见。送余至项家头而别①。

从中可见此时的洞霄宫作为玉皇山福星观的下院，监院由玉皇山
福星观当时的方丈兼监院李理山亲自兼任。苍虹在《大涤山游
记》里提到的潘养浩监院为洞霄宫此时的代监院，同时潘养浩
也应该是由玉皇山福星观任命和派出的。许圣元著的《洞霄宫》
中也记载了李理山派在玉皇山福星观出家的道士陈宗云到洞霄宫
做当家的事件②。此时洞霄宫中道士应该不是很多，大约十余
人，"当时洞霄宫的道士中，来自四面八方，朱理和、王锦山道
士，是诸几（暨）人。孙宗良道士，是绍兴人。石宗良道士，
是安徽人。刘福来道士，是河南人。王明显道士，是陕西人。还
有几位长工，是山东人"③。此时洞霄宫的宫观建筑年久失修，
以至于塌圮，一派衰败的景象。但洞霄宫所管辖的建筑、山场、
田地应该不少，"金竹（筑）坪有小道院，近亦归洞霄宫管理"。
同时，洞霄宫还将宫观土地和山场租借与附近百姓收租，洞霄宫
所收获的粮食等物需要上交给上院玉皇山福星观一部分。根据许
圣元著的《洞霄宫》记载，洞霄宫后来受到日军的破坏，1949

---

① 苍虹：《大涤山游记》，《浙江青年》1936 年第 3 卷第 1 期，第 145—148 页。
② 许圣元：《洞霄宫》，第 245 页。
③ 许圣元：《洞霄宫》，第 245 页。

年后又被逐步拆除，道众被解散，从此湮没无闻①。

由以上分析可见，洞霄宫为历史上名观，但到了近现代逐步衰败。太平天国运动后，光绪元年（1875）八月，蒋永林亲自前往洞霄宫主持工作，通过玉皇山福星观的扶持，洞霄宫得到一定的恢复。在当时，洞霄宫成为玉皇山福星观一个很重要的下院，福星观方丈蒋永林、朱圆亨等人均在洞霄宫招收弟子，而且还有全真教其他道派诸如清净、遇山等道派到洞霄宫常住，洞霄宫的发展为这些道派的生存提供了一定的平台。后洞霄宫脱离玉皇山福星观独立，但是好景不长，宫观内斗不止，同时面临着自然灾害和社会支持下降的局面。民国十二年（1923）余杭学界将该院田地山场划归学校收管，洞霄宫面临着生存危机，在此情况下是玉皇山福星观再次接管洞霄宫，保住了洞霄宫的道场。从此福星观监院李理山兼任洞霄宫监院，他派遣弟子前来管理洞霄宫及其庙产等，洞霄宫的基本宗教活动得到恢复，同时洞霄宫的收入也需要交给玉皇山福星观统一管理。但是洞霄宫依然无法改变其衰败的命运，随着抗日战争时期的破坏而最终湮没在历史之中。

第三节　金筑坪天柱观

天柱观所在地方为天柱峰。"天柱峰，在洞霄宫之右。高六百六十丈，与大涤山相对峙，屹然若柱。道书所谓第五十七福

_____

① 许圣元：《洞霄宫》，第251页。

地，地仙王伯元主之。盖天有八柱，此其一也，而观在于其中。昔时天柱观，在洞霄宫西南，今所称观岭是也。"① 《洞霄宫图志》也记载："在宫西南，凡三峰，与大涤对峙，高足相敌，由宫外望之，屹然若柱。又绝顶有石柱，高丈余，围两合抱。此山所以名者，盖五十七福地，地仙王伯元主之。按传记所载，天有八柱，其三在中国，一在舒州，一在寿阳，泊今在余杭者，是已洞霄以为主山，故古名天柱观。旧志以为风清气和，土腴泉洁，神蛇不螫，猛兽能驯。自汉武标显灵迹建立宫坛，历代祈禳皆在此处也，山下产茶为浙中名品。"②

明清之际有"金筑老人"名曰盛青崖者在天柱山开创了全真天柱观支派。闵一得撰写的《金盖心灯》中为其作传并详细地考证了其生平：

金筑老人传

　　金筑老人者，字号三见而三异。《洞霄闻人志》载：盛青崖，江南桐城人，明末进士，隐天柱观（即余杭天柱山之金筑坪）。《杨氏逸林》载：樵云氏者，桐乡人，姓盛名未详。明末举进士，值世沧桑，高隐大涤，自号退密山人，学问渊闲（间），不让邓牧（宋末高士，隐于余杭山中）。吴兴陶石庵辈得其诗文全稿，将付梓，不果而殂。《菰城拾遗》载：异人金大涤，学富五车，尝自比管乐。明亡遂隐。初休金盖之白云居，更号樵云，即归老于天柱金筑坪，平时

① 来裕恂编：《杭州玉皇山志》卷十八《主管》，载《西湖文献集成》第21册，第934页。

② 邓牧撰，孟宗宝辑：《洞霄图志》，收入《中国方志丛书》华中地方·第五五九号，第40页。

往来者，道有靖庵、石庵、赤阳，释则藕益、坚密、洞明而已（三僧均列传于卷七）。著作颇多，石庵辈梓以行世，此所谓三见三异也。愚按《金盖云笈》载：顺治元年有一老人，不知姓名、籍贯，来居山之白云庵，自号白云老人以署其稿。明年出山，住余杭金筑坪，改号曰金筑傲人。顺治十六年己亥，老人来山访靖庵先生与洪洞明头陀，遂邀洞明入天柱山，岁常往来。及康熙九年庚戌，老人又称退密山人，以其手著《三江诗史全集》遗。潘牧心来山乞序，靖庵为序之。康熙十五年丙辰，老人复来自金筑，任居山中之白云庵，明末复归金筑云云。《洞霄宫志》所称盛青崖，《杨氏逸林》所称樵云氏，《菰城拾遗》所称金大涤，均与《云笈》不符，而纪其事则大同小异。又按《钵鉴续》谓退密山人者，不自述其名氏，为昆阳王祖戒弟子，居大涤山，江浙之间所称元虚清逸先生者也。《白云同门录》称谓退密翁，亦未详其名，其事亦都隐约莫可考。《云台观》第三卷潘牧心传文略详。轻云子曰：总之不离乎隐君子者……①

从闵一得撰写的《金盖心灯》中可知"金筑老人"为盛青崖，其为江南桐城人。王志忠著的《明清全真教论稿》中考证其可能为明崇祯十五年（1642）壬午科赐特用进士出身的盛广，其为第39名，（南）直隶桐城人②。盛青崖"学富五车，尝自比管乐"，明朝灭亡后归隐不复出，一直在江浙一带修行，早期主要居住在江苏金盖山，晚期主要居住在浙江天柱山。他曾经受过全

---

①　闵一得撰：《金盖心灯》，收入王卡、汪桂平主编：《藏外道书》第31册，第205—206页。

②　王志忠：《明清全真教论稿》，成都：巴蜀书社，2000年，第85页。

真龙门派中兴之师王常月的戒律，继承了全真龙门派的法脉，有多本著作问世，可惜均佚。盛青崖还有一个杰出的贡献是在天柱山开创了全真天柱观支派。吴亚魁著的《江南全真道教》中对盛青崖开创的天柱观支派进行了详细的考证：盛青崖门下弟子有第九代潘牧心，名太牧，字牧心，吴兴世家子，康熙甲辰（1664）始受宗旨、受戒律于盛青崖，越二十一年而逝；第十代王洞阳，名清虚，字定然，号洞阳子，江南苏州人，拜师全阳、石庵、牧心，在冠山、金盖山修道有年，晚年在大涤山；第十一代潘天崖，名一元，字天崖，号青阳子，及长失怙，果慕大涤清净，弃家入道，修持有得，脉接金筑老人，为洞阳王师戒弟子①。

由于史料缺乏，太平天国运动后天柱观的发展不得而知。光绪二十二年（1896）《杭州玉皇山福星观光绪丙申坛登真箓》中有一名来自天柱山金筑坪出家的戒子：

> 龙门珠字第五十三号。卢至才，清彻子，年四十八岁，己酉相七月十三日巳时建生，系浙江省金华府东阳县人氏。在本省余杭县天柱山金筑坪出家，度师王明智②。

"天柱山金筑坪"应该指的就是"天柱观"，从中可见晚清时期天柱观还有全真龙门派道士常住，并未彻底湮灭在历史之中。

民国时期玉皇山福星观监院李理山接收该宫观时，该宫观还有"洪钟，唐大历有神应钟，在台之黄岩；演教堂，在灭（天）

---

① 吴亚魁：《江南全真道教（修订版）》，第157—158页。
② 参见福星观印：《杭州玉皇山福星观光绪丙申坛登真箓》戒子部分，杭州市图书馆藏。

柱观大门外。后遭兵燹，更创建于正殿后"等古迹①。

民国十二年（1923）余杭学界议收其产，后与洞霄宫并案办理，请玉皇山福星观监院李理山接收管理②。民国二十五年（1936）一个笔名叫苍虬的人游览了大涤山，记载说："金竹（筑）坪有小道院，近亦归洞霄宫管理。"此"金竹（筑）坪小道院"应该为天柱观，其在大涤山中，离洞霄宫很近，遂就近归洞霄宫管理③。

综合而论，天柱观为江南历史上的名观，一直到民国时期依然有道士常住，晚清时期还派出弟子参加玉皇山福星观的传戒活动。但是到了民国时期，天柱观面临废庙兴学浪潮的侵扰，危急时刻是玉皇山福星观接收该宫观作为下院，使其得以生存。因为和洞霄宫较近，所以归同为玉皇山福星观下院洞霄宫管理。

第四节　吴山元妙观

吴山元妙观又叫玄妙观，位于杭州西湖西南面吴山山麓十五奎巷，历史上多次被毁与重建，后该观逐渐衰败。民国来裕恂编的《杭州玉皇山志》对其历代兴废进行了详细的考证：

> 唐玄宗天宝二年，奉诏创建紫极宫，崇奉圣祖玄元皇

---

① 来裕恂编：《杭州玉皇山志》卷十八《主管》，载《西湖文献集成》第21册，第935—936页。

② 来裕恂编：《杭州玉皇山志》卷十八《主管》，载《西湖文献集成》第21册，第935—936页。

③ 苍虬：《大涤山游记》，《浙江青年》1936年第3卷第1期，第145—148页。

帝。至懿宗咸通三年，诏重修。唐季废于兵火。梁开平二年，诏改为老君庙。吴越王钱镠重建，奏改为真圣观，亲制碑文。宋真宗天禧三年，郡守王钦若奏改为天庆观，以奉圣祖司命天尊大帝。南宋高宗绍兴六年，诏重修，赐田颁御书《道德经》幢。理宗绍定四年毁于火，有旨重建，御书"天庆之观"四字以赐，命秘书郎撰记。度宗咸淳六年，增赐田亩。元成宗元贞元年九月，诏改元妙观，敕重修。元末兵燹又毁。明洪武间，观基悉为民占，道纪俞复中以其左半竭力重创，奏请建殿。正统八年工成，九年道士张志源即其右半营构，以奉元帝；袭旧额为真圣观，于是元妙、真圣分为二。正德间，郡人粤东参政邹虞捐货重修。嘉靖二十九年，杭织造郭秀建玉皇阁。清顺治、康熙间，道士徐启泰募建。雍正间，三清殿纪。嘉庆三年，玉皇阁及山门毁于火，十二年绅士重建三清殿。惟玉皇殿至道光时，终无力建造，以后更难乎为继矣①。

从中可见，元妙观也为杭州历史上的名观，历史上多次被毁并被重建。康熙年间元妙观经过徐启泰等人的努力，尽管不复全盛时期景象，但得到一定程度的恢复。根据嘉庆道光年间元妙观道士仰蘅青屿所编的《武林元妙观志》记载，元妙观此时的殿宇建筑有三清殿，"明洪武间，道士俞复中募建东向。国朝（清）顺治己亥，台州司李王台仙首募重建。雍正间圮。嘉庆丁卯，众绅士等易南向"；玉皇殿，"宋时固有殿帝像，系范紫铜为之。元末失于兵火。明嘉靖庚戌，杭织造郭秀建阁，复范铜像奉焉。国朝（清）康熙丁未，方伯袁公一相重建。嘉庆戊午毁，帝像亦毁。丁卯，郡人王文鏊舍赀购铜，复敬范帝像"；九天雷殿，"旧即玉皇阁下，奉雷祖焉，傍供雷部神将"；三官殿，"旧在大殿左庑"；真武殿，"旧在大殿右庑"；斗姥阁，"阁有二：一康熙建，一乾隆辛丑建"；文昌阁，"明正统间商辂重建，灵响甚著"；八仙楼，"明洪武间重创，国朝（清）乾隆辛亥，郡人范奇重建为殿"；天医殿，"明崇祯间，郡人沈居庸建"；灵官殿，"明洪武间重创，嗣后屡弊屡修。国朝康熙己卯，里人重建"；山门，"明洪武间重创，屡经葺治。国朝康熙庚子重建"[1]。

太平天国运动后元妙观不见于地方史料和文人游记中，其很有可能在战火中受到了破坏。笔者在光绪二十二年（1896）《杭州玉皇山福星观光绪丙申坛登真箓》中找到一名玄妙观出家的戒子：

> 龙门宾字第一百二十六号。妙至仙，冲和子，年六十八岁，己丑相五月十五日子时建生，系本省杭州府仁和县人氏。在本县玄妙观出家，度师俞明圣[2]。

玄妙观即为元妙观，玄为避讳"元"而改之。从这个戒子的信息可以看出玄妙观并未在战争中湮没，法脉尚存，有道士前来参加玉皇山福星观的传戒仪式。

民国十六年（1927）间，该观池界空地为人霸占几尽，原

---

① 参见仰蘅青屿编：《武林元妙观志》，载《西湖文献集成》第24册，第1061—1062页。

② 参见福星观印：《杭州玉皇山福星观光绪丙申坛登真箓》戒子部分，杭州市图书馆藏。

有住持无法清理，遂由十方道众请时任玉皇山福星观监院的李理山接收管理①。民国李理山接管之时，玄妙观还有殿宇三清殿、真武殿、九天雷殿、三官殿、三清殿、文昌阁、斗姥阁、八仙楼、天医殿、天庆福主祠、灵官殿、山门等建筑等；古迹还有龙凤碑亭、蕉池题诗、会真楼、雪巘书室、蕉池旧业、紫霞小隐、翠云楼、栖鹤亭、如此江山亭、清隐斋、石壁奇竹等②。

第五节　镇海渊德观

镇海渊德观，在镇海县城东北，"距候涛山一里，观之前面，有长池一方，石磡周砌，甚为缜密。山门外地，气局宽敞，环观周缭墙垣，亦颇坚固"③。渊德观为近代浙江著名的丛林宫观。洪锡范、盛鸿焘修，王荣商、杨敏曾纂的《民国镇海县志》中引用前志对其进行了较为详细的考证：

> 渊德观，县东北五里，宋元丰元年建，名渊圣广德王庙，委道士奉香火。崇宁二年，户部侍郎刘远、给事中吴试使高丽，回奏岁度道士一名。三年昭天下，建天宁万寿观，以本州崇寿宫改置。四年，知县事徐裡因请其额置本庙。宣和五年改今额（《宝庆志》）。建炎四年火，绍兴二年重建（《延祐志》）。清咸丰辛酉毁于兵燹。光绪五年，邑人沈开

---

①　来裕恂编：《杭州玉皇山志》，载《西湖文献集成》第 21 册，第 928 页。
②　来裕恂编：《杭州玉皇山志》，载《西湖文献集成》第 21 册，第 927—928 页。
③　来裕恂编：《杭州玉皇山志》，载《西湖文献集成》第 21 册，第 940 页。

详、郑永锡募资重建（《光绪志》）①。

从中可见，渊德观历史悠久，但是也没有逃过太平天国运动的兵
燹，之后沈开详、郑永锡募资重建了宫观。镇海渊德观为江南一
大丛林，据笔者统计有咸丰三年（1856）、同治六年（1868）、
光绪二十九年（1903）、光绪三十年（1904）、宣统二年
（1910）、宣统三年（1911）、民国二年（1913）秋、民国二年
（1913）冬、民国十六年（1927）冬等多次传戒活动②。

　　太平天国运动后玉皇山福星观也对渊德观进行了扶持。光绪
年间卓炳森辑的《玉皇山庙志》上记载：玉皇山福星观在同治
中兴后名扬江南，"各处绅耆仰慕来请（蒋永林），往余杭、临
安二县之洞霄宫、杭城之佑圣观、镇海县渊德观、嘉兴之玄妙
观、四乡之东岳庙，整顿规模，后均派徒分往住管"③。光绪十
一年（1885）玉皇山福星观传戒活动留下的《杭州玉皇山福星
观光绪乙酉坛登真箓》中记载有两名来自渊德观的蒋永林的弟
子参与传戒：

　　①　洪锡范、盛鸿焘修，王荣商、杨敏曾纂：《民国镇海县志》，收入《中国地
方志集成》浙江府县志辑·第34册，第723—724页。
　　②　参见郭峰：《晚清杭州玉皇山福星观传戒研究——以光绪二十二年传戒为中
心》，华中师范大学2013年历史学硕士学位论文。资料主要来源于《清代以来全真
宫观传戒简表》（此表为刘讯编辑，附在梅莉：《民国〈湖北省长春观乙丑坛登真
箓〉探研》文后，《世界宗教研究》2011年第2期），任林豪、马曙明：《台州道教
考》（第362、364、365、367、369、370、371、377页），尹志华：《清代全真道传
戒初探》（收入赵卫东主编：《全真道研究》第1辑，第273—274页）。
　　③　卓炳森等辑：《玉皇山庙志》，载王国平主编：《西湖文献集成》第25册，
第1258页。

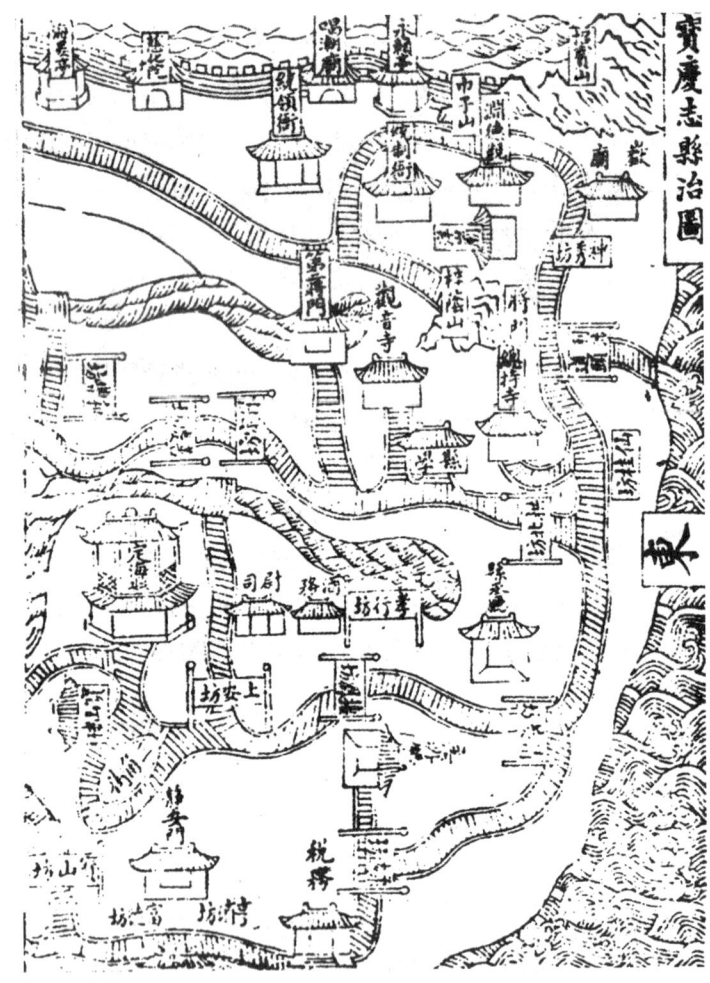

图4.3 渊德观在镇海县位置图①

　　龙门维字第二百三号。王圆月，满光子，年六十九岁，
丁丑相吉月吉日吉时生，系浙江宁波府镇海县人氏。在本省
本府本县渊德观皈依，度师蒋长青。

　　龙门必字第一百七十一号。方圆根，基庆子，年四十一
岁，乙巳相三月吉吉时生，系浙江宁波府镇海县人氏。在本
省本府本县渊德观出家，度师长青子①。

从中可见，"长青子"为蒋永林的道号，此二人均是蒋永林的弟
子无疑。这两名戒子都是宁波府镇海县人，而且均是在渊德观皈
依和出家，可见应该是蒋永林到渊德观之后所收弟子。其中值得
注意的是必字第一百七十一号戒子方圆根，其1840年生，参加
授戒时为41岁青壮年。方圆根在光绪二十二年（1896）玉皇山
福星观光绪丙申坛传戒仪式中任授戒保举大师，但光绪二十二年
（1896）玉皇山福星观传戒时当家监院为陈明峻无疑②。方圆根
能担任这一重要职位，可能是其在玉皇山福星观教团中有着重要
作用和崇高的地位。光绪二十二年（1896）玉皇山福星观传戒
仪式中有多达11名方圆根的弟子从镇海渊德观到玉皇山福星观
参加授戒仪式，具体情况如下：

　　龙门改字第一百七十二号。周明清，凌虚子，年三十五
岁，壬戌相七月三十日丑时建生，系浙江省宁波府人氏。在
本府镇海县渊德观出家，度师方圆根。

---

　　①　参见福星观印：《杭州玉皇山福星观光绪乙酉坛登真箓》戒子部分，浙江省
图书馆古籍部藏。
　　②　晚清《杭州玉皇山福星观丙申坛登真箓》中明确有"方丈高卧深山，宁淡
自适，卸家于法裔陈明峻。至陈监院接家以来，欲扬道化，苦志参玄，开立丛林"
的记载。参见福星观印：《杭州玉皇山福星观光绪丙申坛登真箓》之《玄都律坛浙江
省古杭玉皇山福星观传戒录序》，杭州市图书馆藏。

龙门得字第一百七十三号。林明宝，明虚子，年四十岁，丁巳相九月初七日吉时建生，系浙江省宁波府人氏。在本县渊德道院皈依，度师方圆根。

龙门染字第一百九十六号。张明照，象明子，年三十一岁，丙寅相十二月二十九日卯时生，系浙江宁波府镇海县人氏。在本县渊德观皈依，度师方圆根。

龙门荒字第八号。江明慧，立坚子，年五十三岁，甲辰相吉月吉日吉时生，浙江宁波府人氏。镇海县渊德观出家皈依，度师方圆根。

龙门日字第九号。胡明心，开悟子，年四十九岁，戊申相五月初一日卯时建生，系浙江宁波府人氏。在本县渊德观皈依，度师方圆根。

龙门文字第八十三号。周明真，及成子，年五十九岁，戊戌相三月初九日午时生，系浙江宁波府人氏。在本府渊德观皈依，度师方圆根。

龙门字字第八十四号。周明义，乐安子，年六十一岁，丙申相八月二十五日丑时建生，系浙江宁波府人氏。在本府渊德观皈依，度师方圆根。

龙门乃字第八十五号。张明礼，仁育子，年五十五岁，壬寅相十一月十三日戌时生，系浙江宁波府人氏。在本府渊德观皈依，度师方圆根。

龙门服字第八十六号。周明荣，耀灵子，年五十五岁，壬寅相正月初三日子时生，系浙江宁波府人氏。在本府渊德观皈依，度师方圆根。

龙门衣字第八十七号。傅明智，达正子，年二十五岁，壬申相正月二十九日卯时生，系浙江宁波府人氏。在本府渊德观皈依，度师方圆根。

龙门让字第九十一号。王明真，悟空子，年五十九岁，戊戌相三月初九日午时生，系浙江海宁州人氏。在渊德观皈依，度师方圆根①。

该批戒子均为龙门派，年龄从 25 岁到 61 岁不等，青壮年居多。籍贯上除了让字第九十一号戒子王明真是杭州府海宁州人氏外，剩下的戒子均是浙江宁波府人，而且他们全部是在渊德观皈依。值得注意的是染字第一百九十六号戒子张明照为渊德观民国时期的监院②。董祖义编的民国《镇海县新志备稿（全）》记载，"渊德观，在城中，详前志，民国八年道士明昭重修"，此"道士明昭"应该就是此次授戒并且任监院的张明照③。方圆根也分别在光绪二十九年（1903）和光绪三十年（1904）在镇海渊德观传戒。可见渊德观在玉皇山福星观的扶持下得到了很大的发展。更重要的是通过授戒，玉皇山福星观为渊德观培养了大量人才，这些人才最后都成为了渊德观发展的中流砥柱。

经过晚清时期玉皇山福星观的支持，渊德观得到发展并且自力更生。民国《杭州玉皇山志》记载："蒋永林之后该观自举方丈，玉皇山不再兼管。"④ 但是渊德观还是受到了战乱等影响而走向了衰败。民国十七年（1928），该观由军队驻扎，道务莫

---

① 参见福星观印：《杭州玉皇山福星观光绪丙申坛登真箓》戒子部分，杭州市图书馆藏。
② 来裕恂编：《杭州玉皇山志》，载《西湖文献集成》第 21 册，第 941 页。
③ 董祖义辑：《镇海县新志备稿（全）》，收入《中国方志丛书》华中地区·第二百一十九号，第 88 页。
④ 来裕恂编：《杭州玉皇山志》，载《西湖文献集成》第 21 册，第 941 页。

振，观中什物，亦多损失，于是方丈张明照及道众与地方人士请李理山接管[①]。此时方丈张明照即为方圆根弟子，在玉皇山福星观光绪二十二年（1896）丙申坛传戒仪式中受蒋永林三大戒，可谓玉皇山福星观支派道士。到民国玉皇山福星观接管渊德观的时候，该观还有殿宇"第一进灵官殿，第二进大罗宝殿，第三进斗姥阁，第四进三清阁。其余厢房等为客堂、斋堂、丹房、寮房。四围砖壁，精致坚实，局面堂皇"[②]。

综合而论之，镇海渊德观为浙江历史名观，有过多次授戒活动。晚清时期镇海渊德观在太平天国运动中被毁。时任玉皇山福星观方丈的蒋永林也比较重视这个宫观，曾亲自到渊德观主持工作，然后派遣自己的弟子到这里管理宫观事务，渊德观的道士也到玉皇山福星观参加授戒活动。在玉皇山福星观的支持下渊德观得到复兴，自己走上独立发展的道路，先后有方圆根等举行全真授戒仪式等。民国十七年（1928）渊德观由于有军队驻扎，自己无法解决，于是当时的方丈张明照及道众与地方人士请时任玉皇山福星观监院的李理山接管渊德观，为渊德观提供保护。

第六节 西湖乌石峰金鼓洞

金鼓洞，中有鹤林道院，在西湖西北栖霞岭北面。"道院之有屋宇，创于周真人，扩于蔡炼师，厥后累年续有增新，盖非一

---

① 来裕恂编：《杭州玉皇山志》，载《西湖文献集成》第 21 册，第 941 页。
② 来裕恂编：《杭州玉皇山志》，载《西湖文献集成》第 21 册，第 940 页。

朝夕所能及矣。"① 晚清朱文藻编的《金鼓洞志》中收录了鹤林道院创建人周真人的传记。原文如下：

> 明阳子太朗周真人。
>
> 弟子戴清源撰传：师姓周氏，讳太朗，字明阳，号元真子，江苏震泽人。幼有夙慧，克慕元旨。随父仕至大都，谒白云观，虔礼七真殿下，誓愿出家，以亲在未遂也。越三年，父没，扶枢归里，丧尽其礼，祭尽其诚。……孙祖玉阳真人夙具法眼，见而器之……嗣龙门第九代……以康熙三年甲辰来杭，时昆阳王律师阐戒于宗阳宫，师服其操持，相依两载。……西湖岳武穆王墓之后山，曰栖霞岭，岭北为金鼓洞。故名胜之区，悬崖倚空，未有屋宇，洞内奉观音大士像。主者慧登禅师以城中有精蓝可居，故洞常阒寂。丙午春，师间行来至，爱其境隔断红尘，就于岩下挂瓢，端坐三昼夜。禅师忽谓其徒曰："山中有高士至矣。"率徒出见，叩师行迹。师云："野鹤无巢处，云游天地间。只求真种子，至此好收元。"禅师云："此山非梵室，原名　洞天。真人垂鹤驭，千载集仙坛。"遂让师居焉，遣徒资粮，频来供养。师由是延同坛王师永宁初结一茅，继建屋宇，葆真习静。收弟子高清昱及清源，化愚迷而成知识，破歧途而遵正轨。奉列真度人无量之心，修太上内观无心之法。康熙五十年九月九日，翛然化去。生于前明崇祯元年正月二十日，住世之年，八十有四。清源谨承遗训，获示元津。不有芜言，

---

① 朱文藻编：《金鼓洞志》，载《西湖文献集成》第21册，第367页。

何由昭致于来者。爰述颠末如此。永宁子太古王真人①。

从中可见，周真人，字明阳，江苏震泽人。成道之后，其从原来的主持者慧登禅师手中接过西湖栖霞岭金鼓洞建成全真道场，开辟全真道金鼓洞分支，兴盛一时，其康熙五十年（1771）九月九日去世。

该观应该在太平天国运动中受到破坏，后被玉皇山福星观教团道士接管。笔者在光绪十一年（1885）《杭州玉皇山福星观光绪乙酉坛登真箓》和光绪二十二年（1896）《杭州玉皇山福星观光绪丙申坛登真箓》中找到了金鼓洞出家的戒子到玉皇山福星观参加授戒仪式的资料：

杭州玉皇山福星观光绪乙酉坛登真箓

龙门有字第九十三号。邓理添，宽济子，年四十岁，丙午相正月十五日亥时，系安徽省凤阳府寿州县人氏。在浙江杭州府钱塘县金鼓洞出家，度师周至法。

龙门慕字第一百六十二号。王理昭，震和子，年三十六岁，庚戌相十二月初一日吉时生，系江南扬州府高邮州人氏。在浙江杭州府钱塘县金鼓洞皈依，度师周至法②。

杭州玉皇山福星观光绪丙申坛登真箓

龙门藏字第二十四号。陈理堂，明清子，年四十岁，丁巳相十二月十七日辰时建生，系浙江嘉兴府嘉兴县人氏。在

---

① 朱文藻编：《金鼓洞志》，载《西湖文献集成》第21册，第431—432页。

② 参见福星观印：《杭州玉皇山福星观光绪乙酉坛登真箓》戒子部分，浙江省图书馆古籍部藏

杭州府金鼓洞出家，度师周至法①。

两次传戒共有金鼓洞出家的三名戒子前来受戒，均是龙门派。他们的度师都是周至法，从"至"、"理"的字辈来看，他们很有可能是玉皇山福星观教团的道士。民国《杭州玉皇山志》也记载说："民国十余年间，该洞主持仇宗通为玉皇山福星观支派。②

图4.4　乌石峰金鼓洞全图③

---

① 参见福星观印：《杭州玉皇山福星观光绪丙申坛登真箓》戒子部分，杭州市图书馆藏。

② 来裕恂编：《杭州玉皇山志》，载《西湖文献集成》第21册，第923页。

③ 全图正中间为金鼓洞和鹤林道院，参见朱文藻编：《金鼓洞志》，载《西湖文献集成》第21册，第310页。

晚清民国时期金鼓洞鹤林道院逐步衰败，光绪三十三年（1907）笔名叫金石的人游览金鼓洞，记载了时鹤林道院衰败的场景：

> ……则鹤林道院在焉，萧然颓废矣。而有声淙淙出屋后，则竹笕引山泉注于厨。再入则所谓金鼓洞者……洞之右有泉……主院者曰：吾庖湢皆取给①。

从中可见鹤林道院虽然衰败，但道脉尚存，一直有全真派道士住观。到了民国十余年间，该洞主持仇宗通为玉皇山福星观支派道士，其羽化后该洞由玉皇山福星观接管。李理山在接管的过程中还和金鼓洞原有的道士有一些纠纷，1949年后李理山被捕入狱，当时杭州玄坛庙的道士潘宗衡说："金鼓洞道士仇宗通，1930年由李匪（李理山）邀来做经忏，不幸死了，他胡乱地给人家尸首送出去，还强迫仇的徒弟拿出五百块现洋的收殓费，并且将仇宗通的徒弟赶出金鼓洞。"② 可见，玉皇山福星观与下院的关系并不总是和谐，下院宫观作为一个独立的宗教团体与丛林宫观之间的联系往往随着自身情况的变化而变化。

接管后李理山购买周边土地解决出入道路问题，还准备将该洞进行修缮和扩建作为道教居士林，后因为战争而罢③。

---

① 金石：《游金鼓洞记》，《国粹学报》，光绪三十三年（1907），第26期，文篇第5页。

② 参见《潜伏道教匪特李理山就逮后道教徒一致表拥护并集体控诉李匪的种种罪行》，《当代日报》1951年4月24日第2版。但是这些材料产生在特殊历史背景下，需要其他资料佐证，不过玉皇山福星观接管金鼓洞是既定事实。

③ 来裕恂编：《杭州玉皇山志》，载《西湖文献集成》第21册，第923页。

第七节 抱朴道院

曹本冶、徐宏图著的《杭州抱朴道院道教音乐》中对抱朴道院的历史进行了详细的梳理：抱朴道院，原名"抱朴炉"，位于西湖北岸葛岭之腰，相传晋葛洪曾于此结炉炼丹，故名之。唐刺史李君建"葛仙祠"以祀之，题额"初阳山房"。宋高宗时辟为御花园之一，名"集芳园"。淳祐间，理宗以赐贾似道，改名"后乐园"，贾似道作为住宅，增建"光禄阁""春雨观""嘉生堂""生意生物之府"等。亡后，庭院荒芜。大德初，僧满月即其址建福地院，赵子昂为之记。正末毁。初重修，俗称"葛仙庵"。统间颓废，改称"玛瑙山居"。历年间童道远等重兴祀典，葛洪后裔重建楼宇，重修丹井。清代加以修葺，改称抱朴道院①。

光绪五年（1879）抱朴道院被群盗抢劫，《申报》对其进行了详细的报道，从而为我们了解当时的抱朴道院留下了珍贵的史料：

道士遇盗

杭省葛岭为西湖十八景之一，奇峰陡立，峭壁当空。登之者，须历百余级，方曲折蜿蜒而至其颠。上有葛洪庙，系劫后重建者。院中主持老道，金陵人，年虽半百，幼曾习猿□术，固随身带有利剑一口，非徒作法，且以防身。同居有徒侣一人及厨下火工二人。另有十六七岁一道童，系他院中

① 曹本冶，徐宏图著：《杭州抱朴道院道教音乐》，台北：新文丰出版公司，2000年，第117—151页。

寓此学经者。本月初二夜，突有群盗打门直入，老道闻声惊起，提剑径出，见有三盗已入庭中，遂即拔剑横挥，力与格斗。三盗虽各有利刃，而绝无家数，老道之剑正如流星掣电，无从闪避，以致三人各受重伤，流血奔逸。随后忽来，突将老道之剑夺定，一盗更以巨刃当头直砍。老道方与夺剑，忽见刃来，急将首略偏以右避，向上迎拒之，乃刀势既重而臂力尤猛，两相迎凑，此臂已皮连骨断矣。一时心坚忍痛，很（狠）命将左手宝剑一抽，该盗猝不及防，而左手五指勒断其二，其剑猝被夺回。老道还思勉力支撑，见盗党尚多，恐遭毒手，急奔至院后避匿。盗众内外搜括，仅于一榻间寻得英洋一元、大钱四百文，榻下小钱两小篮，余则布衣数件而已。盗众一齐失望，因将其院中各杂物搜索无遗。时有一盗寻至后室，见一小道危坐，因问银洋何在，小道忽飞起左足，将盗踢去数尺。盗不能禁，大怒，即以短刀直刺面门，适中其鼻梁右角，兼伤左眶，血流如注。时天已将明，群盗乃挑负下岭而去。次早，其徒下岭，则见石坡上淋漓血迹，一路直至山下，以是知盗伤之甚众也。其徒入城报官，并将老小两人抬往验伤。钱塘陈邑尊以贼物甚微，谓是窃案，而不当妄报盗案，且二人之伤皆系肌肤之害，无关性命，但静心调治足矣。不料老道抬回，即于次夕伤重致命。身后一无所有，其棺衾等费皆各红坊鸠钱相助，绿红业中素奉葛仙为始祖者也。至群盗踪迹迄今亦无着落，故日来湖上居民无不惴惴焉①。

---

① 《道士遇盗》，《申报》，光绪己卯六月念七（1879 年八月十四日），第 2 页。感谢浙江大学韩松涛老师提供本材料。

从中可以看出，抱朴道院为太平天国运动后重建。在光绪五年（1879）的时候道院内只有寥寥几个道士和在道院内帮忙的火工，但是却被强盗盯上。这一方面也许是抱朴道院所在地葛岭的地理位置比较偏僻，另一方面也可能是此时的抱朴道院有一定规模。盗贼进入抱朴道院后砍伤一老一少两道士，抢到"英洋一元、大钱四百文，榻下小钱两小篮，余则布衣数件而已"。后被砍伤的老道人因伤势过重去世，身后也一无所有，可见道院内并不富裕。去世道人的"棺衾等费皆各红坊鸠钱相助"，"红坊"即为染坊，"绿红业"为染坊业，相传葛洪在炼丹的过程中发现了染料，被奉为染坊业的祖师，被后世染坊业普遍崇拜。可见抱朴道院主要支持者应该是染业人员。

晚清《玉皇山庙志》记载，晚清该庙即有玉皇山福星观支派道士张圆定、洪圆通等：

> 张圆定，句容县人。在西湖北山葛仙翁庙。
> 洪圆通，义乌县人。在西湖葛岭院[1]。

"葛岭院"和"葛仙翁庙"即为抱朴道院，张圆定和洪圆通均是蒋永林的弟子。光绪十一年（1885）《杭州玉皇山福星观光绪乙酉坛登真箓》中也有来自抱朴道院的弟子前来受戒：

> 龙门玉字第四十五号。王至阳，纯虚子，年四十三岁，癸卯相十二月十二日亥时生，系江南江宁府上元县人氏。在浙江杭州府钱塘县葛岭道院出家，度师汪明秀。
> 龙门龙字第七十三号。钱理登，得成子，年十四岁，壬申相二月十一日戌时生，系浙江杭州府钱塘县人氏。在本省

---

① 卓炳森编：《玉皇山庙志》，载《西湖文献集成》第25册，第1261页。

本府本县葛岭道院出家，度师楼至行。

　　龙门改字第一百七十二号。汪明卿，仁贤子，年三十五岁，辛亥相十月十九日午时生，系浙江绍兴府山阴县人氏。在本省杭州府钱塘县西湖葛岭道院皈依，度师朱圆亨①。

朱圆亨为蒋永林弟子，后做过玉皇山福星观监院和方丈，他也在抱朴道院招收弟子，此时的抱朴道院很有可能已经成为玉皇山福星观的下院。戒子均是龙门派，从参加受戒戒子字派上看有"圆""明""至""理"四个字辈，这和玉皇山福星观的道派传承基本一致，可见此时的抱朴道院道士应该是继承了玉皇山福星观的法脉。民国二十五年（1936）秋，杭州市染业公所派代表聘请李理山接管抱朴道院②。

图 4.5　今天抱朴道院的山门③

　　①　福星观印：《杭州玉皇山福星观光绪乙酉坛登真箓》戒子部分，浙江省图书馆古籍部藏。
　　②　来裕恂编：《杭州玉皇山志》，载《西湖文献集成》第 21 册，第 925 页。
　　③　中国建筑工业出版社编：《道教建筑：神仙道观》，北京：中国建筑工业出版社，2010 年，第 156 页。抱朴道院为全国第一批对外开放的二十一座宫观之一。

从中可见，葛洪被染业协会尊为行业神，受到了染业协会的帮助和支持，这也为抱朴道院在地方社会寻找到了生存的土壤。虽然受到染业协会的管理，但是抱朴道院也时刻维持着自己的道教法统，多次参加玉皇山福星观的授戒活动，在最为困难的时候均是玉皇山福星观给予帮助。抱朴道院在染业协会和玉皇山福星观教团的双重帮助下经受住了历史的考验，延续到今天。

第八节　吴山伍公庙

吴山伍公庙又名吴山英卫公庙，晚清金志章等撰写的《吴山伍公庙志》中详细记载了其历史沿革，内容如下：

> 建置
>
> 伍公庙建自春秋，时公以谏死，吴人怜其忠，立祠山上，因名曰胥山。历汉、晋，迄六朝，秩祀不废。唐中宗嗣圣五年，河南巡抚大使狄仁杰，奏毁吴楚淫祠千七百余所，惟存夏禹、泰伯、季札及公四祠而已。元和十二年，刺史卢元辅修，并作《胥山铭》，后毁于火。五代时，吴越钱氏重修。宋雍熙二年，诏重建。大中祥符五年，赐"忠清"庙额。康定中，郡守蒋堂重建，王安石为记。嘉祐七年，长兴沈遘作藩于杭，因人民病患，晴雨不均，邦人饥窘，累祷有应，复重建，王安国为记。建炎初，毁于兵火。绍兴二十二年重建。乾道五年，安抚周淙重修。绍定四年，庙再毁，有旨赐缗钱重建。嘉熙三年，安抚赵与𤩽又易而新之，建英卫阁于庙前，与𤩽自为记。宝祐元年，又毁。二年，安抚颜颐仲重建，又移建英卫阁于正殿之后。咸淳四年，积雨，庙庑

坏，安抚潜说友重行修治，视旧增壮。元天历三年，左录事司判官刘淑复庙路，曹贲亨为记。至正末，庙复毁。明洪武初，知府刘文重建。正统十四年，按察使陈璇重修，璇自为记。成化十年，庙复毁。弘治初，重建。嘉靖三十年，郡守孙孟重修，赵锦为记。岁久庙圮。万历四年，巡按萧廪重建，沈友儒为记。二十一年，巡按王得春倡修。二十二年，督抚王汝训重修正殿暨寝殿。二十三年，织造太监孙隆重建山门二座。二十五年，学道伍袁萃捐资续修。四十一年，郡守杨联芳重修。崇祯五年，巡抚陆完学重修。十六年重修，吴农祥为记。国朝康熙五年十二月，庙毁于火，住持冯青崖募缘重建。十六年，住持冯青崖、钟上侯、宋玉臣募修。三十六年，住持沈圣功募缘重修。五十八年，住持宋玉臣、冯君来具呈，蒙巡抚朱轼重修。雍正三年，奉旨发帑重整祠宇，建造两廊，重装庙内诸神，巡抚傅敏为记。乾隆元年，发帑重修，并建临街山门一座。十四年，复奉旨发帑重修庙貌神像。十八年，重整行宫，殿周围修葺①。

从中可见，吴山伍公庙为专门祭祀先秦吴国名臣伍子胥②而建，一直被列为官方祠庙，历史上多次被毁和重建。伍公庙至少到清康熙五年（1666）时为道教道士主持，成为一所道教宫观。太

①　金志章等撰：《吴山伍公庙志》，载《西湖文献集成》第 25 册，第 631—632 页。

②　伍子胥（前 559—前 484），名员，字子胥，本楚国椒邑人，春秋末期吴国大夫、军事家。伍子胥之父伍奢为楚平王子建太傅，因受费无极谗害，和其长子伍尚一同被楚平王杀害。伍子胥从楚国逃到吴国，成为吴王阖闾重臣。公元前 506 年，伍子胥协同孙武带兵攻入楚都，伍子胥掘楚平王墓，鞭尸三百，以报父兄之仇。吴国倚重伍子胥等人之谋，西破强楚，北败徐、鲁、齐，成为诸侯一霸。后吴越争霸，吴王阖闾死于越，吴王夫差立，伍子胥曾多次劝谏吴王夫差杀赵王勾践，夫差不听，听信太宰伯嚭谗言，称伍子胥阴谋倚托齐国反吴，派人送一把宝剑给伍子胥，令其自杀。在伍子胥死后九年，吴国为越国偷袭所灭。

平天国运动前伍公庙有头门三间、二门五间、殿前左右廊屋各九间、正殿五间、五显神殿三间、后殿五间、英卫阁三间、延真殿三间等建筑①。

图4.6　吴山伍公庙②

---

① 金志章等撰：《吴山伍公庙志》，载《西湖文献集成》第25册，第628页。

② 太平天国运动之前的吴山图，见金志章等撰：《吴山伍公庙志》，载《西湖文献集成》第25册，第625页。

伍公庙太平天国运动中被毁。浙江光复后，同治十三年（1874），"经合郡绅士韩钦、卓炳森等禀请中丞（杨昌浚），饬塘工局拨款建复，委（吴）廷康经理其事"①。得到官方支持，伍公庙得到恢复，值得注意的是伍公庙和玉皇山福星观是在同一时间由同一批人恢复重建的。民国二十四年（1935）七月，杭州第一区区公所区长聘请李理山为该庙住持②。

第九节　杭州玉皇山福星观上海分院

根据民国《杭州玉皇山志》记载，杭州玉皇山福星观上海分院有两处：第一分院在上海西摩路，第二分院在武定路③。关于两处分院的创建，上海档案馆藏的《呈为申请庙产登记事由》中有详细的记载：

> 窃衲（李理山）……于二十八年春来申筹划。租屋于本市（上海）西康路五八八弄三百号开设分院，承接经忏香火。奈因地方偏僻，所入不敷出，只得另图相当之处。乃于二十九年春在武定路三十二弄二十号设立第一分院，继续经忏香火等事。所有收入除开支之外，悉数维持杭州各庙道众等④。

---

① 重建伍公庙和重建玉皇山福星观的地方官员为同一批人。参见金志章等撰：《吴山伍公庙志》，载《西湖文献集成》第25册，第672—673页。

② 来裕恂编：《杭州玉皇山志》，载《西湖文献集成》第21册，第930页。

③ 来裕恂编：《杭州玉皇山志》，载《西湖文献集成》第21册，第941页。

④ 《呈为申请庙产登记事由》，上海档案馆藏，第2页。感浙江大学谢韩松涛老师提供本资料。

上海西摩路为今天上海陕西北路，由公共租界工部局筑于1905年，当时西摩路上多为高档住宅，更有不少名人宅邸①，不可能为偏僻之地，所以档案中记载的"西康路五八八弄三百号"更为可信，民国《杭州玉皇山志》记载为误。上海西康路的分院开设于民国二十八年（1939）五月②，但是因为西康路地方偏僻，经忏香火收入"入不敷出"③。玉皇山福星观第二年即民国二十九年（1940）春在武定路三十三弄二十号重新设立了分院，"是年修建落成，八月吉日开光"④。

民国三十五年（1946）《上海市社会局宗教团体及寺院申请登记表》记载，武定路三十二弄二十号登记为"杭州玉皇山第一分院"，创始时间为"民国二十九年四月份"，创始人为"李紫东"；民国三十五年（1946）《上海市社会局宗教团体及寺院申请登记表》记载，西康路五八八弄三百号登记为"杭州玉皇山福星观道院"，创始时间为"民国二十八年三月份"，创始人为"李紫东"⑤。

民国《杭州玉皇山志》上留存的《募建杭州玉皇山福星观

---

① 《名门云集的上海西摩路》，《文摘报》，2012年04月28日07版。http：//epaper. gmw. cn//wzb//html//2012—04//28//nw. D110000wzb_ 20120428_ 1—07. htm，2016年1月11日15：40：47。

② 来裕恂编：《杭州玉皇山志》，载《西湖文献集成》第21册，第941页。

③ 1937年中国全面抗战开始，8月13日第二次上海事变开始，中日之间在淞沪一带进行了长达三个月的激战。11月12日，上海陷落。从1937年11月到1941年12月珍珠港事件后日军侵入上海租界为止，日军忌惮西方各国，没有入侵租界区，上海租界区处于日军的包围之中，犹如大海中孤零零的一座岛屿，被称为"孤岛"。玉皇山福星观第一分院的地址西康路就在租界区外，而第二分院的地址武定路在租界内，因而在租界内所受的战争影响要小一些。

④ 来裕恂编：《杭州玉皇山志》，载《西湖文献集成》第21册，第941页。

⑤ 民国三十五年（1946）《上海市社会局宗教团体及寺院申请登记表》，民国三十七年（1949）五月六日，编号15. 16。

上海分院疏》详细记载了武定路分院设立的详细过程：

募建杭州玉皇山福星观上海分院疏

粤夫太极未判，大道先存。直至轩辕受道于广成，象国进兽；孔子问礼于老氏，叹美犹龙。从玉局传经，迨东华演教，而道家之门户由此辟矣。至若浙江杭州之玉皇山，钟灵毓秀，襟江带湖，为玉帝道场。信声灵赫耀，云水来归，烟霞栖遁，盖原东南道教一大丛林，为出尘清修之士所依庇者也。因"七七事变"后，庸讵知羽士修真之地，竟辟作难胞托命之场。影响所及，维持渐艰。是故紫东道人出于不得已，翩然来沪，固设分院之缘起也。其始寄迹于西摩路底。本随方设教之愿，怀济世度人之心。无如地处偏隅，善信之往来不便；居嫌湫隘，庄严之瞻仰难周。查本埠廿七保十二图（国）即武定路麦根路口。原有迎禧庙，后改财神庙，为朱俚羽士所设立。只缘后继不善，争讼横生，经年不决，举债受累；坐是琳宫倾废，香火销（消）沉；欲求重光，才财两缺。爰经公议，将财神庙同有权利全部移转，归由紫东道人继承，以资整理而谋永久保存。惟接管以来，在在需款；庀材建筑，物价奇昂；轮奂之观，非有巨资，莫能兴办。在庙务之主持，固有紫东道人独任其艰巨；至如款项之募集，尚赖善男信女慷慨以解囊。同人等深懔"皇天无亲，惟德是辅"之言，处此空前惨劫之下，想人人均有求天默佑之动机，则踊跃输将，谅必从如归市。同人等除与紫东商妥，将庙务请其全权主持外，至于庙产，则应另依财团法人之组织，由善士遴员，共同保管，细则另定章程，以垂永久。俟募有成数之后，再行召集捐款人会议，遴选保管庙产

委员。办法既定，爰为发起。庶登高一呼，云从响应，则幽
光潜德，化被昌明，灾祸消弭于隐微，圣灵获持于靡既。馨
香颂祷，曷任瞻惟。谨启。

中华民国庚辰之岁五月日①。

从中可以看出，福星观上海分院设立的主要原因是战争阻断了玉
皇山福星观的主要经济来源，同时玉皇山福星观也在杭州开设了
难民营收容上山的难民。玉皇山福星观经济上出现困难，"因
'七七事变'后，庸讵知羽士修真之地，竟辟作难胞托命之场。
影响所及，维持渐艰。是故紫东道人出于不得已，翩然来沪，图
设分院之缘起也"。上海档案中也说："自民国二十六年因遭抗
战军兴，杭州山上香火游客绝迹，道众生计无法维持。"② 民国
时期的上海是江南乃至中国的经济中心，每年玉皇山福星观要接
待许多从上海来的香客，香火钱本来就是其重要的经济支柱③。
在玉皇山福星观山上的收入锐减的情况下，李理山等自然想到了
到上海开设分院，募集资金。上海武定路麦根路口原本就有迎禧
庙，后改为财神庙，为朱佺羽士所设立。因为财神庙"后继不
善，争讼横生，经年不决，举债受累；坐是琳宫倾废，香火销
沉；欲求重光，才财两缺"，朱佺羽士无法解决这个问题，李理
山看准机会，利用自己的财力和社会关系接收了财神庙，"爰经

---

① 来裕恂编：《杭州玉皇山志》，载《西湖文献集成》第 21 册，第 941—942
页。
② 《呈为申请庙产登记事由》，上海档案馆藏，第 2 页。
③ 参见本书第九章第二节非香期进香活动部分。

公议，将财神庙同有权利全部移转，归由紫东道人继承"①。接收了财神庙后，李理山对其进行了建设，然后更名为玉皇山福星观上海分院，也被称为"上海福星观"。

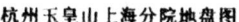
杭州玉皇山上海分院地盘图

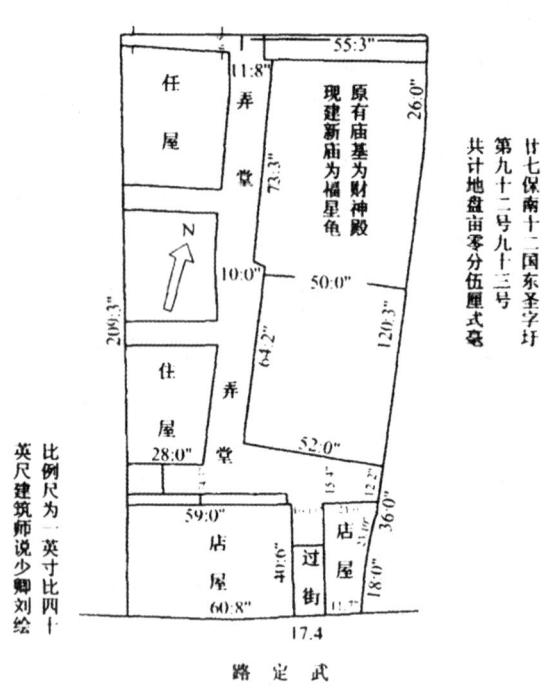

图4.7　武定路分院地形图②

---

① 闵智亭、李养正主编的《中国道教大辞典》中记载其是"在上海绅董和帮会头目的赞助下"重建的。参见闵智亭、李养正主编：《中国道教大辞典》，台中：东久企业（出版）有限公司，1999年，第181页。

② 来自于《杭州玉皇山志》，图中"原有庙基为财神庙，现建新庙为福星龟"中的"龟"应该为"观"，原书应该为误。参见来裕恂编：《杭州玉皇山志》，载《西湖文献集成》第21册，第943页。

民国二十八年（1939）和二十九年（1940）玉皇山福星观上海分院均发起了"祈祷平安日道场"斋醮活动。民国《杭州玉皇山志》上说："道衲慈悲为念，己卯庚辰间，两次发起祈祷平安大会。"可见成立之初，上海分院就立即投入了宗教活动①。1941年12月珍珠港事件后原本就包围租界的日军侵入上海的孤岛——租界，此时玉皇山福星观上海分院的具体情况如何不得而知。

抗战胜利后，宗教活动得以恢复，上海市社会局重新对宗教团体和寺庙进行了登记，为我们留下了玉皇山福星观两所上海分院珍贵的史料。根据民国三十五年（1946）《上海市社会局宗教团体及寺院申请登记表》记载：西康路五八八弄三百号登记为杭州玉皇山福星观道院，职员有茶役王炳忠和香伙王兆喜，他们的待遇为"薪工膳宿"；代理人是吕宗安；教徒共有二人；经济收入主要来源于募集善款和诵经礼忏香火等②。根据民国三十五年（1946）《上海市社会局宗教团体及寺院申请登记表》记载：武定路三十二弄二十号为杭州玉皇山第一分院；职员有茶役和厨司：余如梅、王阿铨、夏根、孙松泉、朱三宝③，他们的待遇为"薪工膳宿"；代理人是吕宗安，其为李理山弟子，深得李理山信任；教徒共有十四人；经济收入主要来源于募集善款和诵经礼

---

① 来裕恂编：《杭州玉皇山志》，载《西湖文献集成》第21册，第913—915页。

② 民国三十五年（1946）《上海市社会局宗教团体及寺院申请登记表》，民国三十七年（1949）五月六日，编号16，上海档案馆藏。

③ 民国三十五年（1946）《上海市社会局宗教团体及寺院申请登记表》共有两份，第一份登记表孙松泉下面登记"同上"为茶役，所有的职员均为茶役；但第二份登记表孙松泉下面登记为"厨司"，朱三宝下面登记为"同上"也应该为厨司，故余如梅、王阿铨、夏根为茶役，孙松泉、朱三宝为厨司。具体真实情况无从考证，笔者倾向于第二种。

忏香火等①。同时在民国三十六年（1947）的《上海市社会局宗教团体及寺院申请登记表》中，武定路三十二弄二十号被登记为"上海市道教会"，该会创建于民国三十五年（1946）七月，主持人为李理山理事长；职员只有会计庶务吴宗起一人，待遇十万元；教徒共有832人，其中男819人，女13人；每月主要收入为"会员经常会"和"经忏补助费"两项；该会还初创了福利组、宣导组等附属组织主办慈善、救济、教育活动，宣扬历代与道教有关文化，提倡固有道德等②。

从中可以看出，玉皇山福星观上海两所分院的建立和接管的其他下院情况有所不同。其他接管的下院是因为受到战争、废庙兴学等自身无法解决的问题影响，主动依附玉皇山福星观，谋求自身的生存。而上海分院的成立主要是因为玉皇山福星观自身受到了中日战争影响，经济出现很大问题，到上海成立分院的目的是募集资金，解救杭州玉皇山福星观经济问题，这是玉皇山福星观在面对战争破坏的情况下所作出的应对措施。此时的上海是中国经济的中心，玉皇山福星观经济收入的很大一部分来源于上海的香客。

另外玉皇山福星观历史上的下院还有杭州佑圣观、嘉兴玄③

---

① 民国三十五年（1946）《上海市社会局宗教团体及寺院申请登记表》，民国三十七年（1949）五月六日，编号15，上海档案馆藏。

② 民国三十六年（1947）《上海市社会局宗教团体及寺院申请登记表》，上海档案馆藏。

③ 杭州佑圣观为江南历史上的名观，民国钟毓龙编著、钟肇恒增补的《说杭州》一书中对佑圣观的历史沿革进行了考证："在梅花碑之西，今佑圣观路南端。原系孝宗为普安郡王时之潜邸，光宗、宁宗均生于此。孝宗继位后，诏谕改为道院，有三殿，赐额佑圣之观，祀北极佑圣真君，即北极星也。宋代崇道教，皇帝登基，例至佑圣观着道服行礼。观中匾额等多为御书。佑圣观规模之宏敞为杭州诸道观之首。传旧历三月初三日为北极佑圣真君诞。是日观中修崇醮事，有省竿之戏。树长竿于庭，高可三丈，一人攀缘而上，舞蹈其巅，盘旋上下，有鹞子翻身、（接下页）

妙观^①、诸暨斗子岩龙王庙^②、杭州火神殿^③、武康计筹山升元

金鸡独立、钟馗抹额、玉兔捣药等名目，即今所谓杂技也。又宋代自谓以火德王，在观中亦祀火神。旧历六月廿三日传为火神诞，观中演戏一日。元初观毁于火，元贞元年重建。民国时常于观内驻军警。现仅有佑圣观路。"从中可以看出佑圣观最盛时期为宋代。宋吴自牧的《梦粱录》中也记载："佑圣观，在端礼坊西，元孝庙旧邸，绍兴间以普安外第设立光庙，乾道年间，又开甲观之祥。淳熙岁，诏改为道宫，以奉真武。绍定重建观门，曰佑圣之观。"可见农历的三月三为佑圣真君诞辰，佑圣观会举行盛大的宗教仪式。佑圣观元大德七年（1303）毁于火，该年重建，改为观，而且还躲过了元末的兵燹。明洪武十五年（1382）设置道纪司于佑圣观。顺治乙未年（1655）设置火药局于佑圣观中，不戒于火，三清等殿皆毁，后又重建。《杭都杂咏》上记载"国朝咸丰十一年，半毁于寇，同治初重建修"，可见其也未躲过太平天国运动的兵燹。参见吴自牧：《梦粱录》，杭州：浙江人民出版社，1980年，第68—69页；钟毓龙编著，钟肇恒增补：《说杭州》，收入王国平主编：《西湖文献集成》第11册，第742页；徐逢吉等辑撰：《清波小志（外八种）》，上海：上海古籍出版社，1999年，第26页；丁丙：《武林坊巷志》第4册，第28—30页。

① 在光绪二十二年（1896）传戒中有嘉兴玄妙观的弟子前来，具体情况如下：龙门盖字第一百四十五号。蒋至芳，林生子，年四十八岁，己酉相吉月吉日吉时建生，系湖南［省］长沙府夏县人民。在浙江［省］嘉兴府玄妙观皈依，度师任明山；龙门暑字第十九号。范明贵，玄英子，年四十九岁，戊申相三月二十七日午时建生，系浙江嘉兴府秀水县人氏。在嘉兴县玄妙观皈依，度师倪圆亦；龙门冬字第二十三号。顾明停，安和子，年四十一岁，丙辰相十月十五日子时建生，系浙江［省］杭州府海宁州人民。在浙江［省］嘉兴府玄妙观皈依，度师倪圆亦；龙门秋字第二十一号。张明慧，恩光子，系浙江［省］宁波府鄞县人氏。在浙江［省］嘉兴府玄妙观皈依，度师倪圆亦；龙门岁字第二十八号。严明慎，守真子，年四十岁，丁巳相十月二十八日巳时建生，系浙江［省］嘉兴府桐乡县人氏。在本府玄妙观皈依，度师倪圆亦；龙门律字第二十九号。张明善，吉清子，年四十九岁，戊申相七月初一日午时建生，系浙江嘉兴府秀水县人氏。在本府玄妙观皈依，度师倪圆亦；龙门虞字第九十四号。杨明修，学正子，系浙江［省］杭州海宁州人氏。在［浙江省］嘉兴府玄妙观皈依，度师倪圆亦。参见福星观印：《杭州玉皇山福星观光绪丙申坛登真箓》戒子部分，杭州市图书馆藏。

② 据《诸暨县志》引旧《名胜志》云：斗子岩，"岩高为斗，峻不可上，在县南四十里，岩下有石门，又有龙潭，潭不甚深，不涸不溢。上有龙王殿，旁有白云庵"。同时光绪二十二年（1896）传戒中还有一名来自该观的戒子："龙门伏字第一百十八号。单明育，养群子，年三十五岁，壬戌相七月初十日戌时建生，系浙江金华府东阳县人氏。在绍兴府诸暨龙王庙出家，度师李圆升。"参见俞佐萍、王志邦主编：《方志功能面面观》，杭州：浙江人民出版社，1987年，第74页；福星观印：《杭州玉皇山福星观光绪丙申坛登真箓》戒子部分，杭州市图书馆古籍部藏。

③ 杭州火神殿，位于杭州城北西大街大校场。早期历史失考，民国年间只剩大殿三间，其他建筑坍毁，原有地基不断为周边侵占，只剩十亩土地。且庙产（接下页）

观①等宫观。

第十节　余论

由前面的叙述可见，玉皇山福星观所接管的宫观中诸如洞霄宫、天柱观等均是在江南历史上名噪一时、拥有巨大影响力并在道教历史上发挥重要作用的名山大观，但在近代社会的巨变下难逃衰败的命运。他们要么面对政府的歧视，被收归政府公有而改造成学校；要么面对地方恶霸的步步蚕食；要么面对动荡时局的干扰而惨遭兵燹；要么面对道教自身教务的颓废而后继无人；要么面对社会支持的下降而道粮无继。面对内忧外患的局面，近代

为地方保管委员会管理，后地方人士请玉皇山福星观李理山为住持。参见来裕恂编：《杭州玉皇山志》，载《西湖文献集成》第21册，第932页。

① 民国来裕恂编的《杭州玉皇山志》和今人吴亚魁著的《江南全真道教（修订版）》中对筹山升元观进行了详细的考证。筹山者即为计筹山，距离武康县城三十五里，崇峦峻岭，灵秀异常，相传春秋时期越国大夫计然曾经攀登此山筹度地形，故名之"计筹山"。计然去世后，当地人建室纪念，名曰"升元观"。有据可考的建造历史是宋绍兴二十六年（1156）和王杨存中建，名为"升元报德观"，此时该观有设像之殿、斋食之堂、置钟之楼、巢经之阁等建筑。杨存中，亦称为"杨炼师"，相传其为宋朝国戚，被朝廷重视，赐田二十八顷、山五百亩。元朝时有道士杜道坚，为故宋庆章王之五世孙，率道徒周德方等在计筹山修炼，元朝廷为其建造昭忠庙等，另外加科仪田二百亩、山千亩，于是升元观道场大开。元末升元观遭兵燹，至明洪武二十四年（1392），道士袁居安重建庙宇。之后升元观逐渐衰败，"高人去，仙迹泯，谋占日多，而辛葛之神，徒存蔓草，杜杨之迹，惟有荒榛"。明末清初有一个叫谢行之的本地人敦请全真道士余体崖率徒鲁抱玉、徒孙施栖云等到升元观，厥后惟赖施栖云的徒弟陈慧熙等苦苦坚守。到康熙年间，全真道士沈月光重新开山，在通玄观旧址上结茅趺坐，经善信募捐而建新观，延续至今。根据民国《杭州玉皇山志》记载，民国时期升元观还有古迹升元观碑刻、升元观十二仙景、白石洞天等。民国廿六年（1937），武康乡公所收其产，住持黄宗庆请本观李紫东接收以处理之。后经交涉，该县县长将管理权交与李理山。参见来裕恂编：《杭州玉皇山志》，收入王国平主编：《西湖文献集成》第21册，第932—934页；吴亚魁：《江南全真道教（修订版）》，第174—178页。

"中兴"的玉皇山福星观充分利用自身的优势，发扬"弘扬正道"的精神，对寻求玉皇山福星观帮助的弱小宫观进行扶持，不仅保持了弱小宫观的法脉不至于消亡，同时也扩大了玉皇山福星观教团在道教界的影响力。玉皇山福星观对主动依附的道教宫观并不是一味的"输血式"扶持，也试图进行一些改革，诸如把金鼓洞扩建为道教居士林等。这些被接管的宫观一般由玉皇山福星观兼任或者任命监院等主要宫观内职务，但是他们大多事实上相对比较独立，与玉皇山福星观的关系也伴随着自身的发展若即若离，一旦有充足的实力，也往往脱离玉皇山福星观的控制。而玉皇山上海分院的设立则是玉皇山福星观在困境下为解决自身经济问题而主动到上海租界区设立的宫观。可见，以玉皇山福星观为中心，形成了一个遍布江南地区的宫观群，同时在玉皇山福星观接管宫观的过程中，我们也看到了部分热心宗教事业的善士、信众的支持。

景安宁著的《道教全真派宫观、造像与祖师》中总结说："除了一般道观外，全真教特别注重接管、修复传统道教的名宫大观，重视在全真祖师们诞生、修真、升霞之地创建纪念性的巍峨道宫，建成祖师崇拜圣地，在此集合大师，吸引徒众，培养人才，凝聚力量。如西北有陕西终南的重阳宫、宗圣宫，京畿有大都长春宫，山西有永乐纯阳宫，河南有王屋山天坛紫微宫、汴梁朝元宫、鹿邑太清宫，山东有文登东华宫等，围绕这些大宫有许多大、中、小观庵，形成宫观群。附属观庵称为下院、别业等，对大宫提供支持，又通过其地缘散布辐射，使祖师圣地的名望威播四方，以弘扬教门的正宗师真传统。全真教的精英和大部分的财力物力，都被集中、调动起来，投入这些大宫观的建设、管理、运行之中。不同的宫观群往往代表教内不同的门户势力，如马丹阳—于善庆一系在元代晚期之前一直主持终南重阳宫，刘处玄—宋德方一系主导永乐纯阳宫、天坛紫微宫，郝大通—王志谨一系经营汴梁朝元宫、亳州太清宫等。这些圣地的形成又与地方军政官员和区域宗王的支持密不可分。地方政权往往支持著名宫观的成立，划给土地、提供保护，而宫观则主要为国家、社区、施主等举行祈禳超度等法事活动。"①

　　笔者赞同景安宁的观点，认为以玉皇山福星观为中心的宫观群是玉皇山福星观发展的历史必然。这首先是当时的社会环境使然，玉皇山福星观崛起于太平天国运动后的同治中兴中，江南地区有大量在战争中被破坏的名山大观，均无人接管，同时传统社会对恢复旧的社会秩序的要求也需要大量的宗教人员来参与社会的重建。同时从晚清到民国时期，社会时局动荡不安，社会对道教的理解和支持越来越弱，"废庙兴学"等也让大量宫观面临着生存的危机，大量的宫观需要道士进驻和维护。其次这是玉皇山福星观教团发展的需要，玉皇山福星观在民国时期观内常住的道士也不超过 100 人②，玉皇山福星观教团要扩展自己的影响，除了培养自身教团的道士之外，另一个重要的方式就是接管宫观，将自己的道统传播出去，利用宫观的地理辐射功能来拱卫玉皇山福星观。从玉皇山福星观的历史实际情况看，一方面玉皇山福星观的确给予了接管宫观和下院大力支持，为接管宫观提供经济上的援助，帮助整合信众和道众，为其寻求地方政府保护，通过传

---

① 景安宁：《道教全真派宫观、造像与祖师》，第 110—111 页。

② 口述者：高信一。采访者：郭峰。时间：2012 年 10 月 14 日上午。地点：杭州市西湖区抱朴道院内。

戒培养合格的道士等。通过玉皇山福星观的支持，一大批诸如抱朴道院、渊德观等名观保存下来直至今日，玉皇山福星观当年的努力功不可没。另一方面，玉皇山福星观也通过开设下院来增加自己的经济收入等，更重要的是玉皇山福星观也将自己的法脉和道统传播出去。虽然玉皇山福星观后来渐衰被收归园林部门，但是由玉皇山福星观传播出去的法脉和道统并未因为其衰败而消失，依然顽强地生存在今天的江南地区。无疑，在变动时代的背景下，各个宫观抱团形成宫观群，并以此形成的教团是应对危机的有效方式方法之一。

第五章　为民设醮：民国时期玉皇山福星观的斋醮活动

　　斋醮科仪，俗称"道场""法事"，主要指道教祭祀仪式，通过仪式以祭告神灵，祈求消灾赐福。道教一千多年的斋醮历史，其科仪的格式内容，从汉魏之际直到南宋时期，呈现由简趋繁的趋势；自元明以后直至当今，又逐渐由繁趋简①。

　　据当代中国道教高道闵智亭讲，民国时期，玉皇山福星观方丈兼监院的高道李理山每年都要邀请当时著名的全真派高道到玉皇山福星观去给道士培训斋醮、音乐、科仪等宗教科仪必备的内容，以提高他们的斋醮科仪水平②。根据民国李理山还健在时期来裕恂编的《杭州玉皇山志》和民国时期到中国游历的俄国人顾彼得所著的《神秘之光：百年中国道观生活亲历记》记载，民国时期玉皇山福星观的斋醮活动主要有：皇经胜会、金录大醮、祈祷全国平安日道场、祈祷世界和平大醮、祈祷世界和平特

设八一大醮、祈祷世界太平禳灾弭劫普济幽爽九九大醮等。现在对其进行一一分析。

第一节　皇经胜会

何为"皇经胜会"？民国来裕恂编写的《杭州玉皇山志》中记载如下：

> 《皇经》者，《高上玉皇本行经》也。玉皇乃诸天之法主，《皇经》乃万宝之正宗。志心朝礼，则宥罪锡福，息息可通。今之世界，人心陷溺，绝灭天常，穷奢极欲，幸灾乐祸，戕贼生灵，残害同类，先贤谓甚于洪水猛兽之灾，正此时也。是以饥馑迭臻，凶荒迭告，刀兵水火，瘟癀疫疠，并时而至。良以业障层层，上干天怒；卒致灾殃累累，下戾人和。顾念上帝具好生之德，下民有阴骘之机，苟忏悔而至诚，自挽回之有术。本观特率徒众，一秉愚忱，定章以永远为名，收功有普同之效。朝朝暮暮，无间晨昏；雨雨风风，不分寒暑。造次必是，颠沛必是。事在人为，名言在兹，允出在兹。功惟帝念，但使一心一德，自能万感万灵。所赖取精用宏，惟愿博施以济众。只患期长费巨，未堪蚊力以负山，伏望达官巨室、善士仁人，得有一日之虔心，即有一日之功行。凡诸无量，请赴法筵；总是有缘，齐登觉路。谨将办法书于左方①。

---

　　①　来裕恂编：《杭州玉皇山志》，载王国平主编：《西湖文献集成》第21册，第909页。

从中可见："皇经胜会"的"皇经"指的是《高上玉皇本行经》，为道士斋醮和道门功课必咏经文之一①。明正统《道藏》洞真部收录该书。全书共三卷五品，卷上内容为《清微天宫神通品第一》，主要叙述玉皇大帝的来历、神格等；卷中内容为《太上大光明圆满大神咒品第二》和《玉皇功德品第三》，主要叙述玉皇大帝颁下的神咒和受持此经的功德等；卷下内容为《天真护持品第四》和《报应神验品第五》，主要叙述奉经者能得十方帝君及神将庇护获三十种上妙功德等②。该书未署作者，朱越利著的《道藏分类解题》中认为："该经有元明注本。玉皇大帝于宋代升为主神。故该经当出自宋。"③在道教神仙谱系中，玉皇大帝虽然位居三清之后，但玉帝由三清祖气所化，所以依然为道教三界众神之首④。隋唐两宋时期，民间玉皇崇拜兴起，之后经久不衰⑤。玉皇山福星观的"皇经胜会"斋醮仪式中也说："玉皇乃诸天之法主，《皇经》乃万宝之正宗。"可见玉皇山福星观的"皇经胜会"也是在中国广阔的民间玉皇崇拜的背景下进行的奉《高上玉皇本行经》的斋醮活动。此会有一个崇高的目的："顾念上帝具好生之德，下民有阴骘之机，苟忏悔而至诚，自挽回之有术。本观特率徒众，一秉愚忱，定章以永远为名，收功有普同之效。"

　　玉皇山福星观"皇经胜会"斋醮活动的具体过程和内容有：

---

①　任继愈主编、钟肇鹏副主编：《道藏提要》，北京：中国社会科学出版社，1991 年，第 12 页。

②　《道藏》第 1 册，文物出版社、上海书店、天津古籍出版社，1988 年，第 695—710 页。

③　朱越利：《道藏分类解题》，北京：华夏出版社，1996 年，第 74 页。

④　梅莉：《玉皇崇拜论》，《湖北大学学报（哲学社会科学版）》2011 年第 9 期。

⑤　盖建民：《民间玉皇信仰与道教略论》，《江西社会科学》2000 年第 8 期。

一、胜会定名

本观此会，定名为皇经胜会，以三年为一愿之圆满。一愿之中又分三期，周一年为一期，十年愿者为永远。

二、帝诞特供

每年正月初九日，山观典礼，固极隆重。但本会于每月之初九日，亦遵应天帝诞期，同样斋供礼拜，依科祈祷，以冀禳灾弭患，福国康民。

三、立祠设位

本观创建功德专祠，第一次圆满后，即按照入会芳名镌登琼宇，供奉长生禄位，香火万年。

四、分等认愿

凡善信入会，分天、地、人三愿，认入何愿者，年纳香金若干。另有简章，遵照而行。

五、崇德报享

长生禄位镌名，亦照天、地、人分等，一愿一位，或以全家福合为一位，或为先人追荐立位，悉听信官尊裁。此外随缘信施三年者，量缘立位。总之有缘皆度，无善不登。若有特别慨助大愿者，更为特别立位，以崇报享。

六、福缘续祜

本会坛规既以永远为期，凡善信入会者，三年满后，善愿仍殷，可以继续入会，倍得福善之利益。入会待遇，当与特别大缘同等。

七、功多解厄

本观此会与寻常临时祈祷不同，大凡世俗作诸功德，以水陆大醮为最巨，但其期不过七日，极多至四十九日，更无再进而上之期。惟此胜会，绵绵不绝。无论何项罪愆，日久功深，无不解释。

八、普天同庆

《皇经》效力，遍及全球，不惟中国二十二行省枪林弹雨之冤魂，得蒙玉皇金光普照；即以五洲之大，天所覆，地所载，日月所照，一切生物，皆庇上帝之鸿慈。惟愿十方善信，诚心存敬，庶几获福无疆。

九、存殁均感

本会分延生、荐亡两种。如蒙入会，请照简章办理①。

从中可见，玉皇山福星观"皇经胜会"斋醮的活动周期长达十余年，"三年为一愿之圆满。一愿之中又分三期，周一年为一期，十年愿者为永远"。活动的内容很丰富，首先是"帝诞特供"，每年农历正月初九玉皇大帝生日的这一天玉皇山福星观要"斋供礼拜，依科祈祷，以冀禳灾弭患，福国康民"。这一天也是玉皇山传统的进香时期，玉皇山上上下下"山观典礼，固极隆重"；其次是"立祠设位"，针对本次斋醮活动进行捐款，入会的会员在玉皇山福星观会创建"功德专祠"，第一次圆满（三年为一愿之圆满）后，"即按照入会芳名镌登琼宇，供奉长生禄位，香火万年"；再次就是分延生、荐亡两种具体情况。作者在文中反复强调该会的巨大作用："何项罪愆，日久功深，无不解释"，可以满足信众的不同需求，上可惠及全球，下可为普通百姓延生、荐亡。此斋醮活动主要是吸引普通民众参与，而且还要

---

① 来裕恂编：《杭州玉皇山志》，载王国平主编：《西湖文献集成》第21册，第909—911页。

收取会费，"凡善信入会，分天、地、人三愿，认入何愿者，年纳香金若干"。

晚清时期远在云南的巍山地区也有"皇经胜会"的活动，可作为民国玉皇山福星观"皇经胜会"活动的对比材料。其记载如下：

降龙寺皇经会碑志

大罗三十三天，尊莫尊于玉皇上帝；道藏百千余卷，重莫重于本行集经。自元始出云锦之囊，其文乃著；迨有虞隆祀类之典，其道斯彰。天人悦庆，古今钦崇。降龙寺创建以来，三村父老同力协办皇经胜会，上以酬天祝国，下以保境宁家，由来非一日矣。厥后与兴禾厂分去，功德乐器自为办理，似非一心。今三村公议，仍遵先辈规矩，每月二会，要从俭约。凡认会者，总于正月初九日认定，以昭明事上帝之心也。今将所有功德勒诸琐珉，一以显前人创始之功，一以见后人竟终之意。特此为志。

......

嘉庆十六年岁在辛未季春月上浣之吉郡学士邓禹赞敬题并书住持本悟徒合祥孙教隆同立①。

从中可见，巍山地区的"皇经胜会"也是供奉《高上玉皇本行经》的斋醮活动，但规模明显小于玉皇山福星观，每月只有两会，"要从俭约"。主要原因应该是奉经的主体是降龙寺附近的"三村父老"，其目的是"上以酬天祝国，下以保境宁家"，财力物力有限。

---

① 《中国少数民族社会历史调查资料丛刊》修订编辑委员会编：《云南巍山彝族社会历史调查》，北京：民族出版社，2009 年，第 49 页。

图 5.1　民国时期杭州的一张玉皇上帝画像①

　　由此可见，"皇经胜会"是以供奉《高上玉皇本行经》为主的斋醮活动，是晚清中国玉皇信仰的一种普遍形式。"奉经"的核心内容不变，但是不同的地区在不同的条件下会有一些变化。玉皇山福星观所进行的"皇经胜会"首先时间特别长，长达 10年。其次形式丰富多彩，有玉皇圣诞、立祠设位等。笔者认为其这样做的主要目的是为了吸引广大的普通民众认捐入会。通过斋醮，一方面玉皇山福星观开展正常的宗教活动，为普通百姓服务；另一方面也为自己筹集资金，谋求发展。梅莉在《玉皇崇拜论》中认为，"道教产生于现实生活，是社会现实的一个组成

---

　　①　沈弘：《论队克勋对于杭州地区民间宗教信仰的田野调查》，《文化艺术研究》2010 年第 2 期。

部分，道教要生存与发展，既要得到统治者的支持，又要争得广大信众的理解，这样，它就不得不对民间信仰与官方仪典频频退让"①，而民国时期的"皇经胜会"就是道教与地方社会和民间信仰结合的最好例证。

第二节　金箓大醮

金箓斋为道教斋醮之一，一般认为在历史上用于皇家，渊源于刘宋时期陆修静编定的金箓、玉箓、黄箓等斋仪②。《正统道藏》洞真部赞颂类和洞玄部威仪类收录有《金箓斋三洞赞咏仪》《金箓斋启坛仪》《金箓大斋宿启仪》等24种斋仪典籍，其内容均为皇帝、皇后、皇太子、王子、公主等帝王之家祈福消罪的词藻③。杜光庭集的《金箓斋启坛仪》称："太上有三元简文，普弘慈救，幽明蒙泽，生死荷恩。上元金箓，为国主帝王，镇安社稷，保佑生灵。上消天灾，下禳地祸，制御劫运，宁肃山川，摧

---

① 梅莉：《玉皇崇拜论》，《湖北大学学报（哲学社会科学版）》2011年第9期。
② 任继愈主编，钟肇鹏副主编：《道藏提要》，第356页。
③ 洞真部具体有：《金箓斋三洞赞咏仪》；洞玄部具体有：《金箓斋启坛仪》《金箓大斋宿启仪》《金箓大斋启盟仪》《金箓大斋补职说戒仪》《金箓早朝仪》《金箓午朝仪》《金箓晚朝仪》《金箓斋忏方仪》《金箓解坛仪》《金箓设醮仪》《金箓放生仪》《金箓祈寿早朝仪》《金箓祈寿午朝仪》《金箓祈寿晚朝仪》《金箓上寿三献仪》《金箓延寿设醮仪》《金箓十回度人早朝开收仪》《金箓十回度人午朝开收仪》《金箓十回度人晚朝开收仪》《金箓十回度人早朝转经仪》《金箓十回度人午朝转经仪》《金箓十回度人晚朝转经仪》《金箓投简仪》等。任继愈主编，钟肇鹏副主编的《道藏提要》中根据功能将以上洞玄部诸书集为十五种一编。参见任继愈主编，钟肇鹏副主编：《道藏提要》，第356页；文物出版社、上海书店、天津古籍出版社出版：《道藏》第5册、第9册。

伏妖魔，荡除凶秽。"①

　　"金箓大醮"斋醮活动成为玉皇山福星观民国时期斋醮活动很重要的一部分，历史上多次举办，"本观历年所办金箓大醮，奚啻数十次"，可见该活动很受当地民众欢迎②。金箓斋仪在传统社会主要是为帝王服务，但是在民国时期，帝制取消，帝王之家不再，玉皇山福星观的"金箓大醮"又是怎样的呢？民国《杭州玉皇山志》上保留了一篇《征集万年金箓大斋胜会序》可以为我们了解当时情况提供材料：

征集万年金箓大斋胜会序

　　粤维大道流辉，函关显迹；真诠觉世，龙汉传经。孔子以礼乐培基，百世之木铎斯笔；吾宗以感应立教，万年之全箓兹彰。所以太上演三洞之神经，灵宝绎大乘之法典，无乃雅儒罕觏，不如《道藏》犹存。但今之阅《道藏》者，虽不乏人，恐未能澈经旨之精微，与夫阐玄修之妙理。盖求神祷福者，一诚之所由感也；而消灾解厄者，诸天之昕由应也。然而谢天诵经，荐亡礼忏，或因病难而禳星，或遘凶荒而求解，此不过经忏中一部份（分），聊济式微，终不若万年金箓之普利也。以其能焕发大藏法典，昭示众妙宏规，俾大千众生，如睹中天神圣。行见天府瑶光，无方不照；具此人间仪范，有感斯通。而且首开锡福之门，次辟赦罪之路。更创归真之典礼，以觉迷途；复启大道之坛场，以超孽海。

---

　　①　杜光廷集：《金箓斋启坛仪》，载张继禹主编：《中华道藏》第43册，北京：华夏出版社，2004年，第7页。

　　②　来裕恂编：《杭州玉皇山志》，载王国平主编：《西湖文献集成》第21册，第911页。

藉兹盛举，以格宸衷；凡有修崇，胥获福报。于是建非常之胜会，因以结各界之善缘，求避祸于无穷，冀垂名于不朽。矧若上超父祖，径往生方；下荫子孙，相延累代。倘更人培功果，定当寿匹乔松。海岳从此澄清，干戈自然偃戢。飞潜遂性，并跻仁寿之方；草木滋生，预卜丰登之兆。九幽息对，三会校功。一切含灵，随时开济。总使扬古教之真风，咸来归向；廑皇家之庶政，务使安宁。斯皆天眷下民，凭经化俗，犹如赐宝筏于茫茫苦海中，高悬度世之片帆也。况当此枪林弹雨，阴霾布满环球；浩劫奇灾，祸害几蔓延遍地之时乎？道衲为此表襮真诚，勉承宏济，以副同胞之望，以回上帝之心也。是故有万年金箓大开胜会之举焉。于斯时也，善信济济，冠簪翩翩。经启玉笈琅函，科品明标百种。香褱龙章凤字，道场广集万缘。庶临阆苑之仙，俨敞龙华之会。皈依有路，修省可期。曩者十方士女、各界檀那，只知释门有万年水陆，不知道家有万年金箓，今特为之昭然表揭，开坛宣示。盖原于太上著有《三元简文》《上元金箓》者，为保佑生灵，安谧社稷。上消天灾，下禳地祸，俾一切存殁，皆获福利。道衲因是谨依科典，广布流传。倘蒙各界善信发心向善。愿入胜会，藉结香火之缘，盍兴乎来。盖杭州玉皇山福星观，系一清静道场，向为中外人士所赞仰。风景擅浙省之胜，名山隐世外之仙。峰秀皆高峙翠空，地灵尽东来紫气。既无尘垢，但有清光。以故天帝照临，神明显赫。人能诚求感格，神亦嘉锡安康。况夫登临清境，望彻乾坤；隔断红尘，仙游壶峤。湖山如画，林木长生，罕不目此为别有世界，非人间之一二庄严琳宇，得以觐玉帝，礼诸天，祈景福，结胜缘，聆妙音，谈至道。故夫意存功德，心注延年，祈求子息，消释罪愆者，谁不欲一顾名山，引为快事哉！至于金箓会中，率凡延生祈福，超荐先亡，除均设禄位供奉外，理合给予牒文。阳牒当坛发给，阴牒随库焚化，余如经功法事，依科奉行。须知道法周流，诸方咸逮；仙凡亲洽，胜会难逢。谨序。

中华民国年月日

杭州玉皇山福星观住持紫东道人李理山敬启①。

《序》中说："所以太上演三洞之神经，灵宝绎大乘之法典，无乃雅儒罕觏，不如《道藏》犹存。但今之阅《道藏》者，虽不乏人，恐未能澈经旨之精微，与夫阐玄修之妙理。……盖原于太上著有《三元简文》《上元金箓》者，为保佑生灵，安谧社稷。"可见玉皇山福星观的"金箓大醮"也主要源于《道藏》，所用文书、仪式等均与古无太大出入。《序》中说，与一般斋醮相比，"金箓大醮"的作用是巨大的，"其能焕发大藏法典，昭示众妙宏规，俾大千众生，如睹中天神圣。行见天府瑶光，无方不照；具此人间仪范，有感斯通。而且首开锡福之门，次辟赦罪之路。更创归真之典礼，以觉迷途；复启大道之坛场，以超孽海。藉兹盛举，以格宸衷；凡有修崇，胥获福报"。《序》中说："斯皆天眷下民，凭经化俗，犹如赐宝筏于茫茫苦海中，高悬度世之片帆也"，可见玉皇山福星观的"金箓大醮"主要服务的对象不再是帝王皇家，而是普通的百姓群众。该斋醮的活动经费也主要来源

① 来裕恂编：《杭州玉皇山志》，载王国平主编：《西湖文献集成》第21册，第911—913页。

于普通百姓，"各界善信发心向善。愿入胜会，藉结香火之缘"。法会结束后，"率凡延生祈福，超荐先亡，除均设禄位供奉外，理合给予牒文。阳牒当坛发给，阴牒随库焚化，余如经功法事，依科奉行"。入会就要缴纳一定的会费，这是宫观经济收入的一部分。牒，主要是道教禀天告地、奏神启圣的牒文，阴阳牒为一式两份，内容相同，只是在牒文末注明不同用处而已。阴牒是给神的，要在斋醮活动中焚化；阳牒发给斋醮活动服务的对象。

由此可见，民国年间玉皇山福星观的"金箓大醮"主要来源于传统道教服务帝王的"金箓斋"，但是不同的是民国年间玉皇山福星观的"金箓大醮"主要服务的对象为普通百姓。主要原因应该是传统社会道教主要的收入来源是帝王、官方等上层社会；而到了民国，帝制崩溃，道教失去上层社会的庇护，不得不转向地方社会，服务地方普通民众也就成为必然了。通过斋醮，宫观不仅仅服务了地方社会，同时也增加了自己的经济收入。

第三节 祈祷全国平安斋醮活动

玉皇山福星观"祈祷全国平安"斋醮活动是由玉皇山福星观上海分院举办的。杭州玉皇山福星观上海分院有两处：在上海西康路五八八弄三百号的上海玉皇山福星观第一分院，创建于民国二十八年（1939）五月，也叫上海玉皇山福星观或者杭州玉皇山上海分院；在武定路三十三弄二十号的上海玉皇山福星观第二分院，创建于民国二十九年（1940）春，也叫上海玉皇山福星观分院①。从举办时间上看，该斋醮活动是由上海西康路五八八弄三百号的上海玉皇山福星观第一分院举办。民国《杭州玉皇山志》上保留了一篇《杭州玉皇山上海分院祈祷平安日道场缘启》，可以为我们了解当时情况提供材料。

杭州玉皇山上海分院祈祷平安日道场缘启

呜呼！此何时耶，此何时耶？烽火连天，干戈满地。死亡则枕藉也，流离则琐尾也，疫疬则蔓延也，房屋则灰烬也，市廛则凋敝也，田园则荒芜也。生命之牺牲，财产之丧失，两载以来，不知凡几，此诚天祸中华民族之时也。顾曷为而若此？岂老子所谓"天地不仁以万物为刍狗，圣人不仁以百姓为刍狗"乎？夫亦人欲横流，戾气充塞，上干天谴耳。死亡而欲挽回天心，扫荡毒气，非祈祷不为功。祈祷云者，非空谈玄理而已。必先有悔祸之诚，诵经礼忏，始能感召天和，救生者于万劫之中，慰死者于九泉之下。同人等睹此世界风云变幻莫测，而中原大地遭祸之惨，实开其端，早存禳解之企图，苦乏主持之人物。今也，杭州玉皇山福星道院李紫东道人抛却湖山风景之区，惠临番市尘嚣之地，抱普济慈心，负规为巨责，毅然设分院于此间，俾福星之仙观，以玄门巨子之擘画，率道友竭诚以祈禳。同人等得以就近瞻仰，虔格苍穹，懔于"皇天无亲，惟德是辅"之义，爰为发起百日道场，以期消灾弭劫，超度幽魂而祈祷平安。谨择于国历九月廿九日（农历八月十七日）至国历一月六日（农历十一月廿七日）圆满，逐日虔诵《道藏》天经，

---

① 参见本书第六章第八节杭州玉皇山福星观上海分院部分。

朝礼玉皇宝忏，仗道力之崇高，冀神灵之呵护。拨开烟雾，重睹青天。荡涤秽瑕，复完白璧。家家获无量之福，人人免无妄之灾。幽明得所，上下相安。空前之浩劫解除，此后之幸福共享。此则同人等发起祈祷之本旨焉。莫谓天道无知，殃祥不爽，只要人心向善，福禄自申。白发青年，毋去贪三月之肉味；善男信女，愿来拈一瓣之心香。是为启。

中华民国二十八年岁次己卯，同人公启①。

从中可以看出，该活动主要是针对国家战乱的时局而举行的，目的是"期消灾弭劫，超度幽魂而祈祷平安"。该斋醮活动从"国历九月廿九日（农历八月十七日）至国历一月六日（农历十一月廿七日）圆满"，时间长达百日之久，可谓是一场规模宏大的斋醮活动。活动的主要内容是"逐日虔诵《道藏》天经，朝礼玉皇宝忏"。

玉皇山福星观"祈祷全国平安"斋醮活动有三个很重要的背景：一是1937年中国全面抗战爆发，8月13日第二次上海事变开始，中日之间在淞沪一带进行了长达三个月的激战，11月12日上海除了租界区外均陷落，12月24日杭州城陷落②。二是在战争期间，玉皇山福星观开辟紫来洞为避难所收容难民，开支日繁，同时受战争的影响，杭州玉皇山福星观的香火收入锐减，这造成了观内的经济困难。上海是玉皇山福星观香火收入的主要来源地之一，此时玉皇山福星观的方丈李理山选择在上海建立分

---

① 来裕恂编：《杭州玉皇山志》，载王国平主编：《西湖文献集成》第21册，第913—914页。

② 王辅：《日军侵华战争1931—1945》，沈阳：辽宁人民出版社，1990年，第690—726页。

院的主要目的是拓宽经忏香火收入。三是之前玉皇山福星观并未在上海有分支，笔者也未见玉皇山福星观有上海籍贯的弟子等。李理山上海分院设立之前上海全真派主要宫观为雷祖殿，但"无论在人数以及社会影响方面，在民国期间，全真派都远远比不上正一派"①。在这样的背景下，玉皇山福星观上海分院既要面对战乱的环境，又要从头开始打开上海的局面，无疑站在全国的高度，开展"祈祷全国平安"斋醮活动是适合的。民国时期，宗教界通过大型斋醮活动来扩大对全社会的影响是一种普遍的做法，尤其是在国难时刻，"杭州玉皇山上海分院开设以来，适值国难发生，四方烽火，警告频闻，补救无方，吁呼莫应。惟有藉诚心之祈祷，感格上苍；竭绵力以祈求，挽回末劫。兹将各界善信发起百日道场"②。

第四节　祈祷世界和平大醮

"祈祷世界和平大醮"活动是由玉皇山福星观上海分院举办的。1942 年举行第一次祈祷世界太平斋醮活动，又名为"八一大醮"。民国《杭州玉皇山志》保留了《祈祷世界太平特设八一大醮》醮启如下：

---

① 阮仁泽、高振农：《上海宗教史》，上海：上海人民出版社，1992 年，第414 页。
② 来裕恂编：《杭州玉皇山志》，载王国平主编：《西湖文献集成》第 21 册，第 913 页。

祈祷世界太平特设八一大醮

　　黄帝《阴符经》曰："天发杀机，移星易宿；地发杀机，龙蛇起陆；人发杀机，天地反复。"是杀机之发，未尝不有朕兆，特人不之觉，未能消弭于机先耳。溯我中华事变以来，忽忽六年，其间惨遭杀戮者，何可胜数。读李华《吊古战场文》"无贵无贱，同为枯骨"两语，不禁泪如雨下矣。呜呼！天祸中华，已如此其酷，而欧洲杀机，又复一发而不可收，谁为为之，孰令致此耶？眼观当世杀人利器，愈出愈奇，杀人手腕，愈演愈力，有自天上下者，有自地下发者，又有自水中来者，无往而非致人于死地，此诚全世界之大厄运也。道衲慈悲为念，己卯庚辰间，曾两次发起祈祷平安大会，第仅限于国内，而未计及海外。今者，目所见，耳所闻，杀机弥漫环球，每日死伤盈千累万，长此不已，势将人类同归于消灭。爰再发起祈祷世界太平大醮。盖以祸福无门，惟人自召。太上之言，具有至理。世人愦愦，使诈使贪，不知礼义为何物，不知仁爱为何事，但逞人欲，罔顾天诛。冥冥之中，天若假兵事以示惩戒者，烽火连天，血腥满地，流离载道，城市为墟，犹不自悔召祸之过，而妄曰："此天作孽"，误矣！夫天道好生，岂有终于残杀之理，不过视人善恶以降殃祥，杀机即殃之一端也。道衲睹此现象，以为灾祸纵犹未已，挽回不乏可能。如果中外人人忏悔，同心向善，不难上格苍穹，立止杀机。此大醮之所由发起也。谨择于国历六月三十日（农历五月十七日）开经，至九月十八日（八月初九日）圆满。虔诵《道藏》天经，朝礼玉皇宝忏。比前两次范围较大，时间较久。冀邀神灵之呵护，变戾气为祥光；拯救生者浩劫，超度死者幽魂。每隔九日，设放萨祖洪文炼度一堂。惟是香烛纸箔，需费甚巨，独力难支，众擎易举。所望中外善信慨解鸿囊，以弭灾为当务之急，以消劫为莫大之功。不吝玉趾，惠然肯来，拈一瓣之心香，挽全球之气运。行见日月重光，烽烟尽熄。升平景象，拭目可致。千门万户，得永享世界康宁之福也。是为启。

杭州玉皇山上海分院祈祷世界太平特设八一大醮启①。

从现有资料看，玉皇山福星观上海分院至少连续两年（1942、1943）举办了"祈祷世界和平大醮"斋醮活动。玉皇山福星观上海分院自成立以来每年均举办了"祈祷全国平安"的斋醮活动，但该活动"第仅限于国内，而未计及海外"。1939 年 9 月 1日，德国闪击波兰，英法被迫于 9 月 3 日对德宣战，第二次世界大战欧洲战场开始。无疑这场震惊全球的大事件影响到了深受轴心国日本蹂躏的中国人民。李理山本人"目所见，耳所闻，杀机弥漫环球，每日死伤盈千累万，长此不已，势将人类同归于消灭"，所以玉皇山福星观上海分院"再发起祈祷世界太平大醮"活动来用宗教的办法祈祷世界和平。该斋醮活动"择于国历六月三十日（农历五月十七日）开经，至九月十八日（八月初九日）圆满"，周期长达百余日，可谓一场盛大的斋醮活动。该斋醮活动共分为两个部分：首先是"虔诵《道藏》天经，朝礼玉皇宝忏"，其次是"每隔九日，设放萨祖洪文炼度一堂"。

1943 年玉皇山上海分院又举办了"第五届祈祷世界太平禳

---

① 来裕恂编：《杭州玉皇山志》，载王国平主编：《西湖文献集成》第 21 册，第 914—916 页。

灾弭劫普济幽爽九九大醮"，还在当时中国最大的报刊《申报》头版刊登广告广泛宣传①。民国《杭州玉皇山志》上保留了《杭州玉皇山上海分院举行第五届祈祷世界太平禳灾弭劫普济幽爽九九大醮启》。醮启如下：

杭州玉皇山上海分院举行第五届
祈祷世界太平禳灾弭劫普济幽爽九九大醮启

呜呼！世界之战争愈煽愈炽，而杀机亦愈发愈惨，在此六七年中，人类之死亡，何可数计。长此迭作人祸，因之酿成天灾、水旱、饥馑、疫疠、瘟癀，蔓延殆遍，苟免无方。大难当前，浩劫不复。忍而为此，伊于胡底？虽曰阳九之厄使然，实是众生业障所召。果能一一悔过归仁，未始不可转祸为福也。今欲靖全球之战事，致五洲于太平，是在顺天心，尽人力。呼吁昊苍，挽回劫运。忏除殃咎，改悔愆尤。而欲上冀感格玄穹，下减苍黎罪孽，非效王纂之斋醮不为功，此第五届九九祈祷大醮所由发起也。谨择于国历五月廿六日，即农历闰四月初一日开经，至国历八月十日，即农历六月廿二日功德圆满。在此期内，虔诵《道藏》天经，朝礼玉皇实忏。每隔九日，判放萨祖铁罐炼度一堂，以资超拔全世界阵亡将士之英灵，并及遭劫惨死之冥爽，具济度十方界内一切无祀孤魂等众，成遂生机，免沉苦海。乞上天之默佑，希大地以咸宁。区区愚忱，神明共鉴。所望巾外善信，以弭灾为急，以消劫为功，不吝玉趾，惠然肯来，贡心香以

① 《杭州玉皇山上海分院举行第四届祈祷世界太平九九大醮启》，《申报》1943年7月12日，第24880号，第1页。

回气运。宥罪在此，锡福亦在此。嗟呼！天地以生物为心，必能阴骘下民，化八方之戾气。人民以安邦为念，亦必能力回上帝，期一视于同仁。惟期一德一心，诚求朝暮，庶几万感万应，契合神人。作九九之大祈祷，弥元元之大劫数，不难世现和平，人享康乐也。谨启①。

1943 年玉皇山上海分院举办的祈祷世界太平斋醮活动延续了该院 1942 年"祈祷世界太平特设八一大醮"活动。该活动依然是在全球"世界之战争愈煽愈炽，而杀机亦愈发愈惨"的背景下举办的，希望达到"靖全球之战事，致五洲于太平"的宏大目的。该活动时间达百日之久，从"国历五月廿六日，即农历闰四月初一日开经，至国历八月十日，即农历六月廿二日功德圆满"。活动内容也一分为二，首先"虔诵《道藏》天经，朝礼玉皇实忏"，其次"每隔九日，判放萨祖铁罐炼度一堂"，和 1942 年"祈祷世界太平特设八一大醮"活动基本类似。

"萨祖铁罐炼度"应该是全真道教施食（祭炼）科仪的一种。道教施食（祭炼）科仪主要功能为度亡，用祭炼超度鬼魂，以食物和符咒解救其身心②。任宗权在《道教手印研究》中对当代的全真道教施食科仪进行了梳理，认为当代中国全真道教施食科仪中《全真青玄济炼铁罐施食全集》与《萨祖铁罐焰口科仪》两种应用最为广泛③。他所整理的今天全真道教施食科仪的使用

---

① 来裕恂编：《杭州玉皇山志》，载王国平主编：《西湖文献集成》第 21 册，第 916—917 页。

② 任继愈主编，钟肇鹏副主编：《道藏提要》，第 543 页。

③ 任宗权：《道教手印研究》，北京：宗教文化出版社，2013 年，第 209 页。

情况和民国时期浙江杭州玉皇山福星观的情况基本符合，他还认为《全真青玄济炼铁罐施食全集》与《萨祖铁罐焰口科仪》均可能是天师道教《太极灵宝济炼科仪》的变本。《正统道藏》洞玄部方法类也收录了宋元之际学者郑思肖编集的《太极祭炼内法》三卷[①]。今人胡道静等主编的《藏外道书》收录有清代乾隆三十二年（1767）高道娄近垣校对重刊的《太极灵宝济炼科仪》，其中心思想是"拔度众幽灵"[②]。可见道教内部施食（祭炼）科仪一直传承不息，但其服务对象往往是个人，多用在度亡仪式之中。民国时期玉皇山福星观把全真道传统的施食科仪放在了"祈祷世界和平大醮"之中，"超拔全世界阵亡将士之英灵，并及遭劫惨死之冥爽，具济度十方界内一切无祀孤魂等众，成遂生机，免沉苦海"，这无疑是对全真道教传统科仪作用的一个拓展。可见斋醮活动也需要时刻变革，适应时代和社会的需求。两次"祈祷世界和平大醮"活动也均向社会募集善款，"惟是香烛纸箔，需费甚巨，独力难支，众擎易举。所望中外善信慨解鸿囊，以弭灾为当务之急，以消劫为莫大之功。不吝玉趾，惠然肯来，拈一瓣之心香，挽全球之气运"。

民国时期江浙一带宗教各界"祈祷世界和平"的法会时常举行，是宗教各界服务社会最直接的表现。民国二十二年（1933）当时正一道的领袖张天师就在杭州城隍山上举行过盛大

---

①　《道藏》第10册，文物出版社、上海书店、天津古籍出版社，第439—472页。

②　娄近垣校对：《太极灵宝济炼科仪》，收入胡道静等主编：《藏外道书》第17册，成都：巴蜀书社，1994年，第628—741页。

的"祈祷世界和平"斋醮活动①。根据阮仁泽、高振农著的《上海宗教史》统计，1925 年上海延真观道士朱寿山主持了"正一道教祈祷和平大会"，实际是六十二代天师张晓初去世，六十三代天师张恩溥所谓接印的传统仪式；1934 年，六十三代天师张恩溥与高僧太虚等举行"全国祈雨消灾大会"；另外 1936 年以后，上海道教的头面人物还参加了一系列全国性宗教徒的祈祷活动②。

第五节　"为亡人祈祷"的小型斋醮

除了面对整个社会的大型斋醮活动之外，民国时期玉皇山福星观也举行了针对个人的小型斋醮活动。民国时期俄国人顾彼得③到杭州游玩，遇到了玉皇山福星观道士吕宗安，并随他先后多次到玉皇山福星观游玩和居住。在后来其回忆的《神秘之光：百年中国道观生活亲历记》一书中就记载了他在玉皇山福星观居住时玉皇山福星观为个人而举办的两起小型斋醮活动。其中一起，顾彼得回忆其是为"亡人祈祷的仪式"。该场斋醮活动的缘起为：在朋友的推荐下，自上海的香客一行三人——梁先生、其

①　原文为："杭州却来了一个张天师，说是祈祷世界和平……城隍山上那天的盛况……"此张天师应该是正一道领袖六十二代天师张晓初。参见衡子：《张天师来杭祈祷和平》，《晨光》1933 年，第 2 卷，第 30 期，第 13 页。

②　阮仁泽、高振农：《上海宗教史》，第 414 页。

③　顾彼得（Peter Goullart）于 1901 年出生在莫斯科，十月革命期间他和母亲一起逃离俄国，最后到了中国上海。《神秘之光：百年中国道观生活亲历记》一书是其在江浙一带旅游的所见所感，颇有参考价值。参见顾彼得著，和晓丹译：《神秘之光：百年中国道观生活亲历记》，昆明：云南人民出版社，2002 年。

母亲和妻子来玉皇山福星观上香。他们傍晚到达杭州玉皇山福星观内，时任玉皇山福星观方丈和监院的李理山亲自在福星观的大殿内接待他们，详细交谈后李理山道长就在当天晚上专门为其亡故的父亲做了一场"祈求安息的仪式"，具体过程原文记载如下：

　　晚上，我（顾彼得）正要换上睡衣，听见有轻轻的敲门声，春乾走了进来。

　　"先别睡！"他神秘兮兮地小声说，"今天夜里有一个隆重气派的仪式，是那位老妇人专门为她的亡夫祈求安息的仪式。现在我得去做准备了"。说完他就匆匆走了。

　　我走出房间，坐在石台上享受着夜的宁静。11点刚过，大钟敲响了，道士们从左右侧廊里出来，匆匆向大殿走去。每一个道士都穿着一件宽松的深红色的法衣，头戴一顶黑丝帽。李住持走在最后，他穿一件厚厚的金色长袍，在他的头顶上有一个华贵的冕冠，就像一朵半开的莲花，在这朵神秘之花的花心里闪烁着一颗美丽的宝石。

　　静静地，道士们走进大殿，整齐地站在李住持的两旁。至高无上的主神，慈爱地注视着他的侍者，在油灯和烛光中露出他那高深莫测的微笑。倚墙站立着的众神有的微笑着，有的鬼脸怪相，青色的香烟缭绕上镀金描画的殿顶，沉默变得有些压抑而意味深长，仿佛寺观中游走着许多看不见的精灵，一句不适的话或一个动作，在一种不可言喻的力量下，都会给每一个凡人俗子带来不幸和灾难。空洞而古怪的击木声穿过深沉的寂静，融入清脆的铃声里。

　　梁老妇人在家人和仆佣的陪伴下走进大殿。一个侍者为他们端来一张小方桌和几把椅子。老妇人坐下来，大口地喝着茶。外面已是深夜，群山和树林都睡着了。

李（理山）住持用他有力的双手握住他的白玉做的节杖，深深地、虔诚地向大殿内的主神敬礼和膜拜，同时李（理山）住持用他清澈响亮的声音歌唱道：

噢，主神！一切神圣之王的君主！

你耸立在西方天国的玉殿，

你远离凡尘俗世却依然在我们身边，

你喜爱天国那超凡的和谐，却依然俯首倾听我们卑微刺耳的祈求。

噢，万能的圣灵！你带着威严荣耀的光环，却依然屈尊帮助你可怜的子民，

我们恳求你，请你倾听我们卑微的祈求。

慢慢地，李住持站起身。冕冠上的宝石在徐徐青烟中闪烁着光芒。年轻的道士们，唱响了激动而深情的叠歌，和着叮当的铃声、铿锵的钗钹声和深厚的鼓声那悠悠和谐的旋律。黑暗中的众神们，微笑着——仁慈的和邪恶的，古怪的和美丽的。

念唱声越发洪亮。左边的道士整齐地跪下，朝主神行礼膜拜，然后慢慢地站起来。右边的道士又同样地俯首跪拜。李住持的双眼像燃烧着的火焰。

"噢，主神！"他呼唤道："这是你卑微的仆人梁太要向你为死去的丈夫祈求安息。你在此岸的世界和彼岸的王国都是神圣而伟大的。只有你才知道怎样爱护和慰藉那些彼岸王国的灵魂。"

李住持轻轻地叩首，大殿里没有一丝杂音，只听见道士们的念唱。当他们摇晃手中的小铃，有微微的银色的光在闪动。时间在香烟迷雾中消失了。

李住持站起身，他迈开稳重的脚步，所有的道士随着他在大殿中绕行。念唱和伴奏都停止了，大殿再一次沉入静默里。

突然，钗钹又击响了，一支哀怨的长笛伴随着一声低沉的念唱。大殿外，道士们的队列在朦胧的月色中缓缓行进。他们每人手中提着一个莲花形的红纸灯笼。进两步，退一步，转身交叉，融合成一个阴阳的象征图，跳起了一种奇怪却庄严的祭祀的舞蹈。星星在紫色的天空中闪闪发光，大殿里飘出的烟云轻落在舞者的头上。

音乐停止了，所有的道士在一个特意搭成的驼峰形状的高台前站住了。最神秘最重要的一场仪式就要开始了。

在李住持的示意下，春乾慢慢登上高台，站在那里纹丝不动。他也身穿着和李住持一样的金色长袍，头上戴一顶莲花金冠。年轻、俊秀的春乾就像是一位下到尘世中的神。

一个道士把一块黄丝绸递到李住持手中，上面有几个秀美的毛笔字，那是梁老妇人的名字。李住持开始用缓慢的、清晰的、庄重的声音诵读，他的脸面向着春乾。春乾一字一字地重复着祷文，双眼凝视着天空，威然矗立犹如一座神圣的雕塑。因为，他此时已成为一个人与神之间的媒介，他高高站立在象征着直接去往天国的路上。他睁大的双眼因为心中的火焰而闪亮，是否他正在和永恒的神圣交流畅谈？他的神情传递出一种难言的神秘感。只有他的双唇在颤动，他的声音清晰悦耳，像一只回响的号角。他的眼睛注视着西方洒满繁星的苍穹，那儿是西方的天国，是神秘之母西王母的住地。也许他用心灵的眼睛看见了一座在紫色天宇中的玉宫宝殿，在烈烈火焰的神龛上端坐着一位光华灿烂的神灵。

很明显，春乾集中起所有的意志，为了能在神的脚下表达出梁老妇人的祈求与心愿。道士们又唱响了叠歌，洪亮而优美。在场的每一个人——道士和客人（也包括我）——全都陷入到一种无知茫然的境界里。我的神思游荡在了音乐中，时间、空间，还有这正在为梁老妇人进行的仪式，我已全然不晓。整座寺观在这颤动的声音和迷幻的色彩中变成了一个神秘之地，充满了无数被召唤而来的灵魂的显现。

突然，念唱变得激烈而凶猛，钗钹奋击，笛子悲鸣。顷刻，所有的声音戛然而止。慢慢地，春乾从高台上走下来。一个小道士拿着一个人骑在马背上的纸扎走到李住持身边，李住持认真地把那写在黄色丝绸上的祷文贴在了骑马人的背后。随后，高举着纸扎，他走到一尊特意安置的铜鼎跟前，道士们紧跟在他的身后。纸扎被点着了火，骑马人和他背后的祷文眨眼间便化作了灰烬，点点火花在夜空中飞舞升腾。这意味着神圣接受了梁老妇人的祈求。

此时每个人都笑了，把一炷炷香扔进院子中央的香炉里。仪式结束了。疲惫的道士们分作两队，渐渐消失在了黑暗的走廊里。梁老妇人早已耗尽了体力，但因为祈求的成功而依然满脸喜悦。她亲密地靠在儿媳妇的肩上，由家人陪伴着慢慢走回自己的房间①。

从中可以看出来，这应该是李理山在玉皇山福星观内专门为梁先生已亡三年的父亲举办的度亡斋醮活动。首先有一个请神的仪式，所请之神"耸立在西方天国的玉殿"，该神很有可能为道教"五老君"之一的西方七宝金门皓灵皇老君（简称为皓灵皇老白帝君）②。其次，请神仪式完毕后有一个灯仪，"他们（道士）每人手中提着一个莲花形的红纸灯笼。进两步，退一步，转身交叉，融合成一个阴阳的象征图，跳起了一种奇怪却庄严的祭祀的舞蹈"。但是由于资料有限，我们不清楚其具体举办的是哪一种灯仪。灯仪，一般晚上举行，是道教斋醮活动中非常重要的一种仪式。参与行仪的道人手持各种形式的"灯"，"效法天地日月之光明，以灯破暗，以阳散明。……灯作为光明的象征，可以照彻幽暗，其功能就是济度亡魂"③。最后烧纸扎，把对亡者的祈祷送达上天。从不完整的描述上看，这很有可能是道教度亡仪式中经常使用的摄召、安灵等斋醮仪式。整个仪式由李理山亲自主持，梁老妇人、梁先生等均在旁边观看，他们对仪式的圆满非常满意，对道教有着虔诚信仰的梁老妇人获得了安慰，深深表达了对亡夫的思念。道教的近代逐渐衰败，道教在斋醮活动也被斥为"迷信"，不过道教"度亡科仪所蕴涵的伦理道德教化等内容，在以'孝'为本的中国社会有着较强的生命力，从而决定了度

---

① 顾彼得著，和晓丹译：《神秘之光：百年中国道观生活亲历记》，第115—119页。

② 郝永：《中国文化的基因：儒道佛家思想》，成都：电子科技大学出版社，2014年，第129页。

③ 李远国：《论道教灯仪的形成与文化功用》，《中国道教》2003年第4期。

亡科仪的永恒生命力"①。

图 5.2 　《神秘之光：百年中国道观生活亲历记》
作者顾彼得与玉皇山道士②

第六节　"看守生命之灯"的小型斋醮

另外顾彼得著的《神秘之光：百年中国道观生活亲历记》
中还记载了另外一起"看守一盏生命之灯"的斋醮科仪；

两三天后的一个下午，我坐在平台上休息，看着山下的
香客缓缓往上爬。春乾来了，神情异常兴奋："你能看见一
场非常有趣神秘的仪式。"他（春乾）说："昌波、刘和我

　　① 史孝进：《威仪庄严：道教科仪及其社会功能》，上海：上海辞书出版社，
2012 年，第 88 页。
　　② 顾彼得著，和晓丹译：《神秘之光：百年中国道观生活亲历记》，扉页照片。

今晚要看守一盏生命之灯。上海一个富有的茶商生命处在垂危之中，今早我们收到一封他家里人的电报，晚上八点钟我们要为他点亮一盏灯。"

晚饭后，春乾带着我朝主殿后面一个小殿走去。推开一扇厚重的门，我们轻轻地走到中央，幽暗的灯光中我看见了昌波和刘的脸，春乾加入到他们中。油灯被一个深筒状的玻璃罩罩着，放在一个大黄铜碗里。殿堂的壁板凑合紧密，所有的门都挂着门帘挡住四面的穿堂风。安静似乎被密封了，让人感到紧迫得憋闷。微弱的火焰处还有一道小巧的丝质屏风，隔绝了道士们的呼吸。他们三人绕着油灯围成一个圈，精神全然集中，嘴里轻轻念着祷文。

"谁病了？"我悄悄地问。昌波转过头："老茶商王先生的长子。他已经病了几个星期，外国的医生都没有办法了，他们说他今晚不行了，他的家里人请我们帮助他。"昌波不再说话，注视着油灯继续他的祈祷。小小一点火星忽暗忽明，尽管屋里透不进一丝风，它还是左右摇晃着。午夜时，火星越发暗了，不时向灯芯收缩，眼看就要熄灭了。

"他快走了。"刘低声说，用肘轻推春乾。"不，兄弟，还没有。"春乾说："现在是最危急的时候。让我们再努力些。"他们把手紧紧握在了一起，汗珠从他们的额头落了下来。我在一旁设想着那位病人——一个精疲力尽的男子躺在床上，为了呼吸在奋力争斗。我希望我对他的同情能够成为一股新的力量帮助他战胜病魔。我想象着他正慢慢地充实了春乾、昌波和刘努力想给他的生命的力量。火星还在缩小，似乎就要灭了，又燃起了一个亮点。他们三人屏住呼吸站在那里，他们的意念完全收敛于心灵最深处。

　　午夜过后，淡蓝的火星开始咻咻忽闪，我看见它更亮了。慢慢地，一个小时一个小时地，光亮就像是在成长，直到最后变成一个金色的火星，依然很小，但却明亮而平稳。

　　"危险过去了，他现在睡着了。"春乾喃喃低语。三人疲倦地坐到凳子上，脸上露出了笑容，因为他们知道他们的努力挽救了一个生命。我离开了小殿，春乾因为过度兴奋无法睡着，他留下来默想，好让自己慢慢放松。

　　后来春乾跟我说那天晚上是一次很特别的经历。灯火明亮以后他感觉全身的力量都耗尽了，他是空的，甚至没有意志力祈祷。他的思想一片空白，不知道是在哪里，然后……有某种东西出现了。他不知道它怎样而来或者停留了多久，也许只是一瞬。一点明亮的蓝光，灿烂而炫目，似乎烧灼了他整个的身体。那光焰中有甜蜜和音乐，如此亲切珍贵，让人感觉自己仿佛是一个孩子躺在妈妈的怀里。突然他知道了……他理解了……他全然放松了，又获得了力量。焕发着一种奇妙的喜悦，他站起身，跑出殿堂，投入新的一天。

　　那神奇的体验让他感到如此鼓舞和新鲜，整夜未眠过后他依然精力充沛。我们一起坐在平台上等着早饭，看淡淡的清晨变幻成彩色的白日①。

从中可以看出，举行这场仪式的原因是上海富有茶商王先生的长子病重，生命垂危，无法医治，只能求助于玉皇山福星观。玉皇

---

　　① 顾彼得著，和晓丹译：《神秘之光：百年中国道观生活亲历记》，第177—179页。

山福星观于是安排了吕春乾、昌波、刘三人"看守一盏生命之灯"。他们三人在主殿后面一个小殿内点燃一盏油灯，然后用一个深筒状的玻璃罩罩住，放在一个大黄铜碗里。殿内四周还挂着门帘挡住四面的穿堂风。然后三人绕着油灯围成一个圈，精神全然集中，嘴里轻轻念着经文祈祷。无疑，灯火象征着远在上海的重病病人的生命，整个过程中灯火忽暗忽明，三人只是凭借自己的虔诚的信仰来祈祷灯火的旺盛。整个仪式持续一晚，"次日晚上，王先生的家里寄来一封电报，说是病人已经恢复过来，并感激这座寺观"，可见斋醮达到了理想的效果①。有研究者认为："这个法术似乎不是一个治病的法术，可能是一个续命的法术。"②

第七节 余 论

中国道教斋醮仪式，是道教独有的宗教活动，"丰富的祭祀经典，完备的科仪格式，深刻的祭祀理论，深邃的文化意蕴，在世界各大宗教中绝无仅有"③。道教的斋醮活动最能体现道教的

---

① 顾彼得著，和晓丹译：《神秘之光：百年中国道观生活亲历记》，第179页。
② 这位研究者的依据是："曾在峨眉临济门掌门人傅伟中先生处了解到他会一种'奇门借寿法'的法术，其作用是借寿续命。仪式所用的方式为共点烛8支，周围7支以象北斗七星，中燃一支为本命之光，另外要使用水晶球和香炉之物。这个仪式与上述玉皇山的'看守一盏生命之灯'的法术有共同之处，故有上述的推断。"参见佚名：《民国江南道教领袖李理山其人其事》，收入《杭州政协》编辑部：《杭州政协》2012年第6期，http：//www. hzzx. gov. cn//hzzx//content//2012—09//25//content_ 5073440. htm 2016年1月23日11：03：02。
③ 张泽洪：《道教斋醮科仪研究》，第1页。

宗教特色，也能从其中看到道教与地方社会的互动。

根据本章分析，晚清民国时期的玉皇山福星观经常开展斋醮活动，大致可以分为两类：一类是面对全社会的大型斋醮活动，如"皇经胜会""金箓大醮""祈祷全国平安日道场""祈祷世界和平大醮"等。民国时期玉皇山福星观的"皇经胜会"时间长达十年，并且与玉皇山福星观本身祭祀"玉皇圣诞"的道教斋醮活动和杭州地方到玉皇山进香的风俗结合起来，这里玉皇山福星观既保持了自己的道教信仰，同时又迎合了地方社会盛行的民间信仰，两者结合让玉皇山福星观的斋醮活动获得了很好的支持。"金箓大醮"传统上用于帝王之家，而民国时期玉皇山福星观的"金箓大醮"服务于地方社会中的普通百姓，同时从普通百姓中认捐，集腋成裘获得斋醮活动的经费。"祈祷全国平安日道场"和"祈祷世界和平大醮"是玉皇山福星观上海分院在国难的背景下举办的，其斋醮活动内容一是礼忏，二是度亡。这都是传统道教斋醮内容，但是民国时期的玉皇山福星观将两者结合起来，把服务对象扩大到了全国乃至全世界所有受战乱之苦的人。这无疑是一个突破，体现了道教胸怀天下、济世度亡的传统精神，也扩大了玉皇山福星观的社会影响力。同时在国难的背景下，玉皇山福星观因战乱的影响而出现经济问题，上海分院的成立和大型斋醮活动无疑成为玉皇山福星观经济收入的一个重要部分，对维持日益衰落的道教起到了一定作用。

除了大型斋醮活动外，民国时期的玉皇山福星观也举办另一类针对个人的小型斋醮活动，这更能体现玉皇山福星观服务地方和普通民众的精神。从记载可见服务对象均是上海的富商，他们对斋醮活动很满意，同时也给予了玉皇山福星观大力支持。这也可以看出，近代道教在失去皇家和上层社会支持的背景下，宫观为求得生存就必须到普通信众中去，为地方民众服务。

通过以上分析可以看出：首先，玉皇山福星观的斋醮活动与传统社会相比一个很重要的变化是服务对象不再是帝王等达官贵人，而是普通百姓。其次，玉皇山福星观在继承传统的前提下对斋醮活动进行了一定改进，使其更能够适用地方社会的实际情况。再次，玉皇山福星观把道教传统斋醮与地方社会民间信仰、风俗习惯结合起来，吸引更多的地方民众参与到道教信仰中来。第四，玉皇山福星观在面对国难、经济困难时，通过加强服务民众的斋醮活动获得更多地方社会和民众的支持。最后，玉皇山福星观也通过斋醮活动把服务对象扩大到全世界受苦受难的民众，扩大了自己在社会上的影响力。无疑，近代道教在失去上层社会支持的背景下必须下沉到地方社会，在地方社会中去寻找自己生存和发展的土壤。民国来裕恂编的《杭州玉皇山志》上就明确地记载："本观（玉皇山福星观）历届斋醮，均为国家、为地方、为人民而设。"① 玉皇山福星观在近代的斋醮活动就很好地说明了这一点，通过与地方社会更好地互动，更好地服务地方普通民众，道教在地方社会中获得了另外一个生存和发展的土壤。

---

① 来裕恂编：《杭州玉皇山志》，载《西湖文献集成》第21册，第909页。

第六章　济世救人：民国年间玉皇山福星观的慈善活动

宗教是慈善事业重要的思想根源和组织形式。刘培峰认为，"在传统社会，其他组织性社会机制并不发达，政府的行动能力和公共责任都很小，宗教组织是社会中很少的能够提供组织性慈善事业的社会机构"①。所以宗教的慈善活动有重要的意义和作用。通过玉皇山福星观的历史就可以看出，在抗战中政府职责失去作用的情况下，福星观等宗教组织积极收容难民，缓解战争给人民带来的创伤。有着信仰背景的宗教慈善行为是宗教社会功能的最好表现之一。"此种功德，福利社会甚大"②，真正体现了宗教悲天悯人、利他度世的精神。

同时，玉皇山福星观也通过慈善活动加强与地方政府、乡绅和普通民众的互动，在近代传统宗教失去上层社会支持的背景下

---

① 刘培峰：《宗教与慈善——从同一个站台出发的列车或走向同一站点的不同交通工具？》，《世界宗教文化》2012 年第 2 期。

② 来裕恂编：《杭州玉皇山志》，载《西湖文献集成》第 21 册，第 918 页。

加强服务地方的社会职能，利于得到广大信众和社会的皈依与认同，能够获得更多的社会支持，也为自己的生存拓宽了空间。

第一节 慈云初级小学校

民国八年（1919）玉皇山福星观在慈云岭玉皇宫内开办了一所名为"慈云初级小学校"的近代学堂，民国《杭州玉皇山志》卷十七《善举》中有详细的记载。内容如下：

一、开办小学校

校名：慈云初级小学校。

校址：慈云岭玉皇右宫内。

教室：慈云洞天内客堂。

宿舍：客堂楼上。

学额：四十名。

教师：二员。

费用：学生膳宿、书籍、灯火、茶水等费，概由本校供给。

成绩：办理五年。毕业后，因经费无从设法，难以维持，因之停止[1]。

关于开办慈云岭初级小学的事情，当代许圣元著的《洞霄宫》中也有论述：

---

[1] 来裕恂编：《杭州玉皇山志》，载《西湖文献集成》第21册，第918—919页。

一、接收灾童，开办慈云小学。宣统二年（公元1910年），河南黄河泛滥，难民死散无数。紫东道人接收从上海转来的河南十二岁以下灾童40名到玉皇山。请了两位教员，开办慈云小学校。客堂楼下做教室，楼上当宿舍。食宿、书籍、灯火、茶水费用全由道观供给，办学五年①。

李理山的弟子高宗葆1986年向杭州西湖区法院申辩李理山的"反革命案"，当时所写的《关于玉皇山李理山反革命一案本人以下几点意见》中详细地回忆了李理山当年开办慈云初级小学校和自己入学慈云岭初级小学的过程。具体内容如下：

先师李理山，号紫东道人。……至于我如何能侍奉他二十年之久，我不得不先将我的来历说明一下，否则不足于证明。我如何能了解先师的前前后后？而我是一个灾童，约在公元1900年，河南洛阳一带，遭受黄河水灾，洛阳附近十余县内，大水汪洋，漂浮于水患之中的，何止数十万人。无家无食，自不待言。时有上海仁人君子筹济巨款，组成了华洋义赈会，将河南灾区在十二岁以下的灾童约五万人，救济到上海。号召上海各商家、各厂家，愿领去做学徒或做养子等用，使灾区儿童得有个生活之路。时有上海西门子电气公司办员管增卿（管趾卿）先生，愿领灾童四十人，送到杭州玉皇山，设立慈云初级小学读书。而我便是四十人中之一。因为管君素与先师友善，所以有借玉皇山房屋之便。待我们四十人稍有成长，准备去电气公司做学徒时，不幸管君因生意失败几至破产。而这里四十人生活费用已无着落，故

① 许圣元：《洞霄宫》，第237页。

我们四十人全部在玉皇山出家学道，均为紫东道人徒弟。此时我已十四岁，充监院侍者之职（即侍奉先师日常生活之事）。所以能耳闻目睹关于先师的日常交往事务了解大概①。

后人在回忆李理山弟子吕宗安时，也重点描绘了吕宗安当年入道玉皇山福星观拜李理山为师的过程。具体如下：

> 吕宗安道长，俗名吕书安，河南洛阳人，1912 年 5 月 31 日生于一个贫困家庭，1922 年出家于杭州玉皇山，拜李理山为师。
>
> ……
>
> 吕道长从小出生于一个家境贫寒的农民家庭，四岁丧母。1919 年因家乡水灾，父亲带着他和哥哥逃荒流落上海，过着吃不饱、穿不暖的生活。无奈年仅八岁，父亲忍痛将兄弟俩送入慈善团体求生。十岁进入杭州玉皇山，正是他的艰难遭遇。入道后在师傅的谆谆教诲下，养成了道教乐善好施、济世渡人和无私奉献的优良品质②。

---

① 高宗葆：《关于玉皇山李理山反革命一案本人以下几点意见》，转引自许圣元：《洞霄宫》，第 240—241 页。高宗葆 1986 年写《关于玉皇山李理山反革命一案本人以下几点意见》是为了向杭州西湖区法院申辩其师李理山的反革命案，故西湖区法院也藏有一份为高宗葆亲笔所写的申诉书，两份内容基本一致。

② 姚树良：《缅怀吕宗安道长》，《上海道教》2002 年第 1 期。

结合四段资料可以看出①，吕宗安与高宗葆均祖籍河南洛阳，均是在河南水灾后成为灾童到达上海。吕宗安回忆水灾是在 1919年，高宗葆则回忆是在宣统二年（1910），但是李理山是在民国八年（1919）春正式升座监院，主持观务的②。而且高宗葆回忆的"将河南灾区在十二岁以下的灾童约 5 万人，救济到上海"

<hr/>

① 《文汇报》记者朱大路有一篇《上海道士 ABC》的文章收录在《上海万象》一书中。文章中朱大路也记述了当时上海白云观监院吕宗安出家的过程和经历。根据文中描述，内容应该是作者在与上海白云观道士交际过程中所听到的吕宗安的事迹。笔者考证认为《上海道士 ABC》文中多有错愕和演义部分，但不失为近代道教艰难生存的一个表现，故录在后面，以馈读者：……第三种类型，其信遭的威因乃是遇到了天灾，世路险峻，艰于生存。如今上海白云观的当家道长吕宗安，便是被一场潺沩的洪水冲上道士之路的。他是河南洛阳人，六岁时，洛阳大水灾。洪水漫顶，哀鸿遍野，啼饥号寒者触目皆是。上海有个慈善团体"华洋于振会"（原文如此，应该为"华洋义赈会"）到洛阳来，收了七千多难童，到上海只剩五千人，吕宗安也在其中。他们住在南市高昌庙天主堂，读天主教的书。几年后的一天，杭州玉皇山"紫东道人"李理山同"西门子"洋行买办闲聊。买办说话了："现在小道士没有好好培养，这样下去要断种了！"李理山接嘴说："上海难童多，你助我一臂之力，让难童到杭州仁初小学校读书，毕业后上山做小道士！"这个买办大概对道教颇为钟情，便挑了吕宗安等 40 个难童到杭州读书，负担车钱和学费。难童们在天主那里看惯了，忽然看见玉皇山上的石菩萨面孔怪里怪气，吓得哭起来。山上空气还算新鲜，就是肚皮里刮不出油水，每天一碗梅干菜，只有初一、十五吃碗豆腐。吕宗安修道特别虔诚，在玉皇山十多年，晨做早课，念《玄门日诵》，午做中课，念《真武经》《三官经》，晚课重复早课，修得一身精湛的道术。如果认为道观中人是"做做道场，国事管他娘"，那就错了。李理山谆谆教导吕宗安他们，要"爱国、爱教、爱人民"，"天下兴亡，匹夫有责"，不能做教门的败类。日本人打进杭州，难民四处流离，道士虽是"方外之人"，国家有难，却能积极投入抗日救亡斗争。李理山把"紫来洞"改为"难民收容所"，收容了 1700 个难民。山上维持道教活动困难。收入没有了，难民收容所难以维持下去。吕宗安建议李理山到上海开一个"杭州玉皇山上海分院"，李理山不同意，理由是——上海"野鸡"多，洒着茉莉花香水的兰花手指一搭上来，会经不起考验。结果，山上的道士一个个走光了。李理山急了，便同意和吕宗安一起，到上海武定路开了个"玉皇山福星观上海分院"，把收入的钱支持杭州玉皇山"难民收容所"。吕宗安的意志十分坚强，上海滩的"香风"尽管发达 12 级，他依然站稳脚跟，纹丝不动。李理山的顾虑是多余的了。参见朱大路：《上海道士 ABC》，收入汤伟康编：《上海万象》，上海：上海翻译出版社，1989 年，第 148—149 页。

② 参见本书第五章第二节玉皇山福星观民国高道李理山成道考部分。

的"华洋义赈会"正式成立于 1920 年 9 月 25 日①。所以吕宗安的回忆较为准确，李理山开办慈云岭初级小学应该是在 1921—1922 年间。

在上海接受这批灾童的应该是"华洋义赈会"，当时是中国境内最大的慈善团体，也是吕宗安回忆中"无奈年仅八岁，父亲忍痛将兄弟俩送入慈善团体求生"中的慈善团体。"华洋义赈会"接受这批灾童后，"号召上海各商家、各厂家，愿领去做学徒或做养子等用，使灾区儿童得有个生活之路"。吕宗安和高宗葆等应该是被当时上海西门子电气公司办员管增卿②（管趾卿）先生收养，管趾卿一方面救济他们，另一方面也让他们长大后到自己的公司做学徒，为自己培养工人。管趾卿为近现代上海著名的买办商人，生前他是上海西门子洋行和科发药房的董事，并兼任好几家银行的董事。在当时的"十里洋场"，管趾卿在买办界有一定声望，也是上层社会一位长袖善舞的名流。其早期经营有术，富比陶朱；到中年后笃信道教，迷信符术；1925 年其经营的戚墅堰电气厂失败后逐步衰落③。管趾卿与李理山私交很好，1930 年去世时仅仅 50 岁左右，出殡当日李理山为表悲痛，送长

① 参见蔡勤禹：《近代中国民间组织——民国华洋义赈会个案研究》，华东师范大学 2003 年博士后出站报告。
② 原文为管增卿，应该回忆有误。
③ 钱心如：《管趾卿与科发药房及西门子洋行》，收入上海市政协文史资料委员会编：《上海文史资料存稿汇编：工业商业》第 7 辑：上海：上海古籍出版社，2001 年，第 88—96 页。

挽联一份①。管趾卿接受这批灾童后委托给李理山养育，高宗葆
也回忆说："因为管君素与先师友善，所以有借玉皇山房屋之
便。"所以李理山就在玉皇山下的玉皇宫内开办了一所专门接收
和教育这批灾童的学校——慈云岭初级小学。

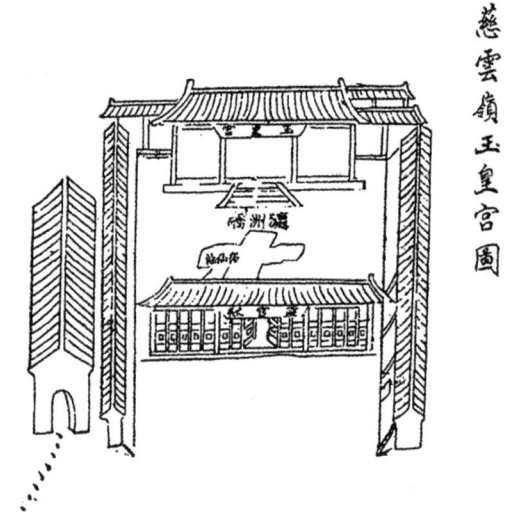

图 6.1　民国《杭州玉皇山志》中的慈云岭玉皇宫图②

　　民国《杭州玉皇山志》上记载学校有教师两员，所有费用，
学生膳宿、书籍、灯火、茶水等均由玉皇山提供。学校应该只有

---

　　①　李理山所送挽联为最长，内容为："公为世福星，仁恩普被平生己溺己饥，
好施不倦，佥谓吉人天相，必享遐龄，何期数载沉疴，终乏灵丹，竟弃尘寰悲永诀；
天奋我同志，中路沦亡十年相扶相助，护道弥虔，素钦玄旨精深，定操善果，他日
三生石畔，重逢旧雨，毋忘风月证前因。"参见良玉：《志管先生之丧》，《申报》
1930 年 3 月 28 日，第五张，No.20473。
　　②　来裕恂编：《杭州玉皇山志》，载王国平主编：《西湖文献集成》第 21 册，
第 583 页。

一期学员，维持五年之后，因为"经费无从设法，难以维持，因之停止"。从这批灾童的来历可以推断，费用应该是由管趾卿资助，但是1925年其经营的戚墅堰电气厂失败后学校逐步衰落。高宗葆也回忆说："准备去电气公司做学徒时，不幸管君因生意失败几至破产。"所以学校的主要资助来源没有了着落，学校也就停办了。

但是李理山并未抛弃这批灾童，而是让他们全体到玉皇山福星观出家为道士，为李理山弟子，龙门正宗"宗"字派。当代抱朴道院道长高信一回忆说："李理山为了培养道教的下一代，不让道教在他们这代手里断代，所以从上海接受了一批逃难的儿童，为道教培养未来，后来他们一些离开了玉皇山，一些留了下来。"①

虽然学校只维持了五年，只有40名学员，但是却有很重要的意义。首先，这所学校是道教与民间人士合作开办的带有慈善性质的小学，是地方人士与宫观共同应对天灾人祸的产物。一方面收养了灾童，另一方面是为地方工厂培养学徒，最终却为道教培养了道士。其次，这是笔者所见的历史上道教所开办的第一所近现代规制的初级小学，意味着道教正在努力向现代转型，利用现代的教育制度来培养道教的未来。另外，这所小学的确为玉皇山福星观培养了一批中坚力量。以李理山高徒吕宗安道长为例，其1949年前就任上海玉皇山福星观分院代理人，1949年后历任上海市道教协会一、二、三届常务理事，副秘书长，1984年任

---

① 高信一，采访者：郭峰，时间：2012年10月14日上午，地点：杭州市西湖区抱朴道院内。

上海著名全真道观上海白云观代理监院①。上海白云观又叫海上
白云观，为东南地区颇有威望的全真丛林。1947 到 1951 年李理
山被捕前曾代理过上海白云观监院，"文革"中该观被迫停止活
动②。"文革"结束后白云观恢复宗教活动，吕宗安到上海白云
观，为白云观的复兴做出了不可磨灭的贡献，培养了一批年轻的
骨干道士，这也可以看做是玉皇山福星观法脉的一种传承吧。

图 6. 2　今天的上海白云观③

①　姚树良：《缅怀吕宗安道长》，《上海道教》2002 年第 1 期。
②　陈莲笙：《陈莲笙文集》（下），第 289 页。
③　《藏羚羊旅行指南》编辑部编著：《中国最美的 101 座宗教建筑》，北京：中国铁道出版社，2014 年，第 186 页。

第二节 抗战期间三次收容难民

关于玉皇山福星观抗战期间收容难民的过程在民国《杭州玉皇山志》卷十七《善举》中有详细的记载。具体如下：

二、三次收容难民

定名：难民收容所。

次数：第一次，三千余人；第二次，一千二百余人；第三次，一千四百余人。

地点：本观房屋不敷时，即于本山东南首山腰隙地，暂筑庐舍以居之。

建筑：就山地芟荆棘，剃草莱，畚沙砾，平基址，杂用竹木，上覆草苫，以板为垣，围以芦扉，鳞次栉比，使风霜雨雪免其侵害。

供给：每日两粥，任其饱食，不加限制；茶水不断。

衣服：有衣服不周者，本观购备照给，新旧均有，不令受冻。

疾病：本观备有紧要西医药水及本国痧药，间有延请医生开方服汤药者。

经费：本观不足，募诸善信，以接济之①。

另外，李理山的弟子吕宗安在 1949 年后也有文章回忆收容难民

---

① 来裕恂编：《杭州玉皇山志》，载王国平主编：《西湖文献集成》第 21 册，第 919 页。

的过程。具体如下：

1937 年秋季，日本帝国主义侵略军者大举进犯我国的神圣国土，疯狂屠杀中国人民。战争爆发不久，东南沿海的杭州相继沦陷。当时我正在杭州玉皇山的福星观道院里，协助我的师父①李理山道长管理山林庙宇，被称为"小当家"。

玉皇山福星观是道教"全真"在南五省（苏、浙、皖、赣、闽）的第一座"子孙丛林"，香火旺盛，远近闻名，在道教界有一定的影响。我师父李理山从小在这山上出家，几十年来苦心经营，法号为"紫东道人"。他领导了大批的道俗劳动力，在山上植树造林，修建庙宇，并挖掘了天乙池②，开辟了紫来洞，建成了今日宗教活动场所和旅游胜地。

当他看到日军侵入杭州，杀人放火，奸淫掳掠，钱塘江边南星桥一带，房屋全部烧毁，只剩一片废墟。江边的老百姓，无衣无食，扶老携幼，挣扎在死亡线上，流亡逃难。真是哀鸿遍野，处处狼烟。李理山道长义愤填膺，热血沸腾，再也静不下来。出于民族自尊与爱国感情，他毅然决定，停止了山上的宗教活动，投入到抗日救亡的工作中去。他开放了紫来洞，收容了一千七百多个难民上山避难。犹恐居住不下，又发动道俗群众一百数十人砍倒山上的毛竹与小树，在洞口紧急搭建起几十间茅棚，让大家暂时安定下来。

---

① 原文如此，可能为"师傅"的误写。吕宗安从小在玉皇山福星观出家，拜蒋永林为师，也可能强调其与李理山的关系亲密。

② 民国《杭州玉皇山志》上根据碑刻记载为"天一池"，吕宗安回忆有误。来裕恂编：《杭州玉皇山志》，载《西湖文献集成》第 21 册，第 779—780 页。

　　一千七百多人吃饭，用粮的数字是很大的。坐吃山空，玉皇山的存粮很快便颗粒无存了。眼看揭不开锅盖，李理山道长不怕困难冒险下山，通过敌军的封锁，到市里去和当时的慈善团体国际红卍字会请求支援。该会派人了解山上的困境属实，同意供给粮食。我师父派难民下山运粮，要通过敌军封锁，困难重重。有的被查出，敌军还认为是供应山上抗日游击队的粮食，百般阻挠。（其实当时的玉皇山上只有难民，并无游击队。）李理山道长不得不再次请求红卍字会打交道、开证明，准许救济粮送上山。

　　山上香火既停，完全没有收入，这许多难民的生活，经济支出浩大。于是，李理山道长派我到上海来，依靠"租界"的偏安，在武定路创建了玉皇山福星观上海分院。巧逢香火鼎盛，得到经济收入就送回杭州供给山上的开支，这样共维持了一年多的时间。后来杭州的战争逐渐平静下来，难民也纷纷下山谋生，人数逐渐减少，才结束了这个难民收容所①。

民国二十六年（1937）震惊中外的"卢沟桥事变"标志着中国全面抗战的开始。此时野心勃勃的日本侵略军相继通过淞沪会战等战役占领了当时中国经济中心江南地区的上海、南京等重要城市，杭州危在旦夕。根据王辅著的《日军侵华战争1931—1945》中记载，日军于民国二十六年（1937）12月24日在没有遇到太

---

　　① 参见吕宗安：《回忆抗战时期玉皇山〈紫来洞〉改作难民所的经过》，收入上海市宗教学会编：《宗教界在抗日救亡运动中——纪念抗日战争胜利四十周年》，上海：上海市宗教学会编印，1985年，第55—56页。

大抵抗的情况下分兵三路进入杭州城①。战争造成了大量平民的流离失所，大量难民涌入杭州城。根据当时《申报》的记载，到1938年末局势稍稳时在杭州城内的难民还有10万人之多②。位于杭州城外玉皇山上的福星观免于兵燹，但是正常的宗教活动被迫中断，李理山后来回忆说战争造成了山上的香火收入锐减，不得不想其他的办法③。同时大量的难民涌上玉皇山，此时玉皇山福星观的方丈兼监院李理山面对无数的难民决定彻底停止山上的宗教活动，开展收容难民的慈善救济活动。李理山将玉皇山福星观自己的庙宇对难民开放，先后三次收容上山的难民，福星观观内房屋不够的时候，"于本山东南首山腰隙地，暂筑庐舍以居之"，暂筑庐舍就在紫阳东洞外，连通紫来洞，整个难民所最高一次收容了三千多人④。同时玉皇山福星观向难民每天供应两粥、茶水、衣服、紧急医药等等。

　　难民在玉皇山上虽然保住了性命，但是战争的摧残是无情的。在中国游历的日本木刻画家田川宪当时正在杭州，为我们留

① 王辅：《日军侵华战争1931—1945》，第690—726页。

② 《杭州难民代表来沪乞赈》，《申报》1938年12月26日，转自池子华、严晓凤、郝如一主编：《〈申报〉上的红十字》第4卷，合肥：安徽人民出版社，2011年，第484页。

③ 李理山：《上述书》，西湖区法院档案室藏。

④ 关于难民人数，吕宗安在西湖区法院档案室收藏的《关于玉皇山李理山反革命案，本人以下几点意见分述如下》中回忆只有700余人，在同一批档案中的《报告》中回忆有1700余人。在其所写的《回忆抗战时期玉皇山紫来洞改作难民所的经过》一文中回忆有1700余人，但均未提到开办的次数。民国《杭州玉皇山志》为抗战胜利后编写的，比较早，本书以民国《杭州玉皇山志》记载为准。参见吕宗安《关于玉皇山李理山反革命案，本人以下几点意见分述如下》《报告》，西湖区法院档案室藏；来裕恂编：《杭州玉皇山志》，载王国平主编：《西湖文献集成》第21册，第919页；吕宗安：《回忆抗战时期玉皇山紫来洞改作难民所的经过》，收入上海市宗教学会编：《宗教界在抗日救亡运动中——纪念抗日战争胜利四十周年》，第55—56页。

下了紫来洞中难民悲惨的写照：

> 玉皇山南侧之洞窟中（紫来洞），该洞昔为山顶道士之
> 修炼道场，今为战争之影响，二千难民麇集其中。因洞中湿
> 潮，居人面色苍白，固有感作此（木版画）。今虽时过境
> 迁，难民次第返里，催上作不无为"和平"呼吁也①。

从中可见在紫来洞中难民的悲惨，生如蝼蚁，虽然寥寥几句，读
之让人不禁潸然泪下。同时也可见"覆巢之下安有完卵"，在民
族灾难面前，所有的人都必须一致对外。道教作为中国的传统宗
教，必须顺应民族大义。玉皇山福星观在抗战期间开办的难民所
就是道教民族情怀和爱国精神的最好体现，同时也是道教"济
世救人"宗教精神的体现。

　　在杭州城尚未被日军占领前，玉皇山福星观的监院李理山就
积极地参与了由当时英籍传教士苏达立主持的"红十字会委员
会"和"国际救济会"，可见李理山爱国的民族情怀，同时对战
争的残酷有充分的认识和对宗教慈善活动的热心②。但是难民所
维持艰辛，首先是经济上的问题，玉皇山福星观的收入受战争的
影响锐减，同时还要供养大量的难民，入不敷出是迟早的事情；
其次日军的封锁使玉皇山福星观失去了与山下其他慈善团体合作
的可能。面对这种困难的局面，作为玉皇山福星观方丈兼监院的
李理山并未放弃开办难民所，而是采取了两个行之有效的办法：

---

① 参见田川宪：《杭州紫来洞难民》，《华文大阪每日》，1941 年，第 6 卷，第
10 期，第 16 页。

② 杭州基督教三自爱国会史料组：《杭州沦陷时帝国主义者利用基督教进行侵
略活动》，载政协杭州市委员会文史资料工作委员会编：《杭州文史资料》第 6 辑，
内部资料，1985 年，第 10 页。

一是通过与山下的其他慈善团体合作，寻求支援；二是到当时还未被日军占领的上海租界内开办了玉皇山福星观上海分院，通过上海分院增加香火收入来补贴杭州玉皇山福星观山上的开支①。

图 6.3　日本画家笔下的杭州紫来洞难民②

1949 年后李理山在狱中所写的《上述书》中也回忆说：

1. 抗战前至胜利时担任杭州上海道教会理事长、杭州红卍字会长等职。……上海宗教慈善团体推实公债推销员办理推销公债及杭州市政府救济委员办理过慈善救济基金。2. 三七年参加伪杭州市政府□□之僧道会议及领有保安长一

① 参见本书上海玉皇山福星观下院部分。
② 该画为木刻版画，为日本近现代著名木刻画家田川宪所作，是其战争期间到紫来洞所见之后所画，题为《杭州紫来洞难民》，刊登在《华文大阪每日》杂志上。该画因为时代久远有些模糊不清，但是洞中如蚯蚓般的难民依次层层叠加在洞中的视觉感不禁让人心酸。参见《华文大阪每日》，1941 年第 6 卷，第 10 期，第 16 页。

张。……抗战治安需要。3. 办难民为名与日伪红卍字会汉
奸翻译章兰庭及日寇勾结。……红卍字会第六难民收
容所①。

可见，李理山为了办好难民所，发挥自己人脉广泛的优势，担任
了杭州红卍字会长一职②，同时与杭州、上海等地慈善团体保持
联系，通过红卍字会等关系获得善款、粮食等必要物资。他还出
于"抗战治安的需要"担任了伪杭州市的保安长，不得已向敌
寇折腰，"恳求敌寇出告示保护难民与山林树木"③。

　　许圣元著的《洞霄宫》中也记载了抗日战争期间，作为玉
皇山福星观下院的洞霄宫在李理山的允许下接纳周边难民的事
迹。具体如下：

　　洞霄宫（包括项家头），整个村庄一百多户人家，被日
本侵略者烧毁，民房全部被烧了，成了白地。数百上千的村
民，无家可归，无处安身。洞霄宫道院的陈宗云当家，经得
李理山方丈的允诺，将两个自然村的难民，全部接纳进宫观
内。宫内甚有五十多间殿堂、客堂、厨房，道众相对集中，
连菩萨、神像也移挤集中，下大殿的龙王移到上大殿，观世
音藏到客堂楼上。让出空房，分间分室，细心安排受难百
姓。在当时道观本身粮食十分艰难的情况下，拨出一部分玉

---

　　①　李理山：《上述书》，西湖区法院档案室藏。
　　②　高鹏程博士在《红卍字会及其社会救助事业研究（1922—1949）》一文中根
据上海档案馆藏的档案统计认为红卍字会杭州分会会长为杭州中国银行经理金伯谦。
李理山与红卍字会的关系还需要更多的资料揭示。参见高鹏程：《红卍字会及其社会
救助事业研究（1922—1949）》，苏州大学 2009 年博士学位论文。
　　③　参见吕宗安《关于玉皇山李理山反革命案，本人以下几点意见分述如下》，
西湖区法院档案室藏。

米，救济贫困。道观本是清静无为之地，接纳百姓，就会带来一阵扰乱。但因越有苦难的地方，越有宗教信仰，再加上出家人慈悲为怀、救苦救难的施舍，使百姓们得到了适当安置，心里愈加信仰神灵，与道士的距离拉得更近了，把道观看得更加神圣①。

虽然李理山做了种种努力，但是因为战争的影响和避难所的开支，玉皇山福星观内已经出现经济危机，甚至出现了道士逃亡的情况②。为了解决经费紧缺的困难，李理山派吕宗安到当时还未被日军占领的上海租界内开办了玉皇山福星观上海分院，通过上海分院增加香火收入来补贴杭州玉皇山福星观山上的开支③。难民所在玉皇山上艰难地维持一年左右，随着战事逐渐平静，难民逐渐下山，难民所解散。

第三节　玉皇山周边景区的保护与开发

福星观所在的玉皇山海拔237米左右，是拱卫浙江省会杭州市之重要主山，位于西湖与钱塘江之间，自然风光秀美、名胜古迹比比皆是，历来为江南地区自然与人文的双重重地，吸引着无数文人骚客竞相游玩。2011年包括了玉皇山人文景观的"杭州

---

① 许圣元：《洞霄宫》，第239—240页。

② 朱大路：《上海道士ABC》，收入汤伟康编：《上海万象》，第148—149页。

③ 参见吕宗安：《回忆抗战时期玉皇山〈紫来洞〉改作难民所的经过》，收入上海市宗教学会编：《宗教界在抗日救亡运动中——纪念抗日战争胜利四十周年》，第55—56页。

西湖文化景观"更是被联合国列为世界自然和文化双重遗产，成为全人类的文化典范。但是从历史上看，玉皇山上的自然景观和名胜古迹却时常受到来自社会上种种不法分子的破坏，而占据着玉皇山主峰的福星观更是与此山同命运。面对不法分子，福星观联同山上其他宗教团体和地方上支持宗教文化的乡绅共同向地方政府申述，一次又一次地保护了玉皇山及其周边地区免受破坏，同时也保护了自身的安全。

福星观所在的玉皇山主体结构为石灰岩，在现代工业体系中极具开山采石的价值，所以常常为不法之徒窥视。民国十二年"有昧良之人觊觎山石，联络劣绅，勾结败类，敢将玉皇山化名，影射冒粮，伪造产据，售与上海巨商，设立水泥公司，开采山石"，后经过"地方正绅联名呈请省宪，保存古迹，始得吊销伪证，出示永远禁止采石"①。《杭县公署布告第一七一号》碑刻就真实地反映了此次事件。碑文如下：

杭县公署布告第一七一号

为布告勒石永禁事。案查徐绅宗溥等，呈控张巨川勾通王盛麟、冯畅亭等将玉皇山［山］麓化名龙岩山，盗卖与上海水泥公司采石有碍古迹一案。

现奉浙江实业厅训令，以案关矿山纠葛，经本厅长躬自履勘，将玉皇山、慈云岭及系争之山详勘一周，细加考核，知张巨川等卖与上海水泥公司之石山三十五亩，实有化名认粮盗卖情事。

---

① 来裕恂编：《杭州玉皇山志》，载王国平主编：《西湖文献集成》第21册，第624页。

呈奉浙江军务善后督办处、浙江省长公署会同指令，内
开呈图均悉。既据查明张巨川等，售与上海水泥公司采石山
地，确系侵占冒捏，并与名胜古迹有碍，所请注销采石案及
冒粮折据，追价给领，应准照办。仰即分饬遵照，并令县出
示，永禁该山采石，勒石遵守。图存。等因。奉此，查玉皇
山一带名胜古迹，在在皆是。

曾奉省宪令饬查禁采石一节，经各前知事，出示勒石封
禁在案。今张巨川等明知故犯，化名影射，实属胆玩己极。
除注销冒粮产据传案讯办外，合行布告，为此仰该处居民人
等，一体知悉。自示之后，凡玉皇山界内以及毗连支山，无
论公有私有，永远封禁开采。倘敢故违，一经报告，定即拘
案，严惩不贷。其各凛遵切切，特此布告。

中华民国十二年十一月十一日

杭县知事陶墉①

从中可以看出，民国年间玉皇山福星观所在玉皇山被地方上有名
为"张巨川"的地痞小人勾结地方上的王盛麟、冯畅亭等人化
名为"龙岩山"，在玉皇山上众多宫观和地方政府不知情的情况
下偷卖给需要石材的上海水泥公司开采。这件事情让在玉皇山上
宫观内的宗教人员和地方上关心宗教和地方文化建设的乡绅们很

---

① 该碑刻现在依然保存在玉皇山南麓，碑为摩崖石刻，呈长方形，碑额正书
"天龙寺祖山"，右有"杭县公署布告第一七一号"字样，字方正 10 厘米。正文 39
行，12 列，正书，字方正 1 厘米，碑文保存基本完整。本书碑文采用民国《杭州玉
皇山志》内保留的碑文。参见马时雍编著：《杭州的山》，第 93 页；来裕恂编《杭
州玉皇山志》，载王国平主编：《西湖文献集成》第 21 册，第 624—625 页。

气愤。于是由地方上较有名望的正绅徐宗溥①发动，联名地方上反对盗卖玉皇山山麓的人士集体以保护文物古迹的名义呈请官厅，请地方政府介入处理不法之徒，保护玉皇山及其周边地区不受破坏。接到地方上乡绅的联名举报后，地方政府相当重视，由时任浙江省实业厅的厅长亲自到玉皇山、凤凰山周边地区详细勘察，后浙江省实业厅勘察后在报告中认为张巨川等人的确是"化名认粮盗卖情事"，并且将调查结果呈奉给浙江省军务善后督办处、浙江省长公署等相关上级部门。这些地方上的重要部门最后也认定张巨川等人为违法行为，最终张巨川等人被立案调查，受到了吊销执照等处罚。

张巨川盗卖玉皇山山麓之后不过十余年，又有地方贪图之人勾结上海商人，巧立名目，企图开山采石。"而地方劣绅，不顾物议，利令智昏，从而附和之，故本观此际，又呈险象"。不过此时玉皇山又得到了地方上"公正绅耆"的保全，他们"联名禀请层宪，群策群力，经几番之波折，终一致而成全"②。民国《杭州玉皇山志》上保存的"杭州市政府布告杜字第四四号"完整记录了该事件。全文如下：

杭州市政府布告杜字第四四号

案奉浙江省政府秘字第一四零四九号训令：内开案据该市程良驭等，为玉皇山系浙江省会主要胜迹，应得永远保

---

① 徐宗溥，字博泉，仁和人，光绪乙酉拔贡，己丑举人，法制局参议。参见来裕恂编：《杭州玉皇山志》卷五下《名贤》，载王国平主编：《西湖文献集成》第21册，第646页。

② 来裕恂编：《杭州玉皇山志》，载王国平主编：《西湖文献集成》第21册，第625页。

存。凡与该山毗连之支山，如天真山、慈云岭、将台山、九曜山、莲花峰、大乔山等处，脉络相连，亘古以来，承先继后，历经呈准地方官署，一体永禁开采在案。是以累代相承，禁碑林立，虽屡经兵燹，故碣罕存，而邦人士庶，咸知此为永远禁山，亦从无有敢于觊觎者。民国肇造，经前巡按使署咨部，准将西湖南北诸山，全体禁止开采。行县勒石示禁，已不啻三令五申；稽之案牍，犹历历可考。矧浙江之有西湖，湖畔之有诸名胜。山明水秀，南宋行在之古迹，环列全湖，不独为全国人士所企仰，即东、西洋人士来游中国者，亦游迹所必经，往往吊古兴怀，留连往复，徘徊而不忍去。因其发人之兴趣深，故其动人之欣慕也亦远。不仅如王右军之于蔡中郎，卧碑下七日已也。迩阅报纸，时有发现不肖之徒，希图渔利，胆敢觊觎该处毗连诸山，开采矿产之举。又据该山福星观、慈云宫住持李理山，面称上海侨商，前曾派人向该道士贿通，愿出巨资运动。后经该道士严词峻拒，并备述种种理由，致若辈无隙可乘。而无如若辈心犹未已，虽明知此山为数千百年之禁山，犹往往乘新旧长官交替之际，故意谣惑耸听，一登报试探，殊属非是。且查现行矿业法，有距古圣庐墓及名胜古迹与公共道路，在一公里或四十公丈以内者，均不得领作矿区等语。今按玉皇山附近之庐墓及名胜古迹，如七星缸、阳明书院、南宋郊坛、石佛寺等，均在四公丈以内，吴越钱忠懿王墓在一公里以内，且又近接市廛，均与现行矿业法、取缔法条文相符，当然不得领作矿区，公违矿法。良驭等世居兹土，闻见较真，应负有地方保全之责。如果该山一旦开采，则数千百年以来流传之名胜古迹经此破坏，谁尸其咎？矧该山为拱卫省会之重要主山，观瞻所系，尤不容任意采掘，致伤中外人士之仰瞻。理合联名呈请钧长，俯赐鉴察，迅予所请，令仰该管长官，保存名胜古迹。为此呈请钧长核夺，实深感公等情。据此，查玉皇山等处，既称系省会胜迹所在，又经前巡按使署咨部核准，禁止开采，行县勒石，永禁开采有案，自应予以保存，以留名胜。兹据前情，除批示外，合行令仰该市长，即便查案办理具报，此令。

　　并奉浙江建设厅第七二二号训令，抄发程良驭原呈，饬即给示布告，严禁开采，以保名胜而存古迹。各等因奉此。查玉皇山一带名胜古迹，在在皆是，迭经前杭县公署奉令出示永禁开采有案。兹奉前因，除呈报外，合即重申禁令，示仰该市民众知悉。自示之后，凡在玉皇山界内以及毗连支山，仍应遵照成案，永远封禁开采。倘敢故违，一经觉察，定即拘案，严惩不贷，其各凛遵，特此布告。

　　市长赵志游

　　中华民国二十一年十二月日[①]

从中可见，民国二十年（1931）玉皇山又遇到了与民国十二年（1923）相同的情况。同样是地方上贪图玉皇山上山石资源的宵小之人勾结上海的不法商人不顾地方政府三令五申的禁令，企图在玉皇山上开采资源，破坏玉皇山。这次这些地方上的不法之徒为达目的，还试图用钱来收买时任玉皇山福星观方丈兼监院李理

---

　　① 来裕恂编：《杭州玉皇山志》，载王国平主编：《西湖文献集成》第21册，第625—627页。

山道长，李理山对这个事情保持了高度警觉，向地方政府汇报了这个情况。地方上支持宗教和文化建设的乡绅程良驭、高云麟、吴庆坻、杨复①等也对这个事情义愤填膺。这个时候又是玉皇山福星观联合山上的宗教群体、地方上的乡绅联名向当时的浙江省省政府禀告，请省政府出面来主持公道，保护玉皇山上的自然景观和文物古迹等。最后还是地方政府禁止了开采并布告："玉皇山一带名胜古迹，在在皆是，迭经前杭县公署奉令出示永禁开采有案。兹奉前因，除呈报外，合即重申禁令，示仰该市民众知悉。自示之后，凡在玉皇山界内以及毗连支山，仍应遵照成案，永远封禁开采。"

从中可见，道教宫观作为一个社会组织，与地方社会是密不可分的，如果没有地方社会上热心宗教事业的乡绅、正直的地方官员，玉皇山早就在利欲熏心、唯利是图之人的手下被破坏殆尽了。

玉皇山上虽然不仅仅只有福星观一所宗教场所，但是作为占据玉皇山主峰的福星观而言，玉皇山上建筑多为福星观所属，如隶属于福星观管辖的就有七星缸、八卦田、天一池、玉皇宫、太极圆等等。

---

① 程良驭，字紫晋，钱塘人，光绪十一年乙酉科举人，江苏太湖同知；吴庆坻，字子修，号补松，翰林院编修，湖南提学使，民国以来退归林下，著《辛亥殉难记》风行于世；高云麟，字白叔，光绪六年丁卯，并补行甲子科举人，内阁中书；杨复，字见心，钱塘人，中书科中书。参见来裕恂编：《杭州玉皇山志》卷五下《名贤》，载王国平主编：《西湖文献集成》第21册，第645—647页。

图6.4　民国画家笔下的玉皇山紫来洞①

　　福星观除了对玉皇山周边景区竭力进行保护之外，还对玉皇山上的各处自然人文景观进行了开发。这一方面是保护和扩展玉皇山上道教文化景观的需要，另一方面更是吸引游客上山、增加福星观经济收入的需要。李理山自己也说："开风景区，供应茶点游人取得利润，维持道俗人等生活之外修补岁修之用。"② 这其中最为典型的就是民国时期玉皇山福星观开发玉皇山上的紫来洞。今玉皇山上紫来洞洞口的民国时期撰写的《紫来洞》碑刻完整地记录了开发紫来洞的情况。碑文如下：

　　紫来洞

　　玉皇山七星缸之旁有古洞焉。隐幽深邃，天然名胜，湮没无传久矣。去岁，福星观方丈紫东道人，鸠工加凿成此洞天，名曰"紫来"。将欲接函关之气，以彰明圣湖之胜，其来为有因也。《经》所谓"道可道非常道，名可名非常名"，

　　①　潘韵国：《西湖玉皇山紫来洞》，《京沪周刊》，1948年，第2卷，第17期，第1页。
　　②　李理山：《上述书》，西湖区法院档案室藏。

　　是洞也，微道人其孰能成之，又孰能名之。

　　黄帝纪元四千六百三十年

　　岁次壬申春月镇海陈修榆书①

从中可见，紫来洞原本为一个天然洞穴，位于玉皇山山腰七星缸的旁边，原本并不为人所知。时任玉皇山福星观方丈的李理山发现此洞之后，用大量的人力物力加大加深，将洞开凿出来，并以富有道教内涵的名字"紫来"命名之，将其变成了玉皇山上一个富有道教内涵的人文景观。紫来洞的开凿，为玉皇山福星观增加了一个供众人游览的自然名胜，引起了当时社会上的广泛关注："当时（民国二十三年十一月至十二月间）报纸刊载消息，连篇累牍，社会视听，因亦大加注意。……福星观道人为吸引游客计，不惜斥巨资雇工自左壁沿层向凿一洞，尽去洞中积泥，于是轩豁深邃，可容数百人。"② 这无疑能为玉皇山福星观吸引更多的游客。与此类似的还有玉皇山下的"八卦田"，八卦田原本相传为宋南渡之后宋皇室的"籍田"，但是随着历史的发展，道教逐渐在玉皇山上占据了主要地位，就把宋皇室的"籍田"逐渐演变为道教的"八卦田"，而成为玉皇山一大人文景观。

----

　　①　紫来洞洞名及跋位于玉皇山腰东坡的紫来洞洞口处。行书竖行，字龛高 90 厘米，宽 267 厘米。其中，"紫来洞"三字字径 60 厘米，其余字字径 5 厘米，字迹清楚，于壬申年（1932）由镇海陈修榆书写。民国《杭州玉皇山志》也全文收录该篇碑刻，个别字有出入。本书以金志敏主编的《杭州凤凰山摩崖萃编》为底本，综合两书校正。参见金志敏主编：《杭州凤凰山摩崖萃编》，杭州：西泠印社出版社，2014 年，第 84 页；来裕恂：《杭州玉皇山志》，载王国平主编：《西湖文献集成》第 21 册，第 799 页。

　　②　《本校野外活动队玉皇山紫来洞考察报告》，《浙江省立杭州高级中学校刊》，民国二十五年五月十日，第 146 期，第 1—4 页。

图6.5　民国时期玉皇山脚的八卦田①

民国《杭州玉皇山志》记载民国时期玉皇山上有六十四名胜，具体为："山顶蓬头""倚亭望仙""山趾麦浪""林海小憩""石橙听莺""半岭闻乐""松涛万解""兰草幽香""慈云洞天""音仙古池""洞显观音""竹径通幽""天真寻胜""玉龙烟雨""江湖云海""古墓松楸""龟畴横纵""九连古荡""五贵朝阳""沙穿九星""石壁古佛""峰锁二龙""钱江征帆""七星名茶""白云深处""苏堤虹亘""三潭水漾""星亭樱花""铁缸列宿""太极仙园""紫来寻胜""洞口天马""吼天狮子""寿星石老""龙山仙果""玉柱朝暾""浙东飞雨""月夜观涛""黄老遗风""篑谷秋声""斗阁听经""双池厌胜""还丹仙井""桂轩春色""西楼赏雪""万山拥翠""天文观象""紫清丹亭""天一清池""九曜呈秀""汽车通道""亭标月宝""四眼古井""石起朝官""大慈隐见""五云远眺""塔矗层霄""江桥观渡"

---

① 玉皇山福星观印：《杭州玉皇山福星观重建大殿募金疏》，浙江省图书馆古籍部藏。

"渔人晒网""竹林清趣""玉津怀古""江水悠伏""凤凰来仪""万笏朝天。"①

图6.6　民国时期玉皇山风景之南天门②

---

　　① 来裕恂编：《杭州玉皇山志》，载王国平主编：《西湖文献集成》第21册，第588—607页。

　　② 民国《杭州玉皇山志》中也收录了相同的一组图片，但是不及民国《杭州玉皇山福星观重建大殿募金疏》上保存的清晰，本书采用的该组图片均截取于民国《杭州玉皇山福星观重建大殿募金疏》。参见玉皇山福星观印：《杭州玉皇山福星观重建大殿募金疏》，浙江省图书馆古籍部藏；来裕恂编：《杭州玉皇山志》，载王国平主编：《西湖文献集成》第21册，第603—607页。

图 6.7　民国时期玉皇山风景之太极圆①

图 6.8　民国时期玉皇山风景之头山门②

---

　　①　玉皇山福星观印：《杭州玉皇山福星观重建大殿募金疏》，浙江省图书馆古籍部藏。
　　②　玉皇山福星观印：《杭州玉皇山福星观重建大殿募金疏》，浙江省图书馆古籍部藏。

图 6.9　民国时期玉皇山风景之福星观大罗宝殿①

图 6.10　民国时期玉皇山风景之紫来洞②

① 玉皇山福星观印:《杭州玉皇山福星观重建大殿募金疏》，浙江省图书馆古籍部藏。

② 玉皇山福星观印:《杭州玉皇山福星观重建大殿募金疏》，浙江省图书馆古籍部藏。

图 6.11　民国时期玉皇山风景之慈云岭石牌坊①

①　玉皇山福星观印：《杭州玉皇山福星观重建大殿募金疏》，浙江省图书馆古籍部藏。

第七章　民众庆典：玉皇山福星观的进香活动

　　进香一般是指在一定日期内到固定的庙宇进行神灵参拜的活动。以某个宗教为中心的大型朝山进香活动古已有之，并一直在中国盛行直到今天，成为民间一种重要的民俗活动。杭州西湖周边地区寺院宫观林立，尤其是清帝多次南巡到西湖，参拜了周边著名的寺庙，更加提升了西湖的宗教地位，西湖的进香活动逐渐增多，并形成了规模宏大、影响深远的杭州进香活动①。

　　整个西湖进香活动以佛教寺庙为主，尤其是上天竺寺等佛教著名丛林。玉皇山的进香活动在福星观同治中兴（同治三年）之前并未见诸史料，应该是为玉皇山福星观所开创。作为杭州西湖周边宫观之一，其进香活动当然可以视为西湖进香活动的一部分，但是也因为玉皇山福星观作为道教宫观，同时进香活动开始

---

　　①　参见王健：《明清以来杭州进香史初探——以上天竺为中心》，《史林》2012年第4期；蔡禹龙：《清代江南香市简论——以杭州西湖香市为中心》，《历史教学》（下半月刊）2010年第10期。

图7.1　民国时期杭州上香的两位女性香客①

也较晚，所以也具备自己进香活动的特色。本章主要详细地分析玉皇山福星观进香活动给当地社会和玉皇山福星观本身带来的影响。从现有的资料来看，玉皇山福星观的进香活动主要分为两个部分：一是"散香"，是平常非香期的时候零散的、个人到玉皇山福星观内的进香活动，这个时间主要集中在夏天，因为玉皇山福星观夏天地势较高，有较多杭州、上海等地的人借着进香来避暑游玩。二是西湖香期的"玉皇圣诞进香"活动，农历正月初九为"玉皇大帝"生日，又正值整个西湖香期，玉皇山福星观在正月初九（或者正月初八）这天会举行纪念"玉皇大帝"生日而举行的宗教活动和以宗教活动为中心形成的玉皇山福星观庙

---

①　参见沈弘：《西湖百象——美国传教士甘博民国初年拍摄的杭州老照片》，第150页。

会。本章节将对其进行逐一分析。

第一节　玉皇圣诞进香

农历初九或者初八的"玉皇圣诞进香"及其系列活动是玉皇山福星观的进香活动中最集中和重要的进香活动。农历初九这天相传为道教重要神祇玉皇大帝的生日，这天道教的宫观均要举行庆祝玉皇大帝圣诞的宗教活动，玉皇山福星观作为杭州西湖地区首屈一指的道教宫观当然要延续这一传统，举行盛大的宗教活动。"玉皇圣诞"又正逢杭州西湖的香期，故来自全国各地的香客云集于玉皇山上，并以"玉皇圣诞"的宗教活动为中心在玉皇山福星观形成一个热闹非凡的庙会和庙市。清范祖述著、民国时期洪如嵩补辑的《杭俗遗风》中就详细地记载了玉皇进香的过程：

> 玉皇进香
>
> 玉皇山在清波门外，至山麓，约三里。出凤山门至山，约五里。山顶有庙，曰"玉皇庙"。山腰有缸七，名曰"七星缸"。
>
> 正月初九，为玉皇诞辰，烧香者云集。人在山中下视，见山下田亩，似阡陌行列，状如八卦。中有一古冢，形似结网之蛛，故人称之曰"八卦田"①。

---

① 范祖述原著，洪如嵩补辑：《杭俗遗风》，载《西湖文献集成》第19册，第49—50页。

从中可见，晚清时期的玉皇山福星观"玉皇进香"活动在正月初九玉皇大帝生日这一天举行，但民国时期记载的"玉皇圣诞进香"活动提前了一天，放在了正月初八①。笔者在《近代道教与地方社会互动——以杭州玉皇山福星观为中心》一文中详细地分析了这一现象，认为提前的原因主要是民国之后地方政府认为以进香活动为中心的庙会有伤社会风气，严重影响了地方治安，准备取缔，但鉴于社会压力对普通民众的烧香活动给予通融，但是各个寺庙以盈利为目的的庙会活动不准举行。面对地方政府的压力，福星观采取了变通手法，改在初八提前一天举行庙会，在初九玉皇圣诞这一天上香②。道教在下沉后往往与民间宗教、民俗结合起来而难解难分。在民国时期，受西式科学精神的影响，道教等传统宗教往往也被归为"迷信"一类，被看做是落后的社会陋俗而遭到打压。"玉皇圣诞进香"时间的调整，正是这种打压的一种表现。

美国人队克勋民国时期来到中国，并任坐落在杭州西湖之滨的之江大学（浙江大学前身）教师。队克勋较为关注中国人的民间信仰，著有 *Chinese Peas and Cults, being a Study of Chinese Paper Gods*③ 一书。在该书中，队克勋详细记录了其在杭州地区感受到的当地民间信仰和民俗，其中就有正月初八玉皇山福星观"玉皇圣诞进香"活动。原文如下：

---

①　首先注意到这一现象的是孔令宏、韩松涛著的《民国杭州道教》，但该书中作者并未解释具体原因。参见孔令宏、韩松涛：《民国杭州道教》，第85—86页。

②　郭峰：《近代道教与地方社会互动——以杭州玉皇山福星观为中心》，《华中师范大学学报（人文社会科学版）》2015年第4期。

③　Day，C. B. *Chinese Peas and Cults, being a Study of Chinese Paper Gods*. Shanghai：Kelly and Walsh，1940.

农历的正月初八是一个重要的日子，因为在这一天人们要崇拜道教中的最高神——玉皇上帝。所以在玉皇上帝生日的这一天，可以看到成群结队的杭州人在攀登玉皇山的石阶。这座山就在闸口村和闸口火车站的后面。在玉皇山山顶的竹林环抱之中，矗立着专门奉献给玉皇上帝的福星观。

我们跟随着香客的队伍上山。快到山顶时，有一队士兵下来，从我们的身边经过，跟去给玉皇上帝祝寿的香客们混杂在一起。与其说他们有任何尊崇玉皇上帝的欲望，倒不如说他们对此感到好奇。乞丐们抱着瘦得出奇的孩子们躺在福星观大门前讨钱。在道观内的第一个院落里，各种小贩都在兜售食物、蜡烛、焚香和纸钱。

跨入福星观新装修过的前殿之后，香客们会把蜡烛和焚香放在玄天上帝的面前，而对于大堂两侧的八天君和四元帅等巨大神像，他们只是偶尔才会瞅上一眼。

来到作为主殿的大罗宝殿之后，香客们就可以看到他们前来祝寿的玉皇上帝了。大殿的中央就是统御万天的玉皇上帝之宝座，左右两旁分别是统御万雷的天皇上帝和统御万幸的紫薇上帝。这三位都戴着挂有一串串珍珠的长方形皇冠，玉皇上帝的皇冠上有十三串珍珠，而其他两位的皇冠上只有九串。大殿里在这同一天受到崇拜的还有其他几位道教的神仙，左侧是徐天师和瘟元帅，右边是葛仙翁和张天师。在祭坛上放置着橘子、香蕉、苹果以及香炉。在祭坛和神龛之间还矗立着一个可放置三大排蜡烛的巨大烛台架。当香客们列队从那儿经过时，他们都会把自己买来的蜡烛放在烛台架上，以作为尊崇道教神仙的信物。

在侧殿中也要举行同样的崇拜仪式，供奉在店内右侧的是老子、骑白马和持蚕茧的马鸣、九天后母、南极仙翁；在左侧接受烧香的是眼光圣母菩萨和送子观音像。

　　跟随持香的香客们走入后殿之后，我们发现位于中央的是斗母（星斗之母），给她烧香便可消祸免灾，不患任何疾病。福星观的道士们在早上十点和下午两点会专门做两次法事。当烧香的妇女们拜完了各路菩萨之后，她们就会在人群边缘上的桌子旁边，一边念经，一边忙碌地折叠着功德钱，或聚在水坑前，用寺庙里的仙水来洗眼睛，以治愈疾病或预防疾病。

　　下午四点左右，身穿红袍、头戴冠冕的道长站在祭坛前开始领诵，一边轻轻地敲击一个十英寸高的铜磬，以保持诵经的节奏。在他身后站着两列道士，有的摇铃，有的敲木鱼，还有其他敲击铃锤、钹、小锣或响板的道士。他们默默地站在那儿，等道长念完经之后，他们又默默地跪下来，在蒲团上慢慢地磕三次头。在铜磬的伴奏下，又一次集体诵经之后，所有的道士们都开始围着祭坛绕圈子，先是顺时针走，然后又逆时针走，还是继续有铜磬的伴奏，但是大家却不再诵经。当他们回到原来的位置之后，每一队的领头者又要鞠三次躬，而其他道士们则按先前的位置站好。

　　整个仪式一般都要重复一两次，但并没有变化，之后该仪式就结束了。但是从外面来的香客们便接着开始他们各自崇拜玉皇上帝的仪式，其中有许多香客是远道而来的。有些香客会在福星观的客房里过夜，并且为晚上或第二天黎明的法事而付钱，或是为了替自己赎罪，或是为死去的亲戚超度，或两者都有。第二天，他们又会踏上那漫长而累人的归程，但一想到他们顺利完成了自己的宗教职责，并为最后审判日积累了不少功德，心里便感到非常高兴①。

从中可见，民国时期正月初八这天，玉皇山上上下下热闹非凡，大量朝山进香的百姓到玉皇山福星观朝拜。进香的百姓进入玉皇山福星观后首先会游览观内众多神庙，逐一参拜殿内的各个神灵。队克勋提到玉皇山福星观的道士会在上午十点和下午两点专门做两次法事，这应该是民国《杭州玉皇山志》上提到的专门在玉皇大帝生日这天举行的"帝诞特供"的宗教斋醮活动②。

图 7.2 民国时期杭州一位老年香客③

① 参见 Day，C. B. *Chinese Peas and Cults，being a Study of Chinese Paper Gods.* Shanghai：Kelly and Walsh，1940，26—28. 转引自沈弘：《论队克勋对于杭州地区民间宗教信仰的田野调查》，《文化艺术研究》2010 年第 2 期。

② 来裕恂编：《杭州玉皇山志》，载《西湖文献集成》第 21 册，第 910 页。

③ 罗伊·休厄尔、沈弘：《天城记忆——美国传教士费佩德清末民初拍摄的杭州西湖老照片》，第 139 页。

同时，进香的百姓为庙会带来了巨大的商机，也吸引了众多的商贩。在玉皇山福星观内，各种小贩"都在兜售食物、蜡烛、焚香和纸钱"，这肯定是经过了福星观方面同意的，很有可能还会给玉皇山福星观一定的租费等。同时进香的百姓会带来大量给神灵的贡品，很多远道而来的人士会到玉皇山福星观开设的客房中住下，为玉皇山福星观的宗教活动"付钱"，最终也会成为玉皇山福星观观内收入的一部分。

从普通进香百姓的角度来看，他们到玉皇山福星观进香最主要有两个目的：一个是为生的人祈福，另外一个是为逝去的亲人度亡。这恰恰是道教在融入民间社会后所擅长的宗教职责。从本书斋醮部分就可以看出，玉皇山福星观民国时期所举办的多场斋醮活动均是以消灾和度亡为主题，均是面对普通的大众百姓①。

第二节　非香期进香活动

玉皇山福星观除了较为集中的"玉皇圣诞"进香活动之外，平时的"散香"活动也较多。这主要源于玉皇山福星观在浙江省道教界内的地位和玉皇山福星观形成的独特的自然与人文景观，吸引了大量前来游玩的游客，其中不乏政要名人。玉皇山福星观也适应情况而尽心维护玉皇山周边景区，并在玉皇山福星观内开设住宿、餐饮等设施以满足上山的香客②。

---

①　参见本书第七章为民设醮：民国时期玉皇山福星观的斋醮活动部分。

②　参见顾彼得著，和晓丹译：《神秘之光——百年中国道观生活亲历记》，第109—119页；健帆：《玉皇山紫来洞》，《快活林》1946年第4期，第10页。

民国时期在玉皇山福星观上居住的俄国人顾彼得就观察到了多次非香期时期香客到玉皇山福星观进香的活动，在他的回忆性著作《神秘之光：百年中国道观生活亲历记》中有完整的记载。原文如下：

（吕）春乾醒了，看看表，伸着懒腰把自己从地上扯了起来。他揉揉眼，忽然看见了什么。我顺着他的注视望去，山下一条小路上有一队轿子正朝寺观过来。我们都在想这些是什么人呢，因为朝拜的季节早在两个月前就结束了。小队伍沿着绿油油的稻田匆匆前进，我和春乾满怀兴趣地期待着，整个下午的倦意一下子都没了。突然，一个小道士从石阶上走了过来。他那张红红的圆圆的脸显得很温和，看起来更像一个小尼姑。春乾叫住他。

"楚恩，去告诉住持有香客上山来了。"

小道士害羞地点点头，跑去了。山下的小队穿过了一块镜子般的水田，正要开始爬山。结实的轿夫一步步地往上爬，竹轿椅在他们经验丰富的肩膀上合着脚步的节奏轻轻摇摆。很快他们到了半道阁，轿椅在石桌旁落下了。轿夫到一旁的小溪里喝水洗脸，轿椅里的人没有一个下来。轿夫又继续了缓慢的攀爬。山路开始在巨石中盘绕上升，巨石上刻满了各种各样赞美净心的好看却难懂的字符。在他们不远处的下方，可以看到一些在山石上凿刻的巨大神像，其中有几尊还没有完工，有些已经毁坏了。更远一些，在一条大河的岸边，有一片呈八卦图案的水田——一种神秘的三线图形。河流浸染了落日的余晖，像一滩熔化的金水在紫色的群山脚下熠熠闪光。小路伸进了松林，轿夫们在最后也是最难的攀登中朝着我们的石台慢慢靠近。他们上来了，我们可以看清楚第一把轿椅上坐着一个穿西装的青年。他的膝上放着一架名贵的照相机，手中有一副太阳眼镜。他的神情友善，但有几分骄傲。第二把轿椅上是一位相貌漂亮却显得疲倦的年轻女子。第三把上坐着一位身材肥胖、慈善快活的老年妇女，她用一双敏锐的眼睛环顾着四周，当她发现了春乾，她示礼地点点头。最后面的两把轿椅上是两个一身浅黑衣服的女人。两人都已中年，其中一个一定是女佣，还有一个随行的男佣，提着一个竹篮和两只保温水瓶。

春乾觉得应该上前问礼了，他走到老妇人跟前，礼貌地寒暄天气太热了。

"我们越早到越好。"老妇人用尖细的声音回答说："我简直受不住这样的天气！"看到春乾走过去，她一边笑着一边不停地扇动手中的大纸扇，时不时用丝手绢擦她那张胖胖的发红的脸。最后当气喘的轿夫在寺观门前放下肩上的抬杆，她伸出一只肥大的手，戒指光芒四射，春乾扶她下了轿。青年付了钱给轿夫，女子另外给了他们酒钱。春乾让他们在外面歇息一会儿。随行的家仆也上来了，他们提着大大小小的篮子，装着水果、饼干和许多别的食物，以作为寺观清淡素食的补充。

客人们进了前殿。蜡烛微微的柔光照映着深红色的神像，他那双内敛的眼睛似乎直视着进来的访客。老妇人在他面前恭敬地站了一会儿。随后他们穿过小花园来到待客殿里，始终同我保持住一定的距离。待客殿的墙上对称地挂着几幅古雅的卷轴画，沿墙边放着雕刻精美的黑木长椅和茶桌。殿门正中挂着一个大大的"寿"字，用金线绣在一块红丝绸上。一尊敦实的深灰玉石香炉安放在供台正前方，供台左侧有一张暗黄色柚木大圆桌和几把圆凳。雕饰古朴的黑木花座上有一盆盆花草开得茂盛，散发出阵阵的清香。殿顶上垂吊下几盏样式奇异的青铜灯笼，几把古代匠人锻制的沉重宝剑静静地挂在墙上，向人们展示着一种岁月无法带走的尊严。长书架上摆设着一些半透明的白玉色和青绿色的水壶、瓮器，它们被刻饰成风格奇异的式样，还有一些粗糙质朴的盘子、玉镯，它们是遥远的汉代死者的陪葬品。所有的玉器上都有暗红的血点，那是玉石和人体长期接触后留下的痕迹。角落处几把周代的铜镜在丝帘后若隐若现。色泽柔润、手工精细的丝绣覆盖在供台上，几把黑木躺椅上镶饰着珠母和象牙。

李住持站在待客殿中央，热情有礼地迎接到来的客人。

"请问您的尊姓？"李住持用他低沉的嗓音招呼那个带着照相机的青年。

"在下免贵姓梁。"青年回答道，双手递上一张名片，向李住持鞠躬回礼。李住持也一样鞠躬回礼，双手接过名片。他告诉身边的春乾去准备两个最好的房间和一顿丰盛的晚餐。李住持再次行了礼，离开了。两名道士提着硕大的气压灯走了进来，一盏放在大圆桌上，另一盏放在边桌上。大殿一下子活跃起来，在亮光中仿佛一座华丽的宫殿。另一个侍者端来了茶和热毛巾。老妇人用力地擦她的脸，年轻的女子拿出粉盒里的扑团在脸上轻轻拍打，梁先生坐在一旁静静地喝茶，打量着墙上的宝剑和屋里其他的古玩，显出几分好奇的神色。家仆们打开一些竹篮，把罐装着的桃子、腌姜、荔枝和别的小吃摆到桌子上。

　　没过一会儿，春乾陪着李住持来了，他告诉这些贵客房间都准备好了。梁先生向他表示感谢，介绍说这位老妇人是他的母亲，她的丈夫已在 3 年前去世。年轻的女人是他的妻子，那位身穿黑衣的女人是他的姨妈。梁先生说他的母亲非常虔诚，由于眼下的上海正是难熬的酷暑，他们是经过一个朋友的建议来到玉皇山，既来避暑休养，也来拜佛敬香。说到敬拜，他表明主要是为了他的母亲。看到李住持和春乾神情严肃地要和老妇人有一番亲密的谈话，我站起身离开了。

　　晚上，我正要换上睡衣，听见有轻轻的敲门声，春乾走了进来。

　　"先别睡！"他神秘兮兮地小声说："今天夜里有一个隆重气派的仪式，是那位老妇人专门为她的亡夫祈求安息的仪式。现在我得去做准备了。"说完他就匆匆走了①。

由此可见，非香期玉皇山福星观也有大量的香客到观内进香，而且主要集中在夏季，主要是上海等经济比较发达的地区过来的香客。此时到玉皇山上上香与香期相比，人们的目的是多样的，有些只是为了到玉皇山上避暑游玩，比如《神秘之光：百年中国道观生活亲历记》的作者顾彼得。玉皇山福星观内也开设了客房供游人休息，也是玉皇山福星观的一种经济收入。另外，这些

---

①　参见顾彼得著，和晓丹译：《神秘之光——百年中国道观生活亲历记》，第111—119 页。

进香的人员到玉皇山上来还有一个目的是他们遇到了生活中难以解决的困难，需要宗教上的慰藉等，而玉皇山上的福星观恰好可以提供这种既能满足宗教信仰的需要，又能满足游玩、避暑需要的地方。从自然的秀美风光与人文的宗教关怀双重角度来看，玉皇山福星观的条件得天独厚。所以玉皇山福星观吸引了大量上山的游客，通过到玉皇山福星观游玩，无疑使他们对道教的认识进一步加深，民国玉皇山福星观天一池受到上海香客的资助就是缘起于进香活动①。这也让玉皇山福星观加强了与地方社会的交流与互动，可谓彻底让其融入了地方社会之中。抗战时期，受战争的影响，上山的香客锐减，上山香客的多与少甚至关系到玉皇山福星观整个生存的基础②。

---

① 原文为："民国李理山天一池并跋。巍巍玉柱耸湖湄，近水遥山人望奇。分得六桥好风月，四时皎洁到芳池。天光云影净函宫，玉井遥连太华峰。从此祝融难肆虐，七星掩映著神功。朋来中节利西南，妙理须从塞卦探。饮水毋忘源所自，冰壶在抱有余甘。他年善果证从头，绠短于今不用忧。四境烽烟欣永息，夫人功德足千秋。玉皇山为杭县诸山之祖，关乎全城之休咎者甚多。清雍正时，巡抚李衔因火灾迭见，用形家言，铸七星缸置于半山，以镇压离龙之穴，由是火患遂减。后遭洪、杨之劫，荡焉无存。同治十年，杨昌濬抚浙，捐廉重建，以复旧观，杭人德之。民国丁卯夏，管华恭裕夫人来山进香，见山上水源缺乏，以为影响于杭城之火灾匪轻，乃慨捐巨款，建筑此池。越三载而工竣，名曰'天一池'，盖取'天一生水'之义也。杭城人烟稠密，回禄频遭，虽有七星缸之设，而位置既低，范围亦小，以致收效未宏，识者憾焉。今得斯池，以辅助七星缸功用之所不及，从此原泉混混，四境永宁。夫人之嘉惠吾杭，功德甚伟，询堪与李（卫）、杨（昌濬）诸公并传不朽矣。"参见来裕恂编：《杭州玉皇山志》，载《西湖文献集成》第21册，第779—780页。

② 参见本书玉皇山福星观收容难民部分。

图 7.3　民国时期上海著名的"越剧皇后"筱丹桂（中间拿帽子者）
与同伴游览玉皇山紫来洞①

　　进香活动广泛地存在于中国民间信仰和传统宗教之中，也是一个宗教圣地与地方民众很好的交流平台和机会，其辐射的范围和规模的大小甚至可以看做这个进香中心影响力大小的具体表现。杭州西湖周边有众多的寺庙宫观，再加上清帝多次南巡到达杭州和地方官员的支持，杭州进香为明清时期非常重要的大范围朝山进香活动之一，逐渐形成了富有江南特色的香期和香市②。虽然民众进香的主要对象是以上天竺寺为代表的佛家宫观，但是作为杭州西湖地区最重要的道教宫观当然不甘落后，玉皇山福星观供奉的玉皇上帝圣诞刚好又和传统形成的香期重合，更给了玉皇山福星观开展进香活动一个很好的契机。

<hr />

　　①　《社会的悲剧·艺坛的损失　筱丹桂自杀》，《艺文画报》，1947 年，第 2 卷，第 4 期，第 22 页。
　　②　王健：《明清以来杭州进香史初探——以上天竺为中心》，《史林》2012 年第 4 期。

通过进香活动，玉皇山福星观把自己的宗教活动与地方民俗很好地结合起来。这样首先是扩大了自己的影响范围，获得更多的关注和支持。其次进香活动的宗教意义在近代逐渐衰减，取而代之的是旅游与休闲，玉皇山福星观也在近代逐渐成为西湖地区一大风景名胜区，成为进香者游玩的必到之处，进香活动成为玉皇山福星观经济收入的一个很重要部分。

图7.4　民国时期杭州郊区的上香古道①

---

① 具体地点不明，书中说为杭州郊区。参见罗伊·休厄尔、沈弘：《天城记忆——美国传教士费佩德清末民初拍摄的杭州西湖老照片》，第79页。

结　语

诚如刘固盛教授所言，近代以来，宗教的发展呈现出不平衡的特点。作为中国土生土长的道教，"总体来说处于衰落的局面，但仍然在困境中寻找生存与变革的机会"①。道教与地方社会加强互动无疑是"寻找生存与变革"的方式之一。玉皇山福星观通过充分地融入地方社会，与地方社会中的地方政府、官员、乡绅、百姓、民俗、其他道教宗派和宫观等因素互动逐步成长为江南首屈一指的子孙丛林，并以玉皇山福星观为中心形成了庞大的宫观群和教团，弟子广布江南，推动了道教在江南地区的发展。这无疑会给今天的道教发展提供很好的借鉴。

首先，玉皇山福星观有一群信仰坚定的道士群体，如蒋永林、朱圆亨、黄明怡、陈明峻、罗明德、李理山、吕宗安等人。尤其是他们的杰出领袖，晚清时期的蒋永林和民国的李理山更是在变动的时代背景下保持了自己高尚的道风，在地方社会各种错综复杂的力量之间游走，不断突破，在道教整体衰微的背景下，

---

① 刘固盛、刘韶军、肖海燕：《近代中国老庄学》，第25页。

为玉皇山福星观教团的发展找到了生存和发展之路。

其次，地方政府方面，晚清时期玉皇山福星观通过"七星缸"在风水上为杭州城镇压火灾而寻求到了地方政府的支持，地方政府为玉皇山福星观重建了七星缸、大殿等建筑，更重要的是有了地方政府支持后，玉皇山福星观可以减少其他宫观面临的政府支持力度下降的影响。但是地方政府对道教的支持却是有限的，以儒士为主的地方官员比较排斥道教的鬼神之学，斥责之为"迷信"。帝制崩溃，进入民国后，地方政府更是如此。故在民国时期玉皇山福星观往往以名胜古迹为由来与地方政府交流获得"保护名胜"的支持。

再次，地方乡绅方面，从个人的角度出发，部分乡绅较为尊重甚至信仰道教，这些乡绅自然支持玉皇山福星观的宗教事业。但是大部分乡绅以"儒"为宗，自认为自己是地方百姓利益的发言人和与地方政府沟通的桥梁，所以他们会选择性地支持道教，引导道教更多地发挥稳定社会、服务地方百姓的功能。在这方面，玉皇山福星观充分地融入地方社会之中，充分抓住进香、斋醮等措施来为当地普通民众服务，故也较多地获得了地方上乡绅的支持。

第四，下院和接管宫观方面，玉皇山福星观所接管的宫观中诸如洞霄宫、天柱观等均是在江南历史上名声显赫、拥有巨大影响力并在道教历史上发挥重要作用的名山大观，但在近代社会的巨变下，这些宫观也难逃衰败的命运。面对内忧外患的局面，玉皇山福星观利用自身的优势对需要帮助的宫观进行扶持，使其不至于湮灭。一方面玉皇山福星观的确给予了接管宫观和下院大力支持，如为接管的宫观提供经济上的援助、帮助整合信众和道众、为其寻求地方政府的保护、通过传戒仪式培养合格的道士等。另一方面，玉皇山福星观也通过修建下院来增加自己的经济收入等，更重要的是玉皇山福星观也将自己的法脉和道统传播出去，使其顽强地生存在今天的江南地区。

第五，斋醮的方面，中国道教斋醮仪式，是道教独有的宗教活动。晚清民国时期的玉皇山福星观斋醮活动大致可以分为两类：一类是面对全社会的大型斋醮活动，一类是针对个人的小型斋醮活动。与传统社会相比一个很重要的变化是其服务对象不再是帝王将相、达官贵人，而是普通百姓。玉皇山福星观在继承传统的前提下对斋醮活动进行了一定改进，使其更能够适应地方社会的实际情况，同时把道教传统斋醮与地方社会民间信仰、风俗习惯结合起来，吸引更多的地方民众参与到道教信仰中来。

第六，宗教慈善方面，玉皇山福星观通过开办小学、收容难民、保护当地自然环境等措施开展了富于自己宗教特色的慈善活动。这些活动也收到了良好的效果，为玉皇山福星观培养了道士，扩大了声誉，并保护了自身宫观景观免受破坏。

第七，进香活动方面，通过进香活动，玉皇山福星观把自己的宗教活动与地方民俗很好地结合起来，这样首先是扩大了自己的影响范围，获得了更多的关注和支持。其次进香活动的宗教意义在近代逐渐衰减，取而代之的是旅游与休闲，玉皇山福星观也在近代逐渐成为西湖地区一大风景名胜区，成为进香者游玩的必到之处，进香活动成为玉皇山福星观经济收入的一个很重要部分。

传统史学认为，失去上层社会支持的道教在近代日益衰败。的确这是不可否认的现象，但传统史学大多使用的是传统史料诸如正史、官方档案文书等，故研究视角也关注的是上层社会中的道教。但随着史学的发展，史学使用的材料逐渐多样，越来越多地使用地方史、碑刻、口述史、私人文书等材料，视角也逐渐下移，关注地方社会和个案。越来越多的材料表明，道教的确是在上层社会衰败的同时逐渐下沉，充分融入到地方社会之中，寻找到了生存和发展的土壤。可以说，道教依然繁荣在民间社会，尤其是我们原来没有在意的底层社会和普通民众当中。

通过玉皇山福星观的个案就可以看出，玉皇山福星观充分与地方社会中各方互动，其中一个最为根本的转变就是全心全意为地方普通百姓服务，由此获得了地方政府、官员、乡绅的支持，所以才能够在动荡的时代背景下顽强生存和发展起来。这无疑给今天的道教发展提供了一定的借鉴意义。

参考文献

史料：

《白云观志（附东岳庙志）》，收入广陵书社编：《中国道观志丛刊》，南京：江苏古籍出版社，2000 年。

《白云仙表》，收入湖道静等主编：《藏外道书》，成都：巴蜀书社，1994 年。

《城北天后宫志》，收入广陵书社编：《中国道观志丛刊》，南京：江苏古籍出版社，2000 年。

《道学系统表》，收入湖道静等主编：《藏外道书》，成都：巴蜀书社，1994 年。

《东林山志》，收入国家图书馆分馆编：《中华山水志丛刊》，南京：江苏古籍出版社，2000 年。

《古书隐楼藏书十二卷》，收入王卡、汪桂平主编：《中国宗教历史文献集成：三洞拾遗》，合肥：黄山书社，2005 年。

《杭州文史资料》(共 45 辑)：杭州：浙江人民出版社，1982—2014 年。

《觉云轩霄玄谱志》，收入广陵书社编：《中国道观志丛刊》，南京：江苏古籍出版社，2000 年。

《金盖心灯》，收入湖道静等主编：《藏外道书》，成都：巴蜀书社，

1994 年。

《金陵玄观志》，收入广陵书社编：《中国道观志丛刊》，南京：江苏古籍出版社，2000 年。

《九宫山志》，收入广陵书社编：《中国道观志丛刊》，南京：江苏古籍出版社，2000 年。

《两浙金石志十八卷附补遗一卷》，收入《石刻史料新编》第一辑，台北：台湾新文丰出版公司，1982 年。

《龙门正宗觉云本支道统薪传》，收入湖道静等主编：《藏外道书》，成都：巴蜀书社，1994 年。

《罗浮志补》，收入湖道静等主编：《藏外道书》，成都：巴蜀书社，1994 年。

《茅山志》，收入广陵书社编：《中国道观志丛刊》，南京：江苏古籍出版社，2000 年。

《苏州元妙观志》，收入广陵书社编：《中国道观志丛刊》，南京：江苏古籍出版社，2000 年。

《太上真传守戒必持》，收入王卡、汪桂平主编：《中国宗教历史文献集成：三洞拾遗》，合肥：黄山书社，2005 年。

《天台山记》，收入国家图书馆分馆编：《中华山水志丛刊》，北京：线装书局，2004 年。

《天台山全志》，收入国家图书馆分馆编：《中华山水志丛刊》，北京：线装书局，2004 年。

《通玄观志》，收入王卡、汪桂平主编：《中国宗教历史文献集成：三洞拾遗》，合肥：黄山书社，2005 年。

《西湖文献集成》（共 18 辑 30 册），杭州：杭州出版社，2004 年。

《玄都律坛威仪戒科全部》，收入王卡、汪桂平主编：《中国宗教历史文献集成：三洞拾遗》，合肥：黄山书社，2005 年。

《玄妙观志》，收入王卡、汪桂平主编：《中国宗教历史文献集成：三洞拾遗》，合肥：黄山书社，2005年。

《夷门广牍选刊》，收入王卡、汪桂平主编：《中国宗教历史文献集成：三洞拾遗》，合肥：黄山书社，2005年。

《云台新志》，收入国家图书馆分馆编：《中华山水志丛刊》，北京：线装书局，2004年。

《长春道教源流》，收入湖道静等主编：《藏外道书》，成都：巴蜀书社，1992年。

《长春真人西游记注》，收入湖道静等主编：《藏外道书》，成都：巴蜀书社，1994年。

《中国地方志集成·浙江府县志辑》（共68册），上海：上海书店，1993年。

《中国方志丛书·华中地方·浙江省》（共37册），台北：成文出版社，1983年。

《重阳庵集》，收入广陵书社编：《中国道观志丛刊》，南京：江苏古籍出版社，2000年。

《紫阳庵集》，收入广陵书社编：《中国道观志丛刊》，南京：江苏古籍出版社，2000年。

曾国藩撰：《曾国藩全集》，长沙：岳麓书社，2011年。

丁丙编：《武林坊巷志》，杭州：浙江人民出版社，1990年。

丁丙编：《武林掌故丛编》，北京：京华书局，1967年。

何绍基著：《何绍基诗文集》，长沙：岳麓书社，1992年。

秦国经主编、唐益年、叶秀云副主编：《中国第一历史档案馆藏清代官员履历档案全编》，上海：华东师范大学出版社，1997年。

文物出版社、上海书店、天津古籍出版社出版：《道藏》，上海：上海书店，1988年。

翁同龢著，翁万戈编，翁以钧校订：《翁同龢日记》，上海：中西书局，2012年。

无名氏撰:《清史列传》,北京:中华书局,1987 年。

徐逢吉等辑撰: 《清波小志（外八种）》,上海:上海古籍出版社,1999 年。

俞樾:《春在堂随笔》,南京:江苏古籍出版社,2000 年。

张继禹主编:《中华道藏》,北京:华夏出版社,2004 年。

赵尔巽等撰:《清史稿》北京:中华书局,1977 年。

中国社会科学院近代史研究所近代史资料编辑组编辑: 《近代史资料》,北京:中国社会科学出版社,1998 年。

左宗棠:《左宗棠全集:书信》,长沙:岳麓书社,2009 年。

报刊:

《申报》,1872—1949 年。

《益闻录》,1884 年。

《国学萃编》,1909 年。

《江苏省立第一师范学校年刊》,1923 年。

《学衡》,1924 年。

《艺林》,1929—1937 年。

《论语》,1932—1949 年。

《道路月刊》,1935 年。

《新人周刊》,1935 年。

《青年界》,1936 年。

《仙道月报》,1940 年。

《快活林》,1946 年。

《吉普》,1946 年。

《七日谈》,1946 年。

《新上海》,1947 年。

《京沪周刊》,1948 年。

《中央周刊》，1928—1937 年。

《茶话》，1948 年。

《当代日报》，1949—1955 年。

田野调查收集：

《杭州福星观乙酉玄都律坛登真箓》，浙江省图书馆古籍部藏。

《杭州玉皇山福星观重建大殿募金疏》，浙江省图书馆古籍部藏。

《关于李理山案件的档案》，浙江省杭州市西湖区检察院档案室藏。

《道统源流》，上海市图书馆藏。

《海上白云观档案》，上海市档案馆藏。

《台州宗教资料汇编》，台州市档案馆藏。

《委羽洞天邱祖龙门宗谱》，许仲枢老师和刘迅老师赠送。

《武昌长春观乙丑玄坛登真箓》，梅莉老师赠送。

《南阳玄妙观五子登真箓》，刘迅老师赠送。

高万桑、刘迅编：《登真成道：近代全真道传戒及谱系资料辑选介绍》，该书未出版，书稿刘迅老师赠送。

庄严居士编：《道统源流》，道统源流编辑处印行，1929 年，上海图书馆藏。

今人著作：

Susan Naquin, Peking: *Temples and City Life*, 1400—1900, Berkeley: University of California Press, 2000.

Vincent Goossaert, *The Taoists of Peking* 1800—1949: *A Social History of Urban Clerics*, Cambridge (Mass.): Harvard University Asia Center, 2007.

《中国少数民族社会历史调查资料丛刊》修订编辑委员会编：《云南巍山彝族社会历史调查》，北京：民族出版社，2009 年。

白文固等：《明清民国时期甘青藏传佛教寺院与地方社会》，西宁：青海人民出版社，2009 年。

曹本冶、徐宏图：《杭州抱朴道院道教音乐》，台北：新文丰出版公司，2000 年，第 117—151 页。

曹本冶、蒲亨强：《武当山道教音乐研究》，台北：台湾商务印书馆股份有限公司，1993 年。

柴汝新、苏禄煊编：《古莲花池碑文精选》，保定：河北大学出版社，2012 年。

陈莲笙：《陈莲笙文集》，上海：上海辞书出版社，2009 年。

陈莲笙：《道教常识答问》，上海：上海辞书出版社，2012 年。

陈耀庭：《道教礼仪》，北京：宗教文化出版社，2003 年。

陈垣：《南宋初河北新道教考》，上海：上海书店出版社，1989 年。

程越：《金元时期全真道宫观研究》，济南：齐鲁书社，2012 年。

池子华、严晓凤、郝如一主编：《〈申报〉上的红十字》，合肥：安徽人民出版社，2011 年。

丁辉、陈心蓉：《嘉兴历代进士研究》，合肥：黄山书社，2012 年。

丁强：《早期道教教职研究》，成都：巴蜀书社，2008 年。

段玉明：《西南寺庙文化》，昆明：云南教育出版社，1992 年。

段玉明：《中国寺庙文化》，上海：上海人民出版社，1994 年。

范诚凤主编：《三元文化研究》，上海：上海文艺出版社，2010 年。

傅勤家：《中国道教史》，北京：团结出版社，2005 年。

高时良、黄仁贤编：《中国近代教育史资料汇编——洋务运动时期教育》，上海：上海教育出版社，2007 年。

顾彼得著，和晓丹译：《神秘之光：百年中国道观生活亲历记》，昆明：云南人民出版社，2002 年。

顾廷龙主编：《清代朱卷集成》，台北：成文出版社出版，1992 年。

郭毅生主编：《太平天国历史地图集》，北京：中国地区出版社，1989 年。

杭州古都文化研究会、金都房产集团编著：《杭州古都文化研究论文汇编》，杭州：内部出版，2004年。

郝永：《中国文化的基因：儒道佛家思想》，成都：电子科技大学出版社，2014年。

何善蒙：《民国杭州民间信仰》，杭州：杭州出版社，2012年。

贺喜：《亦神亦祖：粤西南信仰构建的社会史》，北京：生活·读书·新知三联书店，2011年。

胡锐：《道教宫观文化概论》，成都：巴蜀书社，2008年。

蒋维乔：《中国近三百年哲学史》，长沙：岳麓书社，2011年。

金若水编著：《西湖楹联辑存》，杭州：钱塘诗社刊行，2003年。

金志敏主编：《杭州凤凰山摩崖萃编》，杭州：西泠印社出版社，2014年。

景安宁：《道教全真派宫观、造像与祖师》，北京：中华书局，2012年。

康豹：《多面相的神仙：永乐宫的吕洞宾信仰》，济南：齐鲁书社，2010年。

孔令宏、韩松涛、王巧玲：《浙江道教史》，北京：中国社会科学出版社，2015年。

孔令宏、韩松涛：《民国杭州道教》，杭州：杭州出版社，2013年。

孔令宏：《道教新探》，北京：中华书局，2011年。

李德喜：《武当山道教宫观》，北京：中国建筑工业出版社，2013年。

李洪钧、刘兆伟编著：《儒释道与东北教育史》，沈阳：辽宁教育出版社，1996年。

李晓龙：《西樵天后信仰与地方社会》，桂林：广西师范大学出版社，2012年。

李养正：《道教与中国社会》，北京：中国华侨出版社，1989年。

李养正编著：《新编北京白云观志》，北京：宗教文化出版社，2003年。

梁元生著，陈同译：《上海道台研究——转变社会中之联系人物

（1843—1890）》，上海：上海古籍出版社，2003 年。

　　林桂玲：《家族与寺庙：以竹北林家与枋寮义民庙为例（1749—1895）》，台北：新竹县文化局，2005 年。

　　林海权、胡鸣编著:《杨时故里行实考》，福州：福建人民出版社，2008 年。

　　林西朗：《唐代道教管理制度研究》，成都：巴蜀书社，2006 年。

　　林正秋：《杭州道教史稿》，北京：中国社会科学出版社，2011 年。

　　黎志添：《广东地方道教研究——道观、道士及科仪》，香港：香港中文大学出版社，2007 年。

　　刘固盛、刘韶军、肖海燕：《近代中国老庄学》，福州：福建人民出版社，2014 年。

　　刘建民、刘世天、金明立编著：《骊山道观及女娲文化探源》，西安：三秦出版社，2013 年。

　　刘正城主编：《中国书法全集》，北京：齐宝斋出版社，1995 年。

　　罗尔纲：《太平天国史》，北京：中华书局，1991 年。

　　罗莉：《寺庙经济论：兼论道观清真寺教堂经济》，北京：宗教文化出版社，2004 年。

　　罗荣本、罗季编著：《西湖景观诗选》，杭州：浙江工商大学出版社，2013 年。

　　罗伊·休厄尔、沈弘：《天城记忆——美国传教士费佩德清末民初拍摄的杭州西湖老照片》，济南：山东人民出版社，2010 年。

　　罗哲文等编著：《中国名观：集中华古代名观之大成》，天津：百花文艺出版社，2002 年。

　　马其昶：《桐城耆旧传》，合肥：黄山书社，1990 年。

　　马时雍：《杭州的山》，杭州：杭州出版社，2010 年。

　　马时雍：《杭州的寺院教堂》，杭州：杭州出版社，2004 年。

　　马晓军：《甘南宗教演变与社会变迁》，兰州：甘肃人民出版社，2007 年。

　　蒲亨强：《道教音乐学》，北京：宗教文化出版社，2013 年。

卿希泰主编:《中国道教史》,成都:四川人民出版社,1996 年。

丘复:《愿丰楼杂记》,哈尔滨:黑龙江人民出版社,2009 年。

任继愈主编,钟肇鹏副主编:《道藏提要》,北京:中国社会科学出版,1991 年。

任林豪、马曙明:《台州道教考》,北京:中国社会科学出版社,2009 年。

任振泰主编,杭州市地方志编纂委员会编辑:《杭州市志》,北京:中华书局,1997 年。

任宗权:《道教手印研究》,北京:宗教文化出版社,2013 年。

阮仁泽、高振农:《上海宗教史》,上海:上海人民出版社,1992 年。

桑椹编纂:《历代金石考古要籍序跋集录》,杭州:浙江古籍出版社,2010 年。

上海市宗教学会编:《宗教界在抗日救亡运动中——纪念抗日战争胜利四十周年》,上海:上海市宗教学会编印,1985 年。

沈弘:《西湖百象:美国传教士甘博民国初年拍摄的杭州老照片》,济南:山东人民出版社,2010 年。

沈建中、许俭:《司徒雷登与西湖》,杭州:杭州出版社,2007 年。

史孝进:《威仪庄严:道教科仪及其社会功能》,上海:上海辞书出版社,2012 年。

史新民主编:《中国武当山道教音乐》,北京:中国文联出版公司,1987 年。

陶应昌编著:《云南历代各族作家》,昆明:云南民族出版社,1996 年。

佟洵编著:《道教与北京宫观文化》,北京:宗教文化出版社,2008 年。

汪圣铎:《宋代政教关系研究》,北京:人民出版社,2010 年。

王辅:《日军侵华战争 1931—1945》,沈阳:辽宁人民出版社,1990 年。

王建华:《近代名家书画藻鉴》,上海:学林出版社,2008 年。

王兴福:《浙江太平天国史论考》,杭州:浙江人民出版社,2002 年。

王兴福:《太平军在杭州》,杭州:浙江人民出版社,1959 年。

王宜峨:《玉宇琼楼:道教宫观的规制与信仰内涵》,北京:五洲传播出版社，2013 年。

王志宇：《寺庙与村落：台湾汉人社会的历史文化观察》，台北：文津出版社有限公司，2008 年。

王志忠：《明清全真教论稿》，成都：四川巴蜀书社，2000 年，第 85 页。

吴藕汀：《孤灯夜话》，北京：中华书局，2013 年。

吴心谷编著：《历代画史汇传补编》，香港：博雅斋出版社，1997 年。

吴亚魁：《江南全真道教（修订版）》，上海：上海古籍出版社，2012 年。

伍成泉：《道教的道德教化研究》，北京：知识产权出版社，2013 年。

徐祖祥：《瑶族的宗教与社会：瑶族道教及其与云南瑶族关系研究》，昆明：云南人民出版社，2006 年。

许圣元：《洞霄宫》，杭州：内部出版，2003 年。

叶哲明：《台州文化发展史》，昆明：云南民族出版社，2006 年。

张良皋主编：《武当山古建筑》，北京：中国地图出版社，2006 年。

张齐政：《南岳寺庙建筑与寺庙文化》，广州：花城出版社，1999 年。

张泽洪：《道教斋醮科仪研究》，成都：巴蜀书社，1999 年，第 151 页。

赵春晨、郭华清、伍玉西：《宗教与近代广东社会》，北京：宗教文化出版社，2008 年。

钟玉英：《汉末魏晋南北朝道教与社会分层关系研究》，成都：四川大学出版社，2008 年。

周高德：《道教文化与生活》，北京：宗教文化出版社，1999 年。

朱封鳌：《天台山道教史》，北京：宗教文化出版社，2012 年。

朱越利主编：《中国道教宫观文化》，北京：宗教文化出版社，1996 年。

朱越利：《道藏分类解题》，北京：华夏出版社，1996 年。

庄宏谊：《明代道教正一派》，台北：台湾学生书局，1986 年。

论文：

毕旭玲：《"石佛浮海"神话与上海地域形象建构》，《华东师范大学学报》（哲学社会科学版）2014 年第 2 期。

蔡禹龙：《清代江南香市简论——以杭州西湖香市为中心》，《历史教学》（下半月刊）2010 年第 10 期。

陈耀庭：《清代全真道派适应低潮时期的三项历史经验——全真三大师王常月、刘一明、闵小艮的启示》，收入赵卫东主编：《全真道研究：第 2 辑》，济南：齐鲁书社，2011 年，第 144—162 页。

陈耀庭：《一个俄国人眼中的李理山——介绍（俄）顾彼得的〈玉皇山的道观〉》，《上海道教》2004 年第 2 期。

程宇昌、温乐平：《文化认同与社会控制：以明清鄱阳湖区许真君信仰为例》，《南昌大学学报》（人文社会科学版）2013 年第 5 期。

仇家京：《重修杭州云栖寺刍议——净土八祖莲池大师道场》，《杭州研究》2008 年第 1 期。

邓苗：《民间仪式与地方社会的多元互动——以温州老殿后杨府爷神诞为例》，《中原文化研究》2013 年第 3 期。

段玉明：《南宋杭州的开封宫观——宗教文化转移之实例研究》，《四川大学学报》（哲学社会科学版）2006 年第 3 期。

范诚凤：《百年上海全真道以及当代使命》，收入尹信慧：《茅山乾元观与江南全真道国际学术研讨会论文集》，桂林：广西师范大学出版社，2013 年，第 196—203 页。

冯千山：《宋代祠禄与宫观（上）》，《宗教学研究》1995 年第 3 期；《宋代的祠禄与宫观（下）》，《宗教学研究》1995 年第 4 期。

付海晏：《1930 年代北平白云观的住持危机》，《近代史研究》2010 年第 2 期。

付海晏：《安世霖与 1940 年代北京白云观的宫观改革——以〈白云观全真道范〉为中心的探讨》，《华中师范大学学报》（人文社会科学版）

2013 年第 1 期。

盖建民：《民间玉皇信仰与道教略论》，《江西社会科学》2000 年第 8 期。

盖建民：《〈丹元子步天歌〉中的天文学思想略析》，《中国道教》2006 年第 1 期。

高鹏程：《红卍字会及其社会救助事业研究（1922—1949）》，苏州大学 2009 年博士学位论文。

郭峰、梅莉：《近代浙江丛林宫观传戒历史初探——以玉皇山福星观为中心》，收入尹信慧：《茅山乾元观与江南全真道国际学术研讨会论文集》，第 219—231 页。

郭峰、梅莉：《晚清杭州玉皇山福星观传戒历史初探》，《宗教学研究》2013 年第 3 期。

郭峰：《近代道教与地方社会互动——以杭州玉皇山福星观为中心》，《华中师范大学学报（人文社会科学版）》2015 年第 4 期。

郭峰：《晚清杭州玉皇山福星观传戒研究——以光绪二十二年传戒为中心》，华中师范大学 2013 年历史学硕士学位论文。

韩松涛：《江南全真领袖李理山道长年谱研究》，收入尹信慧：《茅山乾元观与江南全真道国际学术研讨会论文集》，第 258—267 页。

韩松涛：《玉皇山道教近代以来之变迁》，《道教研究学报》2011 年第 4 期。

何敦培：《湖南民间信仰及其与地方社会的关系》，《民族论坛》2008 年第 10 期。

侯杰、李净昉：《天后信仰与地方社会秩序的建构——以天津皇会为中心的考察》，《历史教学》2005 年第 3 期。

胡荣明：《宋以来德兴地区的家族、寺观与讼争：读〈隆教寺讼案碑〉》，《南方文物》2009 年第 3 期。

李天纲：《三教通体：士大夫的宗教态度》，《学术月刊》2015 年第

5 期。

李远国：《论道教灯仪的形成与文化功用》，《中国道教》2003 年第 4 期。

林正秋：《杭州历史上的火灾之五——清代时期杭州火灾的防治》，《浙江消防》1994 年第 6 期。

林正秋：《闻名江南的福星观》，《杭州通讯》（下半月）2007 年第 7 期。

刘仲宇：《宫观和道教文化的发展》，《中国道教》2000 年第 3 期。

黎志添：《广东道教历史要述——以正一派、全真教及吕祖道坛为中心，兼论三者之间的互动关系》，收入赵卫东主编：《全真道研究》第 1 辑，第 85—141 页。

梅莉：《变动时代背景下的全真道与地方社会——侯永德与民国二三十年代的长春观》，《华中师范大学学报》（人文社会科学版）2012 年第 5 期。

梅莉：《民国〈湖北省长春观乙丑坛登真箓〉探研》，《世界宗教研究》2011 年第 2 期。

梅莉：《玉皇崇拜论》，《湖北大学学报（哲学社会科学版）》2011 年第 9 期。

钱心如：《管趾卿与科发药房及西门子洋行》，收入上海市政协文史资料委员会编：《上海文史资料存稿汇编：工业商业》第 7 辑：上海：上海古籍出版社，2001 年，第 88—96 页。

任双霞：《近代大泽山老母信仰与地方社会的构建——以日照庵香会碑为中心》，《民俗研究》2010 年第 1 期。

沈弘：《论队克勋对于杭州地区民间宗教信仰的田野调查》，《文化艺术研究》2010 年第 2 期。

汪桂平：《清代全真道授戒的珍贵文存》，《世界宗教文化》2001 年第 1 期。

王健：《明清以来杭州进香史初探——以上天竺为中心》，《史林》2012 年第 4 期；

王卡：《雍正皇帝与紫阳真人——兼述龙门派宗师范青云（上）》，《宗教学研究》2013 年第 1 期；《雍正皇帝与紫阳真人——兼述龙门派宗师范青云（下）》，《宗教学研究》2013 年第 2 期。

王卡：《诸真宗派源流校读记》，收入熊铁基、麦子飞主编：《全真道与老庄学国际学术研讨会论文集》（上册），武汉：华中师范大学出版社，2009 年，第 66 页。

王文章：《明清时期杭州道观经济浅探》，《宗教学研究》2013 年第 2 期。

王圆贵：《全真道在湖州地区的传承与演绎》，收入尹信慧主编：《茅山乾元观与江南全真道国际学术研讨会论文集》，第 276—288 页。

王仲尧：《南宋临安及明清杭州道教宫观考》，《杭州师范学院学报》（社会科学版）2005 年第 6 期。

王宗昱：《从文献学向史学的转变：塑造新的道教史形象》，《中国社会科学报》2013 年 7 月 24 日，第 B01 版。

魏德毓：《移风易俗与象征替代：明清宁化显应庙的祭礼之争》，《福建师范大学学报》（哲学社会科学版）2006 年第 1 期。

吴玫：《杨昌浚与台湾建省》，《台湾研究集刊》1989 年第 2 期。

吴悦：《清慕陶轩旧藏元康铭晋砖砚考》，《文物鉴定与鉴赏》2013 年第 3 期。

奚柳芳：《洞霄宫遗址考实》，《浙江师范学院学报》（社会科学版）1985 年第 1 期。

肖坤冰：《行业信仰、祭祀组织与地方社会——以晚清民国时期四川夹江县"蔡翁会"为中心的考察》，《福建师范大学学报》（哲学社会科学版）2013 年第 1 期。

杨立刚：《明清时期武当宫观经济收入初探》，《武当学刊》1994 年第

4 期。

杨立志:《明帝与武当山宫观经济考述》,《宗教学研究》1998 年第 1 期。

杨立志:《武当山道教文化》,《世界宗教研究》1994 年第 2 期。

姚树良:《缅怀吕宗安道长》,《上海道教》2002 年第 1 期。

尹志华:《清代全真道传戒初探》,收入赵卫东主编:《全真道研究》第 1 辑,第 273—274 页。

张齐政:《南岳寺庙与地方社会秩序》,《衡阳师范学院学报》(哲学社会科学版)2000 年第 5 期。

张巍青:《王常月戒律思想研究》,2010 年西南大学硕士研究生学位论文。

张振谦:《北宋宫观官制度流变考述》,《北方论丛》2010 年第 4 期。

朱大路:《上海道士 ABC》,收入汤伟康编:《上海万象》,上海:上海翻译出版社,1989 年,第 148—149 页。

朱海滨:《民间信仰的地域性——以浙江胡则神为例》,《社会科学研究》2009 年第 4 期。

朱云鹏:《宋代宫观的田产及其经营》,《中国经济史研究》1999 年第 1 期。

左平:《清代州县书吏探析》,《西华师范大学学报》(哲学社会科学版)2011 年第 6 期。

后　记

卿希泰先生主编的《儒道释博士论文丛书》享誉海内外。本人拙著能够入选，深感荣幸。首先我要感谢培养我的华中师范大学历史文化学院，尤其是我的博士研究生导师刘固盛教授和硕士研究生导师梅莉教授；其次我要感谢四川大学道教与宗教文化研究所，不弃我博士论文的粗鄙；最后我要感谢巴蜀书社王雷编辑，她对我的论文做了大量的修订工作。

本书是在博士论文的基础上完成，有几个突出的问题不得不向大家说明。

首先田野调查方面。本书的田野调查还不够深入。由于客观原因，笔者在玉皇山上只待了一天，走马观花式地看了几个地方，对当年玉皇山福星观所辐射的区域也没有做系统的调查。当时我主要使用的是史学方法，自己对田野调查方法也掌握得不够，使得本书在玉皇山对外辐射方面和对普通民众的影响方面写得很薄弱。

其次是史料方面。一是对地方志的挖掘不够，江南地区地方志文献众多，是重要的资料来源，我只选取了几个重要的地方志进行了选读；二是在《玉皇山志》《玉皇山庙志》等核心文献上没有使用一手文献。

再次是论文结构方面。玉皇山福星观与地方社会互动研究重点之一是民国时期李理山道长的活动，尤其是成立道教会等适应中国社会近代化变革的各项举措。但是本书并未提及，是一个重大缺陷。本人认为道教的近现代化是一个很好的研究视角，玉皇山福星观应该是一个典型代表，但是限于当时条件没有进一步展开论述。

最后是理论方面，本书几乎没有做系统的理论探讨，只是简单地总结了一下，在个人创新方面做得不够。

到现单位工作后我也逐渐将研究重心放到了西南少数民族道教方面，千里之外的玉皇山福星观渐渐淡出了我的视野。论文出版本是一个很好的机会，但是因为时间关系对上述问题我也未及做进一步改正，实为遗憾。

郭　峰

2018 年 6 月 8 日

《儒道释博士论文丛书》已出书目

图书在版编目（CIP）数据

近代城市宫观与地方社会——以杭州玉皇山福星观为中心/郭峰著 . —成都：巴蜀书社，2018.6
　　（儒道释博士论文丛书）
　　ISBN 978-7-5531-0983-1

　　Ⅰ. ①近… Ⅱ. ①郭… Ⅲ. ①道教－寺庙－研究－杭州 Ⅳ. ①B957.255.1

　　中国版本图书馆 CIP 数据核字（2018）第 104053 号

近代城市宫观与地方社会——以杭州玉皇山福星观为中心
JINDAI CHENGSHI GONGGUAN YU DIFANG SHEHUI YI HANGZHOU YUHUANGSHAN FUXINGUAN WEI ZHONGXIN
郭峰　著

责任编辑	王　雷	
出　　版	巴蜀书社	
	成都市槐树街2号　邮编610031	
	总编室电话：（028）86259397	
网　　址	www. Bsbook. com	
发　　行	巴蜀书社	
	发行科电话：（028）86259422　86259423	
经　　销	新华书店	
印　　刷	成都春晓印务有限公司	
	电话：（028）88450462	
版　　次	2018 年 9 月第 1 版	
印　　次	2018 年 9 月第 1 次印刷	
成品尺寸	203mm×140mm	
印　　张	11.75	
字　　数	300 千字	
书　　号	ISBN 978-7-5531-0983-1	
定　　价	45.00 元	